JN114881

都市政治論

中央大学法学部 編

中央大学出版部

はしがき

　近年，都市に対する社会的関心は高まっている。たとえば，アメニティ保全とエコツーリズム，都市における公共交通，歴史的町並み保全，都市農地，縮小都市，公共施設マネジメント，スポーツによるまちづくり，広域連携による地域観光，鉄道整備とまちづくり，こどもの貧困と教育支援，教育格差と教育政策，コンパクトシティとまちづくり，ひとり親家庭への支援策，文化政策の指定管理者制度，関係人口と地方創生，内発的発展論と地域活性化などが都市に関する課題である。このような都市の課題が認識され，学生たちは都市に関する課題について専門演習のテーマ設定を行い，論文の作成をしている。このような学生の関心の高まりは，都市における課題の拡大を反映している。

　しかしながら，現在の日本において，地方自治論の教科書は数多く存在するが，都市政治に関する教科書は皆無といってよい。そのため，教員としては，地方自治論，都市社会学，都市経済学，都市工学，都市政策，都市法などの本や論文を講読し，紹介することになる。学生もテーマごとに本を借りたり，論文をコピーしたり，個別に対応しなければならない。包括的かつ体系的な都市政治論の教科書が存在しないため，都市政治論の教科書の社会ニーズは大きいのではないかと考えている。

　本書はこのような都市政治論に関する教員と学生のニーズに応答しようとしたものである。その特徴は3点ある。第1に地方自治の法制度論ではなく，権力論，ガバナンス論，市民社会論の文脈から論じている点である。第2に講義や演習で用いることができるようにコンパクトな章立て構成としたことである。第3に体系的な教科書をめざすとともに，都市社会学や政治過程論の研究蓄積を前提にして，かつ現代的なトピックを含めた章立て構成をしている点にある。

　本書を通じて，決定，調整，承認，運動，扇動，対立，連結，包摂などの多

様な都市の政治を理解するようにしてほしい。

　中央大学法学部では，日本の政治学教育における早い時期から地域政治論の講義科目を政治学科カリキュラムに設置し，主として横山桂次教授がその授業科目を担当してきた。横山桂次教授は大原光憲教授と共に『産業社会と政治過程—京葉工業地帯—』（日本評論社，1965 年）や『現代日本の地域政治』（三一書房，1966 年）などを著し，地域政治・都市政治の研究をリードしてきた第一人者である。政治学科のカリキュラムとして新しい科目が増える中で，中央大学法学部では 2023 年度から 4 単位の地域政治論を 2 単位の都市政治論として，政治学科のカリキュラムの中で再構成することとした。中央大学における地域政治論の伝統を継承していくとともに，新たな時代に新たな科目と新たな教科書による教育革新に踏み出していきたいと考えている。

　2022 年 8 月

　　　　　　　　　各章の執筆者を代表して　　武智　秀之

目　次

序章　都市政治とは何か

武 智 秀 之

1．都市と政治

　都市政治とは国レベルよりも下位の政府レベルで行われる政策決定に関する公的な営為である。ここで都市とは政治・経済・社会に関する人間活動を行う人口集中地域を意味する。日本においては人口5万人以上の人口密集地域をさすことが多い。

　高度成長期には国土の均等的な発展のために開発が行われ，日本の各地域で経済発展と人口拡大が図られた。富の分配と利益誘導は政治の重要な役割であった。しかし地域の開発は環境破壊を生み，抵抗運動や反対運動を招き，都市政治の重要な争点となった。さらに低成長期には，限定的な資源を配分するために各地域で統合と再編が行われ，選択と優先順位づけが政治の重要な機能となった。人口減少時代において，行政と住民の協働や自治体間の連携は地域社会のあり方を考えるうえで重要な制度設計となっている。

　このような文脈の中で都市政治を学ぶ意味は第1に，人口集中地域における政策形成において政治の果たしている役割が重要であることである。政策形成における政治的な要因や条件といってもよい。経済社会の要因を強調する都市経済学や都市社会学とは異なり，政治的な要因や条件を考察することは政治学が都市研究を行う意義となる。とくに低成長期において，希少資源の配分に関わる政治の役割は重要である。

　第2に都市政治の事例が政治学における理論形成において最適な事例となりうるためである。都市は様々な行為者が存在し，利益と制度とアイデアが混在

する政策領域である。また，市民と近い存在であるために情報も公開された形
で提供され，研究が行いやすい対象である。その都市政治の興味深い事例は，
権力，ガバナンス，市民社会を対象とした政治学の理論形成に大きく貢献する
可能性がある。

　都市政治の研究はアメリカにおけるコミュニティ権力の研究に始まる。都市
レジーム論やマルクス主義の立場から研究が行われ，政策過程論からも都市政
治が分析対象として積極的に選択されている。詳細は第1章で説明するが，コ
ミュニティ権力論は地域権力をめぐる競争関係の形成を調査研究した社会学や
政治学の研究であり，都市政策におけるアクターの多元的役割を重視する。こ
れに対して，都市レジーム論はビジネスと政府との間にある公式・非公式の協
働（協力）関係をさし，経済発展における行為者の役割を重視する。

　かつて日本における都市政治論（地域政治論）は包括的かつ自律的な研究であ
ったが，近年は地方自治論，政治史，都市政策論，政治過程論，公共政策論な
どの隣接分野に都市に関する研究が蓄積され，都市政治論は政治学の中の専門
分化した1つの分野として存在している。そのため，相対的かつ他律的な研究
として都市政治論を位置づける必要がある。日本における都市政治研究の特質
を3点にまとめておく。

　第1に制度論の特質である。アメリカやイギリスにおいては政治学の一分野
として都市政治論が確立し，政治学者が分析の対象として都市政治を選択し，
多くの都市政治論の教科書が刊行されている。それに対して，日本においては
高度成長期に開発と環境の文脈として都市政治が取りあげられることが多くな
り，一部の政治学者の中で議論されてきた。ただし現在では地方自治論の中で
議論されることが多くなっており，そこでは法制度的な解説が中心である。

　第2に理論と方法論の希薄さである。法制度の解説であるがゆえに，そこに
は分析のための理論やリサーチ・デザインとしての方法論の確立が発展途上と
なっている。たとえば，政治学として公共政策や都市政治を研究しているピー
ター・ジョンは，近接性と多数性の2つを都市政治の特質としてあげている。
彼によると，都市政治は市民と距離が近く，アクターが多数であり，規模が小

さく，政治制度に左右されるという。このような分析対象としての魅力にもかかわらず，近接性と多数性の特質は都市政治という現象の一般化には阻害要因にもなり，その分析のための理論や方法論は日本において十分明示的とはいえなかった。

　第3に社会学と政治過程論の貢献である。都市の研究は日本において政治学よりも社会学により蓄積があり，都市社会学の研究に政治学は学ぶべき点が多い。社会学は都市を研究する研究者の層も極めて厚い。しかし近年の政治学では，比較政治や政治過程論の立場から自治体レベルを分析の対象とすることが多くなってきた。自治体議会や町内会・自治会は保守の牙城であったために従来は研究の対象として避けられることも多かったが，近年は議会やNPOの研究を中心に，地方における政治過程の研究が盛んに行われるようになってきた。またアメリカにおける社会関係資本の研究の影響を受け，日本においても市民社会レベルの研究が行われている。

2．都市政治論の視点

　都市政治論は3つの視点から理解される（Davies and Imbrosco 2009）。

　第1は権力である。権力とは社会的価値の配分メカニズムである。コミュニティ権力とは地域権力をめぐる競争関係であり，アクターの多元的役割を重視する。また，都市レジームとはビジネスと政府との間にある公式・非公式の協働（協力）関係であり，行為者の経済発展における役割を重視する。

　たとえば，地方自治体の審議会は商工会や町内会（自治会）の利益代表者，公募の市民，公益の学識経験者から構成されることが多い。首長から諮問された事項を審議・答申する中で利害調整が行われているのである。また首長の選挙は地元の医師会，自治会・町内会などの地域団体の構成員の支持が不可欠であることが多い。地元有力者による政治的支持は首長にとって大きな権力基盤となり，具体的な政策形成にも大きく影響してくる。

　首長や議会への政治経路とは異なる権力への参加方式として，住民参加があ

る。住民参加には公募型の市民会議，パブリック・コメント，市民協働など多様な形態があるが，そこには合意形成を促進する目的とより良い政策決定を行う目的とが存在している。小中学校や図書館など公共施設の再配置は基礎自治体の大きな課題であるが，それらも地域住民との合意形成によって見直しが進められている。また，住民投票は直接民主主義の権力手段であるが，そこには既存のレジームを打ち倒す積極的な側面と，ネガティブな結果を出す傾向や合意形成がしにくい消極的な側面の両方が存在している。サイレント・マジョリティの意見を吸収する方法として適切な権力手段を講じるべきであろう。

第2はガバナンスである。ガバナンスとは政府・企業・公的団体全般の意思決定や合意形成のシステムを対象とし，統治・経営・管理の動態をさす。

地方自治体の首長と議会多数派が異なる党派の場合，いわゆる分裂統治において，首長は条例，予算，人事の案件を議会で通すために議会に政治的支持を調達しなければならない。そのためキャスティングボードを握った少数党派の意見が政策に反映されることも有りうる。逆に首長優位の二元的代表制は自治体首長のポピュリズム（大衆迎合主義）を生み，減税やバラマキなど他の政策と整合性のない政策立案を形成する制度要因である。

さらに，国と異なり地方自治体は窓口業務が多く，一人ひとりの住民を直接対象として対人サービス事業を行うことが多い。そのため，政策効果が特定化しやすく，同じ基準で政策評価がしやすい制度特性を持っている。

第3は市民社会である。たとえば，市民社会の伝統において，社会関係資本とは社会的信頼，互酬性の規範，ネットワークから構成されるソフトな関係であり，市民社会の重要な構成要素である。ここで社会的信頼とは人や社会への一般的な信頼や特定の機関・団体・個人などへの信頼を意味する。互酬性の規範とは互酬性に基づく活動・組織への参加状況をさす。ネットワークとは個人の日常の交流や行動の範囲，地縁など社会的なつながりをいう。これら市民社会の結びつきや協働が重要な理由は，それが人びとの孤立を回避し，民主主義の浸透や公共政策の推進に積極的な要因となりうるからである。犯罪率の低下，出生率の上昇，教育機会の向上，健康増進への貢献がそれである。

　しかしながら，対人的な結びつきや協働の強さには，否定的・消極的な側面もある。また市民社会の成熟度だけが民主主義の作動条件ではなく，公共政策の効率性を高める要因でもない。たとえば，社会学者のシドニー・タローは中央権力と地方権力との関係に着目し，北イタリアの地方政府と中央政府との結びつきの強さが手厚い補助金交付に結びついていることを指摘している。社会関係資本の成熟度ではなく，権力の関係性やガバナンスの制度側面への着目も重要であることを指摘している。ただし，本書では市民社会の意思・文化・価値・慣習などの要因についても，都市政治を理解するうえで重要であると認識し，政策との関係でとくに論じている。

　最後に本書の各章における概要を示しておきたい。

3．本書の構成

　第1章「都市政治をめぐる分析視角と理論展開」（小林大祐）においては，都市政治を考える際に基礎となるとらえ方，ならびに理論枠組みについて概説する。第1に，歴史上の代表的な自治都市を素材として，都市政治の構造を確認する。第2に，都市政治の理論的嚆矢であるコミュニティ権力論に光を当て，内容と展開について確認する。第3に，代表的なとらえ方の1つである都市レジーム論について説明する。第4に，都市政治をとらえる理論枠組みから，都市政治の射程と可能性について検討する。

　第2章「都市における社会運動」（中澤秀雄）においては，社会学の立場から都市における社会運動を論じる。自治の基本単位としての都市政治を語るうえで社会運動のインパクトは大きい。戦前日本では米騒動や労働争議，各種セツルメント運動等が大正デモクラシーを導き，戦後日本でいえば，高度成長期に族生した住民運動は革新自治体を生み出した。他の社会運動と区別される都市社会運動の理論，日本の都市社会運動史，そして近年の都市再開発に対する社会運動，さらには上からの社会運動ととらえられるような諸現象についても概説する。

　第3章「参加・協働と住民投票」（小林大祐）においては，都市政治の主要な

アクターである住民（市民）を対象として，参加の仕組みと特徴について概説する。第1に，住民参加が求められるようになった背景と展開について，海外との比較も交えながら確認する。第2に，住民参加および協働の現状と課題について検討する。第3に，間接民主主義における住民投票の位置づけを確認したうえで，その仕組みについて説明する。第4に，都市政治における住民投票の作用を検討する。

第4章「GCRとリージョナリズム」（中澤秀雄）においては，リージョナリズムについて着目し，中央権力と地方権力との関係について論じる。1990年代以降，世界的に規制緩和と都市間競争が強調される中で，GCRと言われる産業集積に注目が集まるようになった。中国の深圳デルタ地域や米国カリフォルニアのシリコンバレー一帯などは，独立した経済圏としての動きを強め，都市政治上の規制緩和を享受して中央政治も無視できない力を発揮している。このように，都市が様々なスケールにおいて諸リージョンの中核と位置づけられ，政治力を発揮している現状について概説する。

第5章「自治体選挙と地域政党」（牛山久仁彦）においては，自治体の選挙と政党の構造を概説し，政党相乗りと地域政党の台頭の意味について説明する。第1に地方自治体の選挙の構造を説明する。第2に地方レベルの政党の構図について検討する。第3に自治体選挙における政党相乗りの論理と実態について説明する。第4に地域政党に焦点を当てて自治体政治の構図を変える可能性について検討する。

第6章「自治体議会と条例・財務」（江藤俊昭）においては，地方議会の役割に焦点を当てる。地方分権改革や地方財政危機により地域経営における政治の重要性が再確認された。地方分権改革は地域経営の自由度を高め，地方財政危機は「あれかこれか」の選択をせまるからである。その政治には首長とともに，「住民自治の根幹」としての議会が重要な役割を果たす。地域経営にとって重要な条例や財務の決定権限は議会が有している。その意義と課題を探る。第1に議会の役割と改革の動向，第2に地方議会論の政治学における研究系譜，第3に地域経営の資源である条例・財務と議会の関係，第4に住民と歩む議会の改

革のもう一歩，について検討する。

　第7章「首長と都市官僚制」(礒崎初仁) においては，地方自治体の首長と行政機構について考察する。日本の都市政治において，首長と官僚制のあり方は大きな影響をもたらす。首長は，包括的な執行権を有し，自治体官僚組織を指揮監督するとともに，広く職員，関係団体等の人事権を有し，そのリーダーシップのあり方が自治体運営を左右する。一方，官僚制組織は，集権的な仕組みの下で，国の省庁の統制を受けつつも，自立した政策展開と組織運営を図る。その官僚制組織のパフォーマンスがどういう要素とメカニズムによって規定されるか，検討する。

　第8章「都市政治と公共政策」(秋吉貴雄) においては，政策問題を解決するための方向性と具体的手段である公共政策について，都市の政治との関連を踏まえながら概説していく。第1に公共政策の基本構造について説明する。第2に都市が抱える政策問題の特性についてその悪構造性に焦点を当てながら説明する。第3に都市政治における公共政策のプロセスについて説明する。第4に近年の都市政治の変容とともに生じている公共政策の変容について説明する。

　第9章「グローバリゼーションとエスニシティ」(日野原由未) においては，都市におけるグローバル化とエスニシティに焦点を当てる。グローバリゼーションによって，多様な人びとが暮らす都市が誕生するなかで，エスニシティをめぐる格差や差別，分断という課題が生じている。本章では，第1にグローバリゼーションが都市にもたらす変化を説明する。第2にグローバルな都市の諸相を探る。第3に再分配と承認からエスニシティをめぐる政治を考察する。第4にエスニシティをめぐる分断を乗り越える手段を検討する。最後にグローバルな都市の今後の展望を示す。

　第10章「都市の貧困と社会包摂」(武智秀之) は都市の貧困の問題に焦点を当て，その実態と政策的課題について論じる。第1に都市の貧困について概念的な理解を深める。第2に路上生活者の貧困について考察する。第3に子どもと女性の貧困実態について説明する。第4に格差と貧困を解決するアプローチについて検討し，その課題について分析する。

　第11章「都市とまちづくり」（工藤裕子）においては，まちづくりに焦点を当てる。近代化は都市化のプロセスであるが，それは諸資源を集中させることで生産効率を高め，経済発展を実現する過程であった。拡大した都市圏は今日，経済活動の8割を担い，2050年までに全人口の7割を抱えると予想されている。集中による効率化はしかし，災害などには脆弱であり，人口と富の集中ゆえ，被害はより甚大となる。このため，集約型のコンパクトシティや，レジリアンスを目指すスマート・シティなどが試みられてきた。本章は，これらの概念，変遷と類型，事例を紹介し，都市の新たな課題を解決する手法とプロセスを検討する。

　第12章「ダイバーシティと都市生活」（斉田英子）においては，第1に，ダイバーシティへの取り組みを，個人，社会，都市の現状と課題について概観する。第2に，暮らしにおけるダイバーシティについては，変わりゆく価値観を踏まえ，教育や政治の視点から検討する。第3に，北欧デンマークの事例を取りあげ，共生社会からヒントを得る。第4に，ダイバーシティと都市生活の未来を描き，互いの違いを知り，認め合うための対話について知見を提示する。

参 考 文 献

阿部斉（1973）「デモクラシーと市民参加」伊東光晴ほか編『岩波講座　現代都市政策Ⅱ　市民参加』岩波書店

ウォールシュ，A. H.（1972）『都市化における政治と行政―その国際的比較研究』（大原光憲ほか訳）中央大学出版部

大原光憲（1975）『都市自治の革新』中央大学出版部

大原光憲（1995）『都市政治の変容と市民』中央大学出版部

大原光憲・横山桂次編著（1965）『産業社会と政治過程―京葉工業地帯』日本評論社

大原光憲・横山桂次編著（1981）『自治体政策づくり読本』総合労働研究所

加茂利男（1988）『都市の政治学』自治体研究社

坂本治也（2010）『ソーシャル・キャピタルと活動する市民』有斐閣

佐藤竺（1965a）『日本の地域開発』未来社

佐藤竺（1965b）『現代の地方政治』日本評論社

佐藤竺（1973）「行政システムと市民参加」伊東光晴ほか編『岩波講座　現代都市政策Ⅱ　市民参加』岩波書店

佐藤俊一（1988）『現代都市政治理論—西欧から日本へのオデュッセア』三嶺書房

篠原一（1973）「市民参加の制度と運動」伊東光晴ほか編『岩波講座　現代都市政策Ⅱ　市民参加』岩波書店

篠原一（1977）『市民参加』岩波書店

曽我謙悟・待鳥聡史（2007）『日本の地方政治—二元代表制政府の政策選択』名古屋大学出版会

高木鉦作（1973）「議会・政党・議員活動」伊東光晴ほか編『岩波講座　現代都市政策Ⅲ　都市政治の革新』岩波書店

タロー，シドニー（2006）『社会運動の力—集合行為の比較社会学』（大畑裕嗣訳）彩流社

辻陽（2019）『日本の地方議会—都市のジレンマ，消滅危機の町村』中央公論新社（中公新書）

トクヴィル，Aleis de（2005-2008）『アメリカのデモクラシー　第1巻（上）（下）第2巻（上）（下）』（松本礼二訳）岩波書店（岩波文庫）

中澤秀雄（1999）「日本都市政治における「レジーム」分析のために—地域権力構造（CPS）研究からの示唆」『年報社会学論集』1999年12号

中澤秀雄（2005）『住民投票運動とローカルレジーム—新潟県巻町と根源的民主主義の細道』ハーベスト社

西尾勝（1977）「過疎と過密の政治行政」『年報政治学』第28巻

パットナム，ロバート・D.（2001）『哲学する民主主義—伝統と改革の市民的構造』（河田潤一訳）NTT出版

ヒル，デイリス・M.（1973）『市民参加と地域政治』（横山佳次・吉塚徹訳）福村出版

御厨貴編（1994）『都政の五十年』都市出版

御厨貴編（1995）『都庁のしくみ』都市出版

三宅一郎・村松岐夫編（1981）『京都市政治の動態—大都市政治の総合的分析』有斐閣

山口定（1973）「市民参加における革新と保守」伊東光晴ほか編『岩波講座　現代都市政策Ⅱ　市民参加』岩波書店

横山桂次（1973）「政党と市民運動」伊東光晴ほか編『岩波講座　現代都市政策Ⅱ　市民参加』岩波書店

横山桂次（1989）『新・開拓時代の自治体革新』ありえす書房

横山桂次（1990）『地域政治と自治体革新』公人社

横山桂次・大原光憲（1966）『現代日本の地域政治』三一書房

Bachrach, P. and M. S. Baratz, (1962) "Two face of power," American Political Science Review 56

Davies, J. S. and David L. Imbroscio (2009) "Urban Politics in the Twenty-first century," in Davies, J. S. and David L. Imbroscio eds. Theories of Urban Politics, Sage

Dowding, K. (2006) Power, Open University

Dunleavy, P. (1980) Urban Political Analysis, Macmillan

John, P. (1994) "Central-Local relations in the 1980', "Local Government Studies 20 (3)

John, P. (2001) Local Governance in Western Europe, Sage

John, P. (2006) "Methodologies and research methods in Urban methods in urban political science," in H. Baldenshein and H. Wollman (eds.) The Comparative Studies of Local Government and Politics, Barbara Budrich Poblishers

John, P. (2009) "Why Study Urban Politics," in Davies, J. S. and David Imbroscio eds. Theories of Urban Politics, Sage

John, P. and Cole Alastain (1998) "Urban regimes and local governance in Britain and France," Urban Affairs Review 33

Judge, D., G. Staker and H. Wolman eds. (1995) Theories of Urban Politics, Sage Pierre, J. ed. (1998) Partnerships in urban governance, Macmillan

Lukes, S. (1974) Poewer, Mcmillan

Peterson, P. (1980) City Limit, Universiuty of Chicago Press

Pierre, J. (1999) "Models of urban governance," Urban Affairs Review 34(3)

Pierre, J. (2005) "Comparative urban governance," Urban Affairs Review 40(4)

Polsby, N. W. (1980) Cominity Power Structure, University of North Cantus Press

Rhodes, R. A. W. (1997) Understanding Governance, Open University

Stoker, G. (1995) "Regime theory and urban politics," in Judge, D., G. Stoker and H. Wolman (eds) Theoeis of Urban Politics, Sage

Stoker, G. (1998) "Theory and urban poitics,"International Political Science Review 19(2)

Stone, C. L. (1989) Regime Politics, University Press of Kansas

【用語解説】

○都市政治

都市政治とは国レベルよりも下位の政府レベルで行われる政策決定に関する公的な営為である。

○権力

権力とは社会的価値の配分メカニズムである。コミュニティ権力とは地域権力をめぐる競争関係であり，アクターの多元的役割を重視する。都市レジームとはビジネスと政府との間にある公式・非公式の協働（協力）関係であり，アクターの経済発展の役割を重視する。

○ガバナンス

　政府・企業・公的団体全般の意思決定や合意形成のシステムを対象とし，統治・経営・管理の動態を指す。

○市民社会

　アメリカ人が自治体や団体へ参加する姿を見て，民主主義が根付き栄えるために必要な公共心に富む「心の習慣」を持つとトクヴィルは述べている。市民社会の成熟度などの態様は民主主義や政治に大きな影響を与える。

○社会関係資本

　社会的信頼，互酬性の規範，ネットワークから構成されるものであり，地域の犯罪予防，住民の健康増進，教育機会の向上などの効果を持つ。

第1章 都市政治をめぐる分析視角と理論展開

小 林 大 祐

は じ め に

　都市のことについては，その都市に住む人びとがどうするかを決める。それでは，誰がどのように都市の政策を決めているのだろうか，あるいは都市政策の決定は誰ないし何の影響を強く受けるのだろうか。本章では，この問いに答えるアプローチの検討を目的としたうえで，都市政治のとらえ方，ならびに都市政治をめぐる理論枠組みについて概説する。

　都市政治をとらえようとするとき，本来は「都市」と「政治」が指し示すものについて，僅かでも吟味することが定石とされる。しかし本章では，上述の目的に限定したうえで，都市政治のとらえ方や理論枠組みを検討するため，基本的にはこの点に立ち寄らない。ただし，議論の方向性を見失わないように，簡単な視点を定めておきたい。都市と相対する概念を想起すると，農村をはじめとした地域でないこと，また，国ないし中央政府ではないこと，これらが抽出される。ここから，一定の集積があることを前提とした空間性，ならびに国との関係ないし自律性の双方が，「都市」の視点であると見なすことができる。他方，「政治」は利害調整をめぐる権力が1つの主たる視点であり，この点も併せて本章を規律づける視点とする。

　以上の目的と視点を踏まえたうえで，まず都市の政治を構成する諸要素やとらえ方について概観する。そのうえで，都市政治の理論をめぐる議論にインパクトを与えたコミュニティ権力をめぐる論争，ならびに都市レジーム論について説明する。最後に，中央政府を交えた都市政治の理論について検討する。

1. 都市の政治

<歴史的事例から考える都市政治>

　都市政治の検討を始めるにあたり，まずは私たちが住む都市において誰が最も影響力を有しているか，この点を考えてみよう。唐突かつ漠然とした質問であるため，すぐに思いつかないかもしれないが，市長や知事といった首長をイメージする人は少なくないと思われる。確かに，現代の日本では選挙によって首長と地方議員が選出されており，都市の民意に支えられた首長が都市政府の要に位置していることは事実である。しかし，本当に首長あるいは地方議会だけが都市の政治を司っているのだろうか。

　この点を考えるにあたり，都市における選挙が基本的に存在しなかった時代，すなわち，権力者が誰であるか現代以上に明白な時代を振り返ってみよう。たとえば中世ヨーロッパの諸都市では，基本的に封建領主やローマ教皇の影響力が強く作用していた。その一方で，富の蓄積によって発展した都市では商人ギルドが影響力を強め，自治都市を形成するに至った地域もいくつか見られる。その後，たとえばツンフト闘争，あるいはハンザ都市の隆盛などから垣間見えるように，商人を筆頭とする諸アクターが都市政治に影響力を有していた。このような例は，ヨーロッパのみならず，日本においても見られた。典型的であるのは堺をはじめとした自治都市であり，商人を中心とした会合衆が自律的に都市を運営していたことは広く知られている。

　これらは確かに例外的であるかもしれない。しかし，都市の政治構造に目を向けてみると，絶対的な権力者が存在しているとしても，経済的な資源を持つアクターをはじめとして，影響力を行使する余地は残されていた。

　それでは，選挙制度が定着した後はどうであろうか。たとえば，19世紀末から20世紀前半にアメリカの大都市で見られたマシーン政治を例に挙げてみよう。ニューヨークやシカゴをはじめとした大都市では，欧州からのカトリック系移民，あるいはユダヤ系の移民が多数存在した。これらの移民は経済的に困

窮しているだけでなく，市民のコミュニティから孤立していた。この層に目を
付けた政治家たちは，市役所をはじめとした職業を斡旋したり，法外な価格で
公共事業を契約したりするなど，政治家の権限を活用することでこれら移民の
利益になるような活動を積極的に行い，票の獲得を図った。特定の対象に利益
を還元する一方で自動的に集票できる仕組みがマシーン政治であり，ボス政治
家を頂点とした恩顧的なシステムが構築されていた。

　このケースから汲み取ることができるのは，次の2点である。1つは，選挙
の結果が必ずしも一般的な民意を反映したものとは限らない，すなわち，特定
の集団の意思を色濃く反映しうる，ということである。これはもう1つの点で
ある，公選の首長や議員は支持基盤に拘束されることと関連する。上述で例示
した移民は社会的に困窮していた立場であり，確かに政治家と対等に交渉する
余地は限られていた。しかし，自律性が高い支持基盤であると，公選の首長や
議員に対する発言や働きかけは強まると同時に，その要求に応じる必要性も高
くなる。つまり，彼らが首長や議員をコントロールする立場にもなりうるので
ある。

　このように，都市政治を検討するときには単に制度上の影響力だけで判断す
るのではなく，首長や議員に影響力を与える存在など，非公式の次元における
政治にも目を向ける必要がある。それでは，非公式の次元で生じる政治とはど
のようなものか，さしあたり都市政治のアクターを確認することにしたい。

＜都市政治のアクター＞
　誰がどのように都市の政治にかかわっているのだろうか。都市に住む人びと
は，首長や議員ないし政党への投票，あるいは住民投票を通じて，政治的な意
思が伝えられる。他方で，都市にはそれ以外のアクターも政治に関与する。以
下では代表的なアクターを挙げる。
　第1は市民組織である。市民組織もいくつか想定されるが，たとえば自治会・
町内会など地縁組織が挙げられる。日常的な活動が都市政治に直結することは
多くないが，たとえば迷惑施設などの計画が浮上した際，地縁組織単位で都市

政治に関与することは多い。また，非営利組織もこれに当てはまる。NPOの機能の1つとしてアドボカシー活動が挙げられるが，都市政府に対して政策提言や政策批判を行う団体も少なくない。もちろん，このような活動は価値推進団体にも多く見られる。たとえば，2015年に渋谷区と世田谷区で同性パートナーシップ制度が導入されたのを皮切りとして各自治体に広まっているが，複数の市民組織が制度の普及に資する活動を行っている。

　第2は企業や業界団体である。自分たちに有利になるように，あるいは不利にならないように，企業や業界団体は都市政府に働きかけを行う。先に挙げた自治都市の例では，ギルドや会合衆がこれに当たる。企業城下町では，都市に住む人びとの大半が中心となる企業や関連企業，これらから派生した産業に従事していることもあり，中心となる企業の政治的プレゼンスは極めて大きくなる。また，特定の産業が根付いている都市では，その産業の業界団体が政治的に影響力を持ちやすい。

　第3はメディアである。日本の新聞は全国紙が相対的に普及している一方，地方紙のシェアは高い。また，テレビやラジオは一部の広域放送を行っている事業者を除けば，県域放送を基本としている。インターネットやSNSの普及によって情報の空間性は融解しつつあるものの，地方メディアは地域の情報を厚く扱うため，都市の政治に大きな影響を与えると考えられる。ただし，曽我謙悟が指摘しているように，日本ではこれまで都市政治における地方メディアの機能について体系的な研究があまりなされておらず（曽我 2022），どれだけの影響があるかについては必ずしも明らかではない。

＜都市政治の基底構造＞

　上述した都市政治のアクターは，公式の都市政治に影響を与える存在である。他方で，公式の都市政治内部ではどのような利害が表面化しているのであろうか。都市議会での会派や政党構造が示すように，現代の都市政治が果たす利害調整は複雑であり，手探りで検討してくことは難しい。そこで，都市政治の軌跡を遡りながら，基底構造を確認することで，都市政治への基礎的な分析視角

を示す。

　都市政治の起点をどこに定めるかは議論が分かれるが，産業化によって都市化した時期，ならびに都市問題が発生した時期は，少なくとも大きな転換点であった。工場の労働者が都市に集中することで，未曾有の社会問題が引き起こされたが，このときの都市政策が都市政治の基底を構成するに至った。産業化が遅れた日本ではその変遷を異にするが，ここではドイツを事例として見ていくことにする。

　第 1 はインフラ整備である。都市化の初期段階では犯罪の増加と衛生状況の悪化が問題となったが，街灯ならびに上水道を整備することでこれらを克服した。その後さらに都市化が進展すると，インフラ整備の目的が都市問題の克服から都市の発展にシフトした。これは電力インフラが典型である。ドイツの各都市は電力需要が少ない中でも，電力インフラの整備に注力した。これは産業発展の優位性を築き，都市間競争に勝つことが目指されていたためである。このように，都市政府は都市の発展をより志向するようになり，この点が都市政治の基底の 1 つとして埋め込まれるようになった。

　第 2 は労働者の出現である。産業化以前まで選挙権を持つ中産階級が都市政治の中心に位置していたが，産業化によって中産階級と労働者の格差が顕著となり，階級が都市政治の基底を構成することになる。労働者の数が増加し，生活水準の向上をめぐる要求が高まる中で，この格差の調整が都市政治の中心となっていった。労働者を支持母体とする革新政党の創設，労働組合の組織化が実現し，男性の普通選挙制が制度化されると，労働者の生活改善に資する政策が徐々に反映されるようになった。

　その一方で，労働者を生み出す都市から，資本主義国家への疑問が呈されるようになった。都市における労働力の再生産は国家に規定され，ここに階級闘争が現れる。したがって，都市政治は資本主義体制における政治経済に焦点が当てられるため，都市だけでなく国家を包含してとらえる見方も必要になる。マルクス主義の視角に基づいたとらえ方は，論者や系譜によって差異は見られるが，これらの点が基礎にある。

＜福祉国家と都市政治＞

　都市の社会サービスが発展かつ定着するにつれ，たとえばドイツにおいては生存配慮（Daseinsvorsorge）の概念が生成され，広く浸透するようになった。生存配慮とは，社会生活を営むうえで必要不可欠である一方で個人での調達が困難なものが当てはまる。たとえば，ガスや水道がなければ都市で暮らすことは困難であるが，これらを自ら調達することは不可能である。このようなサービスを政府が提供している根拠は，生存配慮の概念に求められるようになった。その後，生存権が憲法の中に確立し，これらのサービスの多くが国家の保障の下に提供されるようになった。

　この変化は都市政治にとって重大な意味を持つ。なぜなら，都市の自律性が著しく低下したからである。それまで都市の社会サービスは，都市の政策として自律的に供給していたのに対し，国家の政策として都市がサービスを供給する。都市政治の領域であった社会保障政策や社会扶助政策が，国家のコントロール下に置かれるようになる。都市が行う業務の活動量は変わらない一方で，自律性が掘り崩される。このように福祉国家の中央地方関係が築き上げられると，自律的な都市政治の割合は徐々に減少し，中央政府の影響力が高い都市政治が展開される。

　このような潮流は国によって若干の違いはあれど，ほぼ共通していた。日本では「3割自治」と揶揄されたように，中央政府への財政的依存度も高い状態であった。そのような中，京都市の都市政治を分析した三宅一郎と村松岐夫は，「地方で決めるメカニズム」があれば権力争いや政策の争いが生じることを指摘しており（三宅・村松 1981），都市が十分に自律的でなくても，都市政治の有効性が示唆されている。

　西欧諸国と並んで地方分権改革を経験した日本では，法的権限の面でも財政面でも一時期より分権化が進展した。その意味では，以前より都市政治の視点がより有効になった可能性がある。そこで以下では，アメリカで生じた CPS（Community Power Structure：コミュニティ権力構造）論争をはじめとして，都市政治をめぐる諸理論とその展開を検討していくことにしたい。

2．コミュニティ権力

＜エリート支配と都市政治＞

　誰がコミュニティを支配しているのか。この問いは古くから共有されていた
が，1953 年にフロイド・ハンターが，一部のエリート群がコミュニティを支配
している，といった答えを世に示した。この研究はどういったものであるか，
秋元律郎の考察（秋元 1981）にも依拠しながら概説していこう。

　彼が調査対象に選んだ都市はアメリカ南部のアトランタであり，声価法
（reputational approach）によってコミュニティのリーダーを同定した。声価法と
は，コミュニティ内のメンバーに影響力がある人物を尋ねていき，声価の高い
人，すなわち影響力のある人を探り出す方法である。ハンターが行った具体的
な方法は，まずコミュニティ内のリーダーとされる人物 175 名のリストを作成
する。そのうえで，コミュニティの内情に詳しい判定者によって，上位 40 名を
トップリーダーとして絞り込む。続いて，この 40 名に 10 名のトップリーダー
を選択してもらったうえで，相互に選択された数を測定し，影響力があるリー
ダーを抽出した。その結果，指名数が上位 12 名に集中しており，この集団がア
トランタを支配するリーダーであることが示された。その中に市長が含まれて
いた一方で，大半はビジネスに従事するエリートであった。

　この結果は大きなインパクトを与えることになった。それは，アメリカの民
主主義を支えるコミュニティ像を覆した点にあるとされる。ネルソン・ポルス
ビーの指摘を抜粋すると，単一のエリートが都市コミュニティを支配しており，
政治的なリーダーや市民リーダーはエリートに従属している。つまり，ハンタ
ーの研究が示唆したのは，アメリカの地方コミュニティは少数のエリートが支
配している，ということである。

　これを契機として，コミュニティ権力に関する研究が数多く産出されたが，
ハンターの研究に対する批判も多岐にわたって指摘された。その中でも代表的
であるのが，ハンターが用いた「影響力」や「権力」の定義が不明瞭であった

こと，ならびに声価法についてである。これらを総合的に批判したのがロバート・ダールであり，ここがCPS論争の起点とされる。ダールは都市政治をどのように描き出し，エリート支配論者に挑戦したのであろうか。

＜多元主義と都市政治＞

政策領域ごとに権力を持つリーダーがそれぞれ存在し，コミュニティは多元的に統治されている。先の問いに対してダールが導き出した答えは，ハンターらが提示したエリート支配とは全く異なる都市政治の姿である。どのような研究によって上述の結論に至ったのか，先と同じく秋元（1981）にも依拠しながら探っていくことにしたい。

政策決定過程を分析することなく意思決定を行う集団について議論することに対し，ダールは疑念を持っていた。権力を持つ人と権力を使う人は別であり，都市の意思決定を行ったり，統治したりするのは，権力を持つ人ではなく権力を使う人である。そうであるから，影響力の高いメンバーを尋ねる声価法だけでは，権力を持つ人びとを見つけることができない。権力が行使されている過程をとらえることで，コミュニティにおける権力構造が明らかにされる。ダールの基本的な都市政治観は，このようにまとめることができる。

そのうえで，アメリカ東海岸に位置するコネチカット州ニューヘブンを対象として，コミュニティの政治構造を調査した。彼は実際の調査を行う前に，ニューヘブンの都市政治を歴史的に振り返る作業から始めた。その中で，いわゆる名望家層が都市を支配していた第１期，産業化によって企業家による支配が確立した第２期，外国にルーツを持つ人びとの支持も包括したリーダーが登場し，都市を治めるようになった第３期，といった分類が行われる。第１期や第２期は経済的資源や社会的地位が権力の源泉になっていたのに対し，第３期は投票，すなわち市民の支持が重要になったこと，すなわちエリートによる寡頭制支配から転換したことを明らかにしている。

以上のような都市政治の背景を踏まえたうえで，争点法を用いて権力構造の調査を行った。争点法とは，具体的な政治的争点をいくつか取り上げ，それぞ

れの争点に関与するメンバーを抽出して影響力を測定する方法である。この調査では，都市再開発，政党立候補者の指名，公教育の３つが対象となった。各々の政策過程に関与したメンバーをリスト化し，相互の重複を確認した結果，すべての争点に関与していたのは，市長を含む都市政府のアクター２名であり，２つの争点に関与していたのも少数のメンバーであったという。

　この研究から導出される重要な点は，次の２つである。１つは，都市政策全体に対して影響力を行使しているのはごく僅かであり，政策領域ごとにリーダーは異なっていることである。つまり，特定のエリート層が都市を支配しているのではなく，さまざまなアクターが統治にかかわっていることが示された。もう１つは，代議制民主主義が機能していることである。市長を含む公職者が都市政策全体において影響力を行使していたことは，市民による統治が利いていることを示唆させるものである。

　ダールも都市政治研究に大きな影響を与え，コミュニティ権力をめぐる研究はさらに活発化した。もちろん，ダールをはじめとした多元主義の都市政治分析に対してもさまざまな批判が与えられたが，特に重要であるのは，争点をめぐる権力についてである。ピーター・バクラックとモートン・バラッツは，非決定についての視点が欠けていることを鋭く批判した。彼らは，事前に争点として扱わないようにあらかじめ権力者が決定しておく，いわゆる非決定の存在を指摘した。ダールは目に見える争点だけを対象としたため，水面下で争点化されなかったテーマや争点化を阻止したアクターを全く観察できていない。この点に基づけば，非決定権力まで射程に入れることではじめて，コミュニティや都市の権力構造が明らかにされるといえよう。

＜ CPS 論争を超えて＞

　先にも触れたように，双方の研究を契機として，コミュニティ権力に関する研究蓄積は著しく厚みを増した。これら一連の研究のポイントについて，簡単に整理してみよう。第１は，権力のとらえ方についてである。既に非決定権力について触れたが，これに対する批判として，意図しなくとも間接的に行使さ

れる組織内在的権力（systemic power）（クラレンス・ストーン），あるいは相手の認識や利益に作用させるような三次元的権力観（スティーヴン・ルークス）が示された。第2は，アクターのとらえ方についてである。エリート論と多元主義をめぐる闘ぎ合いが，コミュニティ権力の研究を通して繰り広げられた。第3は，リーダーを調査する方法である。声価法と争点法，さらには地位に基づいた地位法をめぐる射程や方法の適切性が対象となった。第4は，調査する都市の数である。ハンターやダールの研究をはじめとして，単一あるいは少数の事例が対象とされていた一方で，都市政治のメカニズムが追及されることで，多数事例を対象とする研究も増加し，比較研究の志向が高まった。

　ここから確認できるように，CPS論争は政治学において重要な論点を発展させた。このことは他方で，コミュニティの政治が焦点であったにもかかわらず，コミュニティや都市に限定した政治理論の発展にはそれほど寄与しなかったことが窺える。それはコミュニティに対する論争の土台が不十分であり，建設的な議論が構築されなかったことも理由の1つと考えられている。結果として，コミュニティ権力をめぐる都市政治の研究は緩やかに減少していった。

　その一方で，合理的選択論に基づいた都市政治の研究が徐々に増え始めた。その中で特に大きなインパクトを与えたのが，ポール・ピーターソンの『都市の限界』である。都市政治は外部要因である社会経済に強く規定されており，それに基づいて都市内の各アクターが合理的に行動すると考える。その結果，都市の成長を志向する都市政策が選択されるようになるという。この点も含め『都市の限界』については第4節でも改めて扱うが，普遍的で説明力が高く，都市政治の1つのとらえ方として定着している。

　もちろん，ピーターソンの議論がそのまま受容されたわけではない。都市が成長を目指す点は了解されつつも，その前提に異を唱えた主たるとらえ方が2つ存在する。1つは，ハーヴェイ・モロッチらによって提唱された成長マシーン論である。町村敬志の考察に従えば，都市の各アクターが自らの利益に基づいて行動する，という前提が置かれているが，モロッチはこの点に疑問を持っていたとされる。それは，都市の場所性をめぐる視点が欠落していることによ

る。すなわち，都市という空間の中で確かに各アクターの利益は対立するかもしれないが，それぞれが都市の成長を目指しており，そうであるがゆえ経済成長を志向したアクター間の成長連合（growth coalition）が築かれる。都市の政治経済的な視点を重視しつつ，このような連合に着目するとらえ方が成長マシーン論である（町村 2012）。

　もう1つは都市レジーム論であり，コミュニティ権力に由来する研究として位置づけられる。ことアメリカにおいては都市政治の主たるとらえ方の1つとして理解されていることもあり，節を改めて説明することにしたい。

3．都市政治におけるレジーム

＜都市レジームとは何か＞

　1980年代以降，レジームの観点から都市政治を解明しようとする研究が生まれてきた。都市レジームの定義に揺れは見られるが，都市政治に影響を与えるアクター間の連合体であり，非公式のアクターを含むことは概ね共通している。都市レジームの輪郭をより鮮明にするために，これまでに示したとらえ方との違いから，その特徴を整理することにしたい。

　第1は，都市政治の位置づけについてである。先に示したように，ピーターソンのとらえ方に基づけば，都市の政治や政策は社会経済によって他律的に決定される，すなわち，都市内の各アクターは押しなべて政治的な影響力に欠けていることを意味する。都市レジームはこの点を受容せず，都市政治に自律性があることを前提とする。

　この点は先に挙げた成長マシーン論と共通する。しかし，着目するアクターに違いが見られる。成長マシーン論の鍵となるのは，土地を所有する資本家である。都市の発展による利益が見込めると同時に，土地を媒介とした政治的機会を多く有するため，彼らが都市発展を目的とした成長連合を組織化し，都市政治への影響を強めようとする。したがって，都市政治に影響を及ぼすのは資本家をはじめとした特定のアクターに限定される。これに対し，都市レジーム

は多元主義のとらえ方から派生していることから，必ずしも主導的なアクター
に限定されない。

　以上が第2の特徴であるが，この点は第3に挙げられる都市政治の目的とも
深く関連する。成長マシーン論と同じく，都市レジームのとらえ方にも都市の
発展が内在化されており，そうであるがゆえ政治経済的な視点が重視される。
しかし，都市政治の目的は必ずしも経済成長だけに限定されない。都市政治に
はさまざまな利害や課題が存在しているが，都市レジームはこれらも射程に含
んでいる。したがって，都市政治をより柔軟にとらえることが可能となる。

　第4は権力のとらえ方についてである。確かに，都市レジーム論は多元主義
の系譜に位置しているが，多元主義のとらえ方をそのまま引き継いでいるわけ
ではない。都市レジーム論の基礎を確立したクラレンス・ストーンの研究に従
えば，都市レジームは誰かに対する権力ではなく，目的を達成するための権力
を映し出すことができるという。つまり，誰が都市の政治に影響を与えている
のか，という問いではなく，どうして特定の政策ないし状態が達成されたのか，
どのようにして政治的な協力が達成されるのか，という問いを解こうとすると
ころに大きな差異が見出される。

　これら4つの視点から，都市レジーム論の特徴を浮かび上がらせてきたが，
最後に都市ガバナンスと比較することにしたい。ガバナンスのとらえ方は，ポ
スト産業化社会の様態，ならびに市場化や市民社会の興隆など，脱政府化した
社会の様態をとらえようとする中で醸成されたため，基本的な出自は異なる。
しかし，ピーター・ジョンが示すように，公式だけでなく非公式のアクターも
含めて射程に入れる点，都市の政治経済に着目する点など，共通する部分も多
い。そのため，双方をどのように位置づけるか，その整理も一様ではないが，
都市レジームは都市ガバナンスに包含されると理解されることも多い。その一
方で，都市レジームは一定の時間を経て形成された連合体であり，より安定的
なネットワークであると理解される。したがって，都市ガバナンスは都市レジ
ームと比べてネットワークの紐帯が緩やかであるとされる（John 2001）。

　以上，都市レジームの特徴を概観した。続いて，具体的な研究にも触れなが

ら，分析枠組みの観点から都市レジームを検討していくことにする。

＜分析枠組みとしての都市レジーム＞

　都市の政治経済に着目した都市レジーム論を分析枠組みとしてはじめて体系的に用いたのは，テキサス州ダラスを対象としたステファン・エルキンの研究である。しかし，その後のとらえ方の礎となったのは，1946 年から 1988 年にかけてのアトランタを対象としたストーンの研究である。アフリカ系アメリカ人の人口が増加し，政治的な影響力を獲得していく中，かつて影響力を有していた白人のビジネスエリートは徐々に彼らと相互に関係するようになり，最終的に連合化するに至った。その結果，アメリカ南部の多くの都市とは異なり，アトランタはビジネスの発展と人種差別撤廃の双方が目指されることになった。彼はこのように，都市の政治や政策の違いを都市レジームの違いから説明した。

　アトランタにおいてこのような統治連合（governing coalition）が構築できたのは，市民権や都市再開発が共通の目的となったことは大きい。しかし，職業訓練事業や市民劇場のプログラムなど，連合に参加する小さな機会（small opportunities）が多く提供されたこと，すなわち，アフリカ系アメリカ人や白人のビジネスエリート以外の各アクターが連合に参加する利益が提供されたことで，より持続的なレジームの構築につながったという。

　ストーンの研究以降，都市レジームのとらえ方は急速に普及し，アメリカ国外の都市政治分析にも援用が試みられるようになった。日本では，中澤秀雄が新潟県の巻町と柏崎市を対象として，原子力発電所が建設された／されなかった要因をレジームの違いから説明した。このほか，松本康は東京の郊外である三鷹市を対象として，市民との協働が他の自治体よりも進められている理由について，レジーム形成に着目して考察した。また，長野基は地域コミュニティ単位を対象として，地区まちづくりのリーダーシップについて，レジーム論に基づいて検討した。日本における都市レジーム分析は必ずしも研究蓄積が多いわけではないが，以上から，都市以外の地域でも分析が可能であること，また，都市の経済的発展に当てはまらなくても分析できることなど，都市政治や都市

政策の帰結をとらえる方法として広く活用できることが見て取れる。

　他方，都市レジーム論を援用することで，都市政治の国際比較も行われるようになった。ジェフェリー・セラーズは，アメリカ，ドイツ，フランスの複数都市を対象として比較し，いずれの都市においても安定的な都市レジームが存在したことを明らかにした。

　このように，都市レジーム論は都市政策の相違性や帰結を示すとらえ方として，汎用性が極めて高い。そこで，最後に都市レジームをとらえる緒についてまとめておくことにしたい。この点を簡潔に整理した木田勇輔に従うと，次の4つが要点となる（木田 2016）。第1はレジームのメンバーであり，統治連合において意思決定を主導しているアクターを探すことが鍵となる。第2はレジームの目標であり，統治連合が何を目指しているのかに目を向ける必要がある。第3は，各アクターが集まる非公式のしくみであり，アクター間の目標設定や利害調整が行われる場であることから，これに着目することが肝要である。第4は，レジームの持続的な統治能力であり，これは連合体の安定性に影響するものである。都市レジーム分析を行う際には，以上の点に着目することが1つのメルクマールとなる。

＜都市レジーム論をめぐる批判と展開＞

　都市レジーム論は都市政治分析の1つのパラダイムを切り開いた一方で，さまざまな批判も投げかけられている。ここでは，カレン・モスバーガーやジェリー・ストーカー，ジョン・ピエール，箕輪允智，鈴木隆志の整理を主たる参考にしながら，理論的な側面に関係する批判を2つ取り上げることにしたい。

　第1は，都市政治を説明する普遍的な理論ではなくなっていることである。都市レジーム論が，普く都市政治に与える作用について説明しているか，というとかなり心許ない。このことは，枠組みの汎用性に起因する。たとえば，先に見た松本の研究では，「名望家レジーム」から「市民協働型都市経営レジーム」に至るまでの変遷を描いているが，市民参加や協働を対象とした都市政治に光を当てない限り，このようなレジームが浮かび上がってくることはない。

個別の政策対象ごとにさまざまなレジームが存在しているとするならば，普遍的なレジームを議論する意味が低下することになる。したがって，都市レジームそのものが都市政治を説明できなくなっている。

この批判に対して，次の2つの応答が見られる。1つは，枠組みとしての厳格さを取り戻すことである。ストーンが最初に提示したレジーム論は，都市の経済発展に着目し，政治経済に目を向けることが基本となっていた。このような前提や規準を共通させることで，理論としての普遍性が保たれる。いま1つは，普遍的な理論をあきらめることである。都市レジームが理論的な意義を持たなかったとしても，都市政治の重要な分析視角であり続ける。都市レジーム論が多様に派生している現状に鑑みれば，必ずしも普遍化を目指さない選択肢もありうる。

第2は，アメリカ以外での適用可能性についてである。都市レジーム論はアメリカ産の理論であるがゆえ，アメリカの都市政治においては大きな説明力を持つ。確かに，先に見たように，ヨーロッパ諸国や日本においても都市レジーム論を適用することができる。しかしながら，アメリカと他国の都市政治は構造や制度が異なっているため，同じように用いることには限界がある。都市が自律的であるアメリカでは都市が開発政策を行う一方，中央政府の介入が見られる大陸ヨーロッパ諸国ないし日本では，中央政府が国の地域政策として開発政策を担当することが一般的である。このように，都市政府の役割が大きく異なっているため，都市の経済発展を前提とした都市レジーム論は十分に広まっているわけではない。

以上の2点の批判に関連して，都市ガバナンス論の優位性を指摘する研究も散見される。前者については，都市レジーム論が汎用化したことにより，都市ガバナンス論との違いが希薄になったことがその理由として挙げられる。また後者については，大陸ヨーロッパ諸国や日本で経験したのは市場化や分権化といった改革であり，ガバナンスの変容が焦点になることが理由として挙げられる。双方の理論がどのような展開を迎えていくのか，論者によっても見解が異なるが，都市政策や状況の達成を解き明かそうとする都市レジーム論と，都市

の構造や志向を解き明かそうとする都市ガバナンス論とでは分析の目的が異なることから，基本的には共存し続けるとも考えられる。

　また，第2の批判については，地方自治論の中で伝統的に議論されてきた理論が，大陸ヨーロッパ諸国や日本の都市政治を説明するのに未だ有効であることを示唆している。そこで以下では，中央地方関係を視角に含んだとらえ方をいくつか見ていくことにしたい。

4．中央地方関係と都市政治

＜都市の限界？＞

　自律的な都市は自らが必要なことを自らで決定し，実施することができる。一見すると至極当然のように見えるが，第2節の最後に触れたピーターソンの『都市の限界』は，この命題が成り立たないことを指摘した。これはどういうことなのか。

　ピーターソンによれば，都市政策は3つに分類されるという。第1は「開発政策」であり，産業の活性化やインフラ整備などが該当する。開発政策はコスト以上に大きな利益をもたらすとされる。第2は「再分配政策」であり，社会扶助や社会保障などの福祉政策が典型的である。第3は「配分政策」であり，警察や消防など市民生活の維持に必要な政策が該当する。

　そのうえで，都市は開発政策には熱心になる一方，再分配政策が疎かになることを指摘している。開発政策は都市に利益をもたらすことから，住民の支持を得ることができ，その結果として成長志向の性格を帯びる。他方，再分配政策は低所得者の支持を得ることができる一方，高所得者からは歓迎されない。これを示したものが図表1-1である。再分配政策の原資は税金や社会保険料であり，高所得者であるAさんの支払額は多い一方，低所得者であるBさんの支払額は少ない。それに対し，受けられるサービスはAさんよりBさんのほうが多くなる。

　都市が再分配政策を進めていくとどうなっていくだろうか。Aさんを筆頭と

図表1-1　再分配政策のイメージ

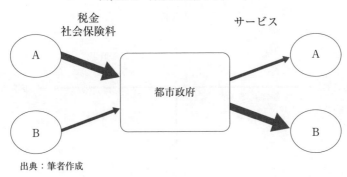

出典：筆者作成

　した高所得者が税金の安い都市に引っ越すかもしれない。また，都市の社会サービスが充実すればするほど，そのサービスを必要とする低所得者が都市に引っ越してくるかもしれない。このような構図は都市にとって望ましいことではない。なぜなら，都市の財政を支える高所得者が減少する一方，社会サービスを受給する低所得者が増加するからである。結果として，周辺の都市よりも再分配政策を抑制しようとする誘因が働くことになる。

　ピーターソンの議論に従えば，都市にとって福祉政策が必要であったとしても，都市は福祉政策を提供しなくなっていく。つまり，自律的な都市は再分配政策に消極的になるメカニズムが内蔵されている。これは都市が開放的であること，すなわち都市の住民が移動しやすいから生じることである。そのため，再分配政策は中央政府が担ったほうが良いとされる。このことが示唆しているのは，都市はすべての政策を担うことができず，中央政府との役割分担が必要になるということである。

　この理論は説明力が高い一方，現実との乖離が見られることも確かである。日本においても，たとえば介護のために移住したり，子育て支援に熱心な都市に引っ越したりするケースは見られなくはない。しかし，実際には都市が再分配政策を実施している。そこで，『都市の限界』とは異なった帰結を説明する枠組みについて触れておきたい。

図表1-2　都市政治に対する不満の反応の類型

出典：Lyons and Lowery（1986：331）を筆者が簡素化して作成

　それは，都市政治に対する不満の反応である。『都市の限界』はチャールズ・ティボーの「足による投票仮説」に基づいているが，非現実な想定であり，実際に他の都市に引っ越せる人は限られている。それでは，実際にどのように不満が発露されるのか，ウィリアム・ライオンズとデヴィット・ロウリーの整理に従いながら見ていくことにしたい（図表1-2）。都市の政治に対する不満に対して，能動的か受動的かという軸と，建設的か破壊的かという軸に沿わせると，次の4つの行動が想定される。第1は「発言」であり，積極的の政治に声を上げていく行動が当てはまる。第2は「忠誠」であり，選挙や都市が企画したものには参加するが，基本的には消極的な行動が当てはまる。第3は「無視」ないし「無関心」であり，都市政府への信頼がなく，投票などにも参加しない行動が当てはまる。そして第4は「退出」であり，他の都市に引っ越す行動が当てはまる（Lyons and Lowery 1986）。現実的にはこのような行動が取られる中で，都市の政治が営まれている。

＜中央政府の資源と都市政治の自律性＞

　中央政府との関係性が築かれている場合，確かに都市政治は中央政府の影響を受ける。しかし，都市は中央政府からただ統制を受ける存在ではなく，中央政府の資源を利用したり，中央政府の統制を回避したりすることも考えられる。

ここでは，この点を組み込んだとらえ方を2点示すことにしたい。

　第1は，村松岐夫が示した「水平的政治競争モデル」である。これは都市が有している政治的資源を発見し，都市が中央政府へ影響力を行使することをとらえたモデルである。都市が持つ政治的資源とは，地元選出の国会議員が代表的である。先に見たように，日本における大規模な開発政策は国の事業として行われることが一般的である。国内の諸都市で開発政策の競争的な誘致が繰り広げられることになるが，その際に鍵になってくるのが中央政府とパイプを持つ存在であり，これらのアクターとの関係が都市政治にとって重要となる。

　この点は，フランスの中央地方関係を考察し，その中に相互依存関係を明らかにしたダグラス・アシュフォードの研究と重複する。フランスには政治面における兼職制度があり，都市の政治アクターが中央政府に入り込んでいることも少なくない。そのため，都市の政治だけでなく，中央政府における政治も併せてとらえることが必要となる。

　第2は，ジム・ブルピットの「二重の政治体（dual polity）」に見られる都市の自律性である。彼は，中央政府の政治エリートは外交や経済問題などの政策に集中する一方で，一般的な公共サービスなどの政策は基本的に委譲されていたため，都市政府がこれらの政策について自律的に行うことができることを指摘した。一見すると中央政府からの統制を強く受けていたとしても，政策領域によっては相互の関係が希薄になることがある。具体的には，教育政策などでこの点が見られる。たとえば義務教育課程における教育内容は学習指導要領を通じた文部科学省の統制が強く，都市の自律性はごく一部に限定されている。他方，給食政策については中央政府からの統制は限られており，都市政府の裁量や役割が大きくなっている。

おわりに

　本章では，都市政治のとらえ方と理論枠組みについて概説してきた。まずは，都市政治のイメージを広げるために，都市政治の歴史的な側面を描写した。そ

のうえで，都市政治の理論枠組みとして重要なコミュニティ権力をめぐる論争，ならびに都市レジーム論を紹介した。そして最後に，中央政府を視野に入れた都市政治のとらえ方について簡単に言及した。

　都市政治の理論は，描き出そうとするもの，特別に着目するもの，都市を取り巻く背景，分析の方法がそれぞれ異なっている。都市政治のとらえ方は，既存の理論に影響されつつ進化してきた。今後はどのように理論が展開していくのか，この点は都市政治論をめぐる1つの焦点といえるだろう。

参 考 文 献

秋月謙吾（2001）『行政・地方自治』東京大学出版会

秋元律郎（1971）『現代都市の権力構造』青木書店

秋元律郎（1981）『権力の構造―現代を支配するもの』有斐閣

加茂利男（1988）『都市の政治学』自治体研究社

木田勇輔（2016）「都市レジームはいかに再編されつつあるか？―1980年代以降の名古屋市政を事例に」『日本都市社会学会年報』34, 106-123頁

小林大祐（2017）『ドイツ都市交通行政の構造―運輸連合の形成・展開・組織機制』晃洋書房

佐藤俊一（1988）『現代都市政治理論―西欧から日本へのオデュッセア』三嶺書房

鈴木隆志（2019a）「地方自治と都市レジーム研究―欧米における議論を中心に」『政経研究』55（4），85-111頁

鈴木隆志（2019b）「都市レジーム研究の再検討―アメリカ政治発展アプローチの導入を中心に」『政経研究』56（2），185-210頁

曽我謙悟（1994）『アメリカの都市政治・政府間関係― P.E. ピーターソンの所論を中心に』東京大学都市行政研究会

曽我謙悟（1998）「地方政府の政治学・行政学（三）」『自治研究』74（8），95-115頁

曽我謙悟（2022）「都市の政治学」後藤・安田記念東京都市研究所編『都市の変容と自治の展望』後藤・安田記念東京都市研究所

ダール，ロバート（1988）『統治するのはだれか―アメリカの一都市における民主主義と権力』（河村望・高橋和宏監訳）行人社

中澤秀雄（1999）「日本都市政治における「レジーム」分析のために―地域権力構造（CPS）研究からの示唆」『年報社会学論集』1999（12），108-118頁

中澤秀雄（2005）『住民投票運動とローカルレジーム―新潟県巻町と根源的民主主義の細道，1994-2004』ハーベスト社

長野基（2012）「地区まちづくりを支えるリーダーシップに関する都市レジーム論からの考察―新宿区西早稲田地区を事例として」『都市科学研究』4, 87-98頁

ハンター，フロイド（1998）『コミュニティの権力構造―政策決定者の研究』（鈴木広訳）恒星社厚生閣

古城利明（1977）『地方政治の社会学―階級性と公共性の論理』東京大学出版会

ポルスビー，ネルソン（1981）『コミュニティの権力と政治』（秋元律郎訳）早稲田大学出版部

町村敬志編（2012）『都市の政治経済学』日本評論社

松本康（2010）「三鷹市における郊外レジームの形成と再編―市民協働型都市経営レジームの成立？」『グローバル都市研究』3, 27-57頁

水口憲人（1985）『現代都市の行政と政治』法律文化社

箕輪允智（2019）『経時と堆積の自治―新潟県中越地方の自治体ガバナンス分析』吉田書店

三宅一郎・村松岐夫編（1981）『京都市政の動態―大都市政治の総合的分析』有斐閣

村松岐夫（1988）『地方自治』東京大学出版会

ルークス，スティーヴン（1995）『現代権力論批判』（中島吉弘訳）未來社

Ashford, Douglas E. (1982) *British dogmatism and French pragmatism: central-local policymaking in the welfare state*, G. Allen & Unwin

Bachrach, Peter and Morton Baratz (1970) *Power and Poverty: Theory and Practice*, Oxford University Press

Bulpitt, Jim (1983) *Territory and power in the United Kingdom*, Manchester University Press

Davies, Jonathan S. and David L. Imbroscio (eds) (2009) *Theories of Urban Politics (second edition)*, Sage

Elkin, Stephen L. (1987) *City and Regime in the American Republic*, University of Chicago Press

Harding, Alan (1996) "Is there a "New Community Power" and Why Should We Need One?" in *International Journal of Urban and Regional*, 20(4), pp. 637-655

John, Peter (2001) *Local Governance in Western Europa*, Sage

Judge, David, Gerry Stoker and Harold Wolman (1995) *Theories of Urban Politics*, Sage

Krabbe, Wolfgang R. (1985) *Kommunalpolitik und Industrialisierung: Die Entfaltung der städtischen Leistungsverwaltung im 19. und 20. Jahrhundert. Fallstudien zu Dortmund und Münster*, W. Kohlhamer

Krebs, Timothy B. and Arnold Fleischmann (2020) *Understanding Urban Politics: Institutions, Representation, and Policies*, Rowman & Littlefield

Logan, John R. and Harvey L. Molotch (1987) *Urban Fortune: The Political Economy of Place*, University of California Press

Lyons, William E. and David Lowery (1986) "The Organization of Political Space and Citizen Responses to Dissatisfaction in Urban Communities: An Integrative Model," in *The Journal of Politics*, 48(2), pp. 321–346

Mossberger, Karen and Gerry Stoker (2001) "The Evolution of Urban Regime Theory," in *Urban Affairs Review*, 36(6), pp. 810–835

Mossberger, Karen (2009) "Urban Regime Analysis" in Davies, Jonathan S. and Imbroscio, David L. (eds) *Theories of Urban Politics (second edition)*, Sage

Peterson, Paul E. (1981) *City Limits*, University of Chicago Press

Peterson, Paul E. and Rom, Mark C. (1990) *Welfare Magnets: A New Case for a National Standard*, Brookings Institution Press

Pierre, Jon (2014) "Can Urban Regimes Travel in Time and Space?: Urban Regime Theory, Urban Governance Theory, and Comparative Urban Politics," in *Urban Affairs Review*, 50(6), pp. 864–889

Sellers, Jefferey M. (2002) *Governing from Below: Urban Regions and the Global Economy*, Cambridge University Press

Stone, Clarence N. (1980) "Systemic Power in Community Decision Making: A Restatement of Stratification Theory," in *The American Political Science Review*, 74(4), pp. 978–990

Stone, Clarence N. (1989) *Regime Politics: Governing Atlanta, 1946-1988*, University Press of Kansas

Tiebout, Charles (1956) "A Pure Theory of Local Expenditures," in *Journal of Political Economy*, 64(5), pp. 416–424

【用語解説】

○マシーン政治

　特定の対象に対してさまざまな物質的な利益を提供することで自動的に集票する仕組みであり，ボス政治家を頂点とした恩顧的なシステムのことを指す。

○ CPS 論争

　コミュニティ権力構造（Community Power Structure）について，一部のエリートが都市を支配しているのか，はたまた，さまざまなアクターが政策領域ごとに多元的に支配しているのかが論争の焦点となった。

○非決定権力

　事前に争点として扱わないようにあらかじめ決定する権力のことである。水面下で権力が行使されるため，顕在化しないことが多い。

○都市レジーム

　都市政治の決定と実施に影響を与えるアクター間の連合体であり，企業などの非公式のアクターが含まれる。一定の時間を経て形成され，ネットワークとして安定していることが特徴である。

○都市の限界

　都市における再分配政策は高所得者の流出，低所得者の流入を招き，財政状況が悪化する。そのため，都市政府は再分配政策を行いづらいというジレンマが生じる。ポール・ピーターソンが提唱した理論である。

第2章　都市における社会運動

中澤　秀雄

は じ め に

自治の基本単位としての都市政治を語る上で社会運動のインパクトは大きい。上からの政策・政治に対して，生活に根ざした下からの要求として運動が展開され，ときには運動が政治家を生み出すダイナミズムが民主主義国家においては存在する。

戦前日本では米騒動や労働争議，セツルメント運動等が大正デモクラシーを導き，戦後日本政治史においては高度成長期に簇生した住民運動と革新自治体が重要な位置を占めている。本章では都市社会運動の理論，日本の都市社会運動史，そして21世紀の都市社会運動について概説する。

1．都市社会運動とその理論

＜都市社会運動とはなにか＞

都市には多くの人口が集まるのだから社会運動が起きる確率も高い。その意味で，農民運動以外の社会運動は都市で（も）起きるのであり，わざわざ都市社会運動だけを取り出すのは意味がないようにも見える。

ただ，歴史的に見て都市における社会運動は権力を脅かす重大な事態を導く可能性がある。政治権力が崩壊するとき，当該権力に抗議する都市社会運動がその引き金を引くことは，歴史的法則である。フランス革命（ルイ王朝に対する市民蜂起（1789年）），ロシア革命（ボルシェビキに率いられた大衆蜂起（1917年）），

桂太郎内閣総辞職（日比谷焼討事件（1905 年）），朴槿恵韓国大統領退陣（ローソク
デモ（2016 年））など，事例を挙げれば数限りない。逆に，だからこそ政治権力
は都市社会運動を徹底的に弾圧するとも言え，サンクトペテルブルク血の日曜
日事件（1905 年），天安門事件（1989 年），近年では香港雨傘運動（2014 年）やロ
シア＝ウクライナ戦争および同戦争への徴兵動員に反対するロシア主要都市の
デモ（2022 年）などがこれに該当する。都市社会運動は間違いなく世界史の駆
動力の 1 つである。

　他方，より穏健な運動であっても都市に新たな政策や文化を生み出すものも
多い。日本においては，とりわけ高度経済成長期に三大都市圏の新興住宅地に
移住してきた人々などから，既存の集合的消費手段（電気・水道のような基盤的イ
ンフラストラクチャーから図書館・公民館のような公共施設まで。換言すれば住宅・教
育・医療・公共交通などその供給に公的セクターが関与している集合的な財・サービス）
の貧弱さに抗議し，インフラ整備や政府の積極的政策を求める動きが沸き起こ
り，「住民運動」と呼ばれた。もちろん，後述のように各種の開発プロジェクト
や公害に反対する住民運動もあった。これら住民運動によって都市公共施設や
環境福祉政策，政策計画の水準が上昇し，これこそ都市が最低みたすべき集合
的消費手段の整備であるという意味で篠原一・松下圭一ら戦後日本を代表する
政治学者によって「シビル・ミニマム」という言葉も発明された。すなわち現
代社会における都市社会運動とは「都市公共サービスの供給を擁護したり要求
したり，また地域環境を保護するために人々を結合させる組織」（スチュアート・
ロー）と定義づけることができる。ローは今の引用部分に続けて「特定の社会
基盤の動員によって集団的にその対象が追求され，その活動の勢いが政策を変
更させる」と述べている。このように，住民による集団的運動が政策を変更さ
せるダイナミズムこそ都市政治の基本であると再確認したい。じっさい，中央
大学法学部で長年教鞭をとり，1991 年の東京都知事選挙に出馬した大原光憲が
執筆した『都市問題と住民運動』という書籍は，副題を「都市政治学」という。

＜社会運動と都市政治＞

　日本では馴染みがないもののヨーロッパで都市社会運動の代表格としてよく取り上げられるのは，住宅借家人の運動である。再度，スチュアート・ローの『都市社会運動』では，2つの章を使って借家人運動について論じている。ときには公営住宅への居住の権利を求めて無理やり占拠・居住してしまう「スクウォッター（不法占拠）運動」に発展する場合もある。不法占拠運動の中でも有名なのは第2次世界大戦直後の英国におけるものだ。「1945年に，スクォターたちはブライトンやヘースティングスの南岸の盛り場にある多数の下宿屋に住み込んだ。自警団員として知られる『退役軍人諜報委員会』がいつもの人目につかない夜通しの作業によって，ものの数週間のうちに1000人を宿泊施設に収容した。1946年には，無住の兵舎の居住を軸にして第2の不法占拠運動の波が押し寄せ，秋には4万5000人が軍払い下げの1000の兵舎に不法居住していた」（ロー　1989：189-190）。

　第1次世界大戦期には，戦争に乗じて家賃を値上げしようとする家主に対して，グラスゴーで家賃不払い運動を起こした借家人たちの運動（1915年）が政府介入に繋がり，1920年代以降に地方自治体が公営住宅団地を供給することが普遍化したとされている。その後も家賃値上げや制度変更に反対する借家人たちの運動は多く，その政治的ダイナミズムや歴史的意義が論じられ続けてきた。

　このような居住の権利をめぐる争いを見れば，ホームレスの人々（野宿者）による，あるいは野宿者を支援する社会運動も，重要な研究対象になることが分かる。例えば林真人は以上のような理論的伝統に従い，横浜市寿町（大阪のあいりん地区・東京の山谷地区とあわせて「三大寄せ場」と呼ばれてきた）における野宿者支援運動を「都市社会運動」と位置づけて論じている。「それは，人びとのホームレス状態や，この状態に至る経路のなかで，こうした人びとが行う〈闘い〉と〈異化〉の事実性，そうでなければ，そのような事実性への想像力と共感に根拠を置き，沸き上がる社会運動である」（林　2014：105）と林真人は定義しつつ，参与観察を通じて次のような知見も示している。「ホームレスの人びとの利害に寄り添おうとする都市社会運動は，中心となる動員構造の弱さ，寄せ場の

外社会（都市住宅を持つ者の社会）にアピールする解釈枠組の構築の困難，外社会とホームレス運動を結びつける有効なネットワークや資源の希少化といった，難しい課題を背負う」（林 2014：108）。

　以上記述してきた住宅や野宿者に関連する運動は，居住を個人の問題とは捉えていない。集合的な利害（集合的消費手段）であって都市を運営する政府が対応しなければならない，という論理で展開されている。住宅供給は福祉国家における政府の基本的役割の1つ，という認識である。このように，住宅・福祉・教育・医療・公共交通などについて，戦後福祉国家において都市政府が介入することが普通になったので，草の根の住民から様々な異議申し立てや提案・交渉がなされる。その総体が都市社会運動であるとも言える。なお，都市政府が中央政府が決める法政策の枠内で作動している以上，社会運動が交渉・抗議する対象が国レベルに及ぶことも一般的である。

2．日本における都市社会運動史

　1節では理論的な説明を与えたので，次に日本近現代における都市社会運動の歴史を概説する。本節では「住民運動の時代」と言われた1970年代までをカバーし，激しい抗議イベントがあまり見られなくなった1980年代以降については3節で扱うこととする。

＜戦前期の社会運動＞

　近代日本における民衆運動は明治期の地租改正一揆に始まり，いわゆる自由民権運動がそれに続く。両者とも組織化され，持続化され，意識された政府当局への挑戦であった。しかし反面では，地租改正一揆は明治政府の新たな政策に対して自分たちの現状を守ろうとする防衛的なものであったと言えるし，自由民権運動は農村部における地主層中心の運動で，秩父事件のような一部の騒擾事件をのぞき一般民衆にまで浸透したとは言い難い。このように考えてくると，社会運動（なかんずく都市における社会運動）の最初のものとして，1920年代

における労働争議・小作争議を挙げる見方が有力である。これら 1920 年代の運動については，労働者・小作農民層などの階級的基盤が存在し，各種の労働組合や水平社といった永続的な運動専門組織が成立し，これら運動組織が，運動参加者に理解され共有される信念を広めた。これらは近代社会運動の基本的特徴とされる要素である。

　なお，この「社会運動の時代」1920 年代に先だって，1918 年に富山市などで生起した，いわゆる「米騒動」はどう理解できるだろうか。結論から言えば米価暴騰に対する物質主義的な反応であって，江戸時代の一揆から連続した形態である。その名も "Ikki" というメインタイトルを付した書籍において J.W. ホワイトは江戸時代の一揆の時系列的展開を数量的に分析し，その発生パターンが米価と強く相関していることを明らかにしている。米騒動も同様の理屈で説明できる。以上の検討から，やはり 1920 年代の労働運動等を日本近代の最初の都市社会運動と見なすべきだろう。

　戦前期には労働法制と呼べるものは存在せず，ストライキも治安警察法（1900年施行）によって禁止されていた。そのような制限にもかかわらず，西欧の労働・社会運動を見聞した知識人層を中心にして労働組合運動が起こったのが1920 年代であり，主要な産業において今日の労働組合にあたる組織が続々と結成され，この組織的基盤を背景に，それまで所有財産による制限があった選挙権について，国民一人一票制（男子普通選挙）の導入を求める運動が盛り上がった。財産のない労働者・小作人にも一国民としての権利を認めてほしいという承認・権利要求という一面を持つ（念のため，女性の選挙権については戦後の日本国憲法制定を待つ必要がある）。ついに加藤高明内閣は 1925 年に普通選挙を導入したが，これとセットで悪名高い治安維持法を制定した。この治安維持法は，上記の治安警察法よりも強力に権力者が社会運動を取り締まることを可能にした。

　他方，労働運動を日本に持ち込んだ知識人たちは，都市部の社会問題に対応した社会福祉運動も展開していた。1897 年，東京市神田三崎町のキングスレー館において片山潜が創設したとされるセツルメント運動（貧困地域に住み住民の生活向上を図る運動）がそれである。1923 年の関東大震災時に東京帝国大（今日

の東京大学）生が自発的に災害支援を行ったことを契機に，1925年には東京帝
国大学の学生セツルメント（帝大セツルメント）も生まれた。ただし社会課題を
発見する活動は政府への不満に繋がりかねないとして特別高等警察の監視対象
となり，帝大セツルメントは1938年には閉鎖されている。この解散にあたっ
て，穂積高遠教授は学生たちに言ったと伝えられる。「諸君は大いに勉強すると
ともに，大いに人を救ってもらいたい。そこにセツルメントが永久に生きてい
る」。

＜戦後の労働運動・平和運動・学生運動＞

　第2次世界大戦後，日本国憲法の下で労働三権が保障されたことにより，ま
ず労働争議・労働運動が燃えさかった。石炭・鉄鋼産業が花形だった昭和20年
代に日本を揺るがすストライキやサボタージュ（怠業）が多数見られたことは，
図表2-1から明らかである。都市部に工場・企業が集中している以上，労働運
動も大都市で生起し，例えば戦闘的で知られた国鉄（日本国有鉄道）労働組合の
ストライキは高度成長期までの都市生活者に大きな影響を与えた。しかし図表
2-1に示した争議数推移から分かるように1974年のオイル・ショック以降に労
働争議数は激減しており，戦闘的な組合が減少し，経営側との春闘交渉（毎年3
月に時期を限定した賃上げ交渉）に活動を限定するようになった労働組合運動の長
期的衰退を示している。

　労働組合も関わっているが別系統の社会運動として，日米安全保障条約反対
運動（1960年の条約締結時および1970年の改定時の2回）や，第五福竜丸事件を契
機に大規模な署名活動・全国組織へと展開した非核運動などの平和運動も存在
感を示した。本章は「都市政治論」が主題なので深入りを避けるが，砂川闘争
（東京都立川市）をはじめとする米軍基地反対運動や，日米安全保障条約反対運
動に関連して機動隊と学生デモ隊が衝突した羽田事件（1967年10月8日）や新
宿騒乱（新宿騒擾事件，1968年10月21日）など，主要な事件は東京都内において
生起している。第五福竜丸事件（1954年）を契機に始まった反核署名運動につ
いても，その起点は東京都杉並区の主婦たちであった。

図表 2-1 労働争議数の推移

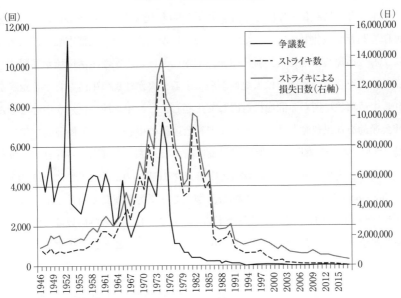

出典：各年版『労働白書』『厚生労働白書』より作成

　上記羽田事件等から分かるように，大学の学生自治会を拠点とした学生運動
も戦後日本政治に大きな影響を与えた。1960 年の日米安全保障条約反対運動は
全国学生自治会連合会（全学連）が主導したと言ってよく，安保条約改定を控え
た 1968-69 年には世界的なベトナム戦争反戦運動や公民権運動とも連動して，
大学構内をバリケード閉鎖するなど激しい運動が展開された。学生運動の拠点
の 1 つとなった東京大学本郷キャンパス安田講堂では 1969 年 1 月に機動隊と学
生との攻防が繰り広げられ，この年の東大入試は中止された。学生運動は内部
諸派閥の乱立と分裂が激しかったのも特徴で，例えば武力闘争路線に走った連
合赤軍派は，その後によど号ハイジャック事件（1970 年 3 月 31 日）やあさま山
荘事件（1972 年 2 月）を起こすことになる。

＜住民運動と革新自治体＞

　学生運動が過激化・分裂して力を失う1960年代後半，地域社会においては公害環境問題が激化していた。地方からの人口が流入した三大都市圏では過密化による生活環境の悪化や，新規開発住宅地における劣悪な生活環境が問題になった。また特定の地域では大規模開発による公害が住民の生活を脅かした。これら生活環境に関わる問題に対応して生起した，特定地域の住民を中心とした社会運動を住民運動と呼ぶ。それまで社会運動の中心だった労働運動や学生運動（マルクス主義の思想や階級的組織基盤に基づいた運動）と区別する呼称で，日本独特の呼び方である（西欧では旧来の労働運動と区別される新しいタイプの社会運動はNew Social Movementと総称された）。図表2-2で労働運動の割合を示す折れ線グラフが1960年代中葉以降に急降下していることは，この時期以降に消費・環境問題などを争点とした住民運動が主流になっていくことを意味する。

図表2-2　戦後日本における抗議イベント数の推移と「住民運動の時代」

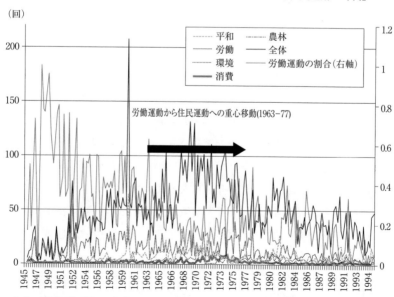

出典：西城戸誠『抗いの条件』人文書院で使用された原データ（同氏から提供）を加工

　本章では代表的な都市の住民運動として，横浜新貨物線反対運動を取り上げ
ておきたい。これは横浜市郊外の住宅地に突如敷設されることになった新たな
鉄道路線に反対する運動であり，上述した「大規模開発による公害が住民の生
活を脅か」す事例にあたる（この貨物線は結局建設され，こんにち JR 横須賀線が走
る線路となっている）。新貨物線反対運動に関わった宮崎省吾は，のちに『いま
「公共性」を撃つ』というタイトルの書籍を出版した。公共性の名の下に大規模
開発が進展することに対して，住民側は一見したところ「私益」や「地域エゴ
イズム」に基づいて反対しているように捉えられることが多いが，それは誤り
で，住民運動は新たな都市政策と価値を提案しているのだ，と主張している。
宮崎によれば，住民運動が提起した論点は 3 つある。第 1 に，一握りの官僚に
よって決定された計画の一方的な押しつけに対する住民の健全な権利意識の表
出であること。第 2 に，「通勤緩和」とか「消防上の必要」といった，もっとも
らしい公益（「公共の福祉」）の押しつけに対して，理論的・実証的に住民が批判
を加え，逆提案ができることを示したこと。第 3 に，既存政党には住民の立場
に立った都市政策を構想する能力がなく，住民運動を発展させていく展望を持
っていないと明らかになったこと。特に最後の点は今日の議会政治の混迷を見
るとき，示唆的である。

　そこで住民運動と政党との距離についても確認する。この時代には日本社会
党および共産党が推薦する「革新候補」と呼ばれた政治家が，開発主義に反対
する住民運動の立場を肯定し，福祉・生活を優先した政策を打ち出すことが多
かった。これら革新候補を支援した政治学者も多く，例えば前出の大原光憲は
「革新市政は……巨大企業の直接的住民支配にたいしては地域労働者組織の発展
をはかり，行政機構を通じた住民支配にたいしては行政機構自身を地域住民の
ために奉仕する機構に変え，保守支配の末端機構としての部落会・町内会・自
治会を民主化する」と述べている。審議会委員の公募や首長との対話集会など，
地方の政治過程において市民団体が行政と直接交渉するルートが開かれるよう
になった。こうした政策対応の結果，一定の成果が得られたと判断した住民運
動については，次第に対決的な行為を控えたり解散することもあった。『住民運

動の論理』の著者である似田貝香門は，東京都が管理する「住民運動団体調査」データの 1974 年と 1988 年版を比較し，公害・環境運動をめぐる運動団体は半減する一方，都市計画・地域開発に関する量的動向に変化がないことを確認している。すなわち一定の状況改善が見られた公害問題とは異なり，都市計画・都市開発については住民運動は（後述する市民活動へと）形を変えて存続したと似田貝は指摘する。そもそも都市計画・都市開発イシューについて革新自治体は政策対応に失敗したという指摘もある。宮崎省吾に再登場してもらうと，彼は住民運動の側に立つ革新市政であるはずの飛鳥田一雄横浜市政が，横浜新貨物線問題について最後は開発計画に全面降伏したと容赦なく指弾し，「自治体の反自治性」については「革新自治体もその例外ではない」と述べている。

　1980 年代の低成長期になると，福祉支出などを拡大させ財政危機を招いた責任を負う形で革新自治体は幕を引いていくことになる。象徴的なのは東京都政であり，1967 年から 79 年までの 3 期にわたり社会党・共産党推薦で「住民参加」を掲げる美濃部亮吉が知事であったところ，その後の 4 期（1979-95）は自治省出身で行財政改革・行政効率化の手腕を売り物とする鈴木俊一が知事を務めた。東京都に限らず，全国的にも自民党・公明党・民社党による政党連合が首長の選出母体としても議会構成上も主流となった。首長については鈴木俊一に象徴される官僚出身者が多くなり，議会で影響力を低下させた革新勢力もこれら官僚出身知事を支持して「保革相乗り」「オール与党」になるケースもよく見られた。

　こうした政治状況もあって，1980 年代以降は，日本の都市において住民運動・市民運動と呼ばれるものは激しい抗議活動ではなく，学習会やまちづくり活動や行政との控えめな交渉と補助金受給など日常的な活動に重点を移したと言える。このことを「住民運動の選択的包摂＝政策受益団体化と，それ以外の運動の排除」と捉える立場もある。1980 年代から 40 年間の都市における草の根の動きをどう捉えるかは重要な論点なので，このあと 3 節で詳しく展開したい。

3．1980 年代以降の都市における住民活動・住民運動

＜ CSO の発展＞

　図表 2-2 からも確認できるように，低成長期に入ってから住民運動，とりわけ明確な抗議イベントは量的に減少していった。ただし，まちづくりや地域の様々な活動ネットワークなどの形で運動は継続・増加していて，決して停滞・減少しているわけではないという見解も有力である（先述した似田貝の指摘もこれである）。言い換えると，住民運動から展開して地域課題対応，または「まちづくり」に取り組み始めた団体が増加したのであり，これらの団体・活動を「住民活動」「市民活動」などと呼ぶ。その象徴例として初期に注目されたのは東京都世田谷区の「生活クラブ消費生活協同組合（生活クラブ生協）」をはじめとして，法人格を取得して持続的サービスを目指す民間事業であった。同生協は，孤立に苦しむ主婦を組織化し，環境問題や食の問題の学習へと導き，消費者と生産者の連携（いわゆる産地直送）などの新たなシステムを実現した。農薬・洗剤汚染などの社会課題を認識した主婦たちは政党「生活者ネットワーク」を作って議会に進出し，またワーカーズ・コレクティブと呼ばれる独立採算の経営事業体を組織した。社会課題への共感または異議申し立てという社会運動的な動機に突き動かされつつ，解決のための持続的な仕組み（事業性）を模索するようになったので，呼称が変わったのだ。確かにこの生協運動は独自の組織基盤を構築し，行政補助金に頼らない活動を展開したので，前節最後に出てきた「政策受益団体」の正反対と言えるかもしれない。こうした住民活動は地域内外で協力して活動することも多く，神奈川県における 6 団体のネットワーキングの様子を，前出の似田貝は図表 2-3 のように表現している。

　これら住民活動は今日的には市民社会組織 CSO（Civil Society Organizations）とかソーシャル・セクターという呼び方に包含されるようになっている。こうした CSO 活動の全容を数量的に分析しようとする試みは 21 世紀になってから盛んになされている。例えば図表 2-4 は，辻中豊らが法人格に着目して 2017 年時

図表 2-3　市民活動団体間のネットワーキングの一例

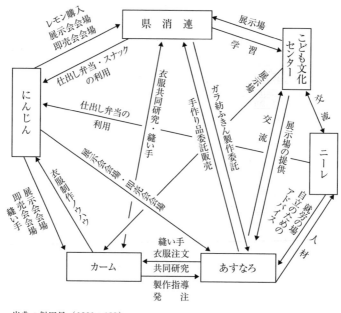

出典：似田貝（1991：128）

　点の日本法で認められた法人格団体をカウントしたものである。企業・行政以外の民間団体をほぼ網羅した図なので，本章でいう「住民活動」「市民活動」よりも遙かに広い範囲を含んでいる。「住民活動」にあたるのは，おおむね「任意団体」「地縁団体」「特定非営利法人（NPO 法人）」および「消費生活協同組合」の一部である。

　同時代的には見落とされていて図表 2-4 でもカバーできないタイプの団体として，住民運動とは異なる出発点を持つ，いわゆるマイノリティによる運動が目立ち始めたのも 1980 年代である。福祉分野では身体障がい者の生活圏を拡大しようとする運動（ノーマライゼーション運動）や，住民参加型で老人給食や家事援助等の在宅福祉サービスの提供を図る運動などがある。またアイヌ民族などのエスニックマイノリティやゲイ・レズビアンなどの性的マイノリティが権利

図表2-4　制度から見た日本の市民社会の諸団体 (2017年時点)

認可特定公益信託 — 公益信託(478)[2016]　□は法人の概念　┄は税制上の概念

利益団体・NGO・民間非営利団体(NPO)の存在領域

特殊法人等(32)[2016]
独立行政法人(88)[2016]
地方公共団体(法人)など1718[2007]

学校法人(12,344)[2017]
社会福祉法人(19,823)[2014]
特定公益増進法人

一般社団法人(59,901)[2020]
公益社団法人(4,197)[2020]
一般社団法人(11,701)[2015]
公益財団法人(7,496)[2020]

宗教法人(181,246)[2015]

労働組合(単組)(51,967)[2016]
商工会議所(515)[2017]

商工組合(1,259)[2014]
商工会(1,667)[2016]

人格のない社団等
任意団体(事業所有)
任意団体(事業所なし)

地縁団体(298,700)[2013]
認可地縁団体(44,008)[2013]
管理組合(93,039)[2016]
特定非営利法人(51,449)[2016]

普通法人

財団性

医療法人団体(381)[2016]
医療法人社団(51,577)[2016]

株式会社(2,477,769)[2014]

その他(76,331)[2014]

合名会社(3,991)[2014]
合資会社(18,989)[2014]
合同会社(39,405)[2014]

組合性

公共法人　公益法人等

政党・政治団体(64,316)[2015]

協同組合等
消費生活協同組合(955)[2014]
中小企業事業協同組合(26,667)[2015]

農業協同組合(2,556)[2014]
信用組合(155)[2014]

任意組合

←─公共・公益性　　　　　営利性─→

出典：辻中・山本編 (2021：302-303)

を求める運動も産声を上げつつあった。アルコール依存症などの生きづらさを抱える人々によるピア・サポート・グループ（共通の悩みを持つ人々が助け合う組織），烙印を捺された人々が「だめをこじらせないため」の脱力トークを展開する「だめ連」など，新しい連帯や価値観を提示する組織が生まれた。『「つきあい」の戦後史』を執筆した天野正子は「だめ連」を「しない自由」を提示する集団と意味づけている。

＜NPOとまちづくり運動＞

　こうしたCSO組織の充実は当然に新しい法制度を要求することになり，1998年に特定非営利活動促進法（いわゆるNPO法）が成立した。一定の手続きを踏めば，それまで任意団体であったCSO組織にも法人格を認めるものであり，2016年法改正によって「認定NPO」に認証されれば税制優遇も認められるよ

うになった。これは一種の NPO ブームを呼び起こし，2020 年までに認証された NPO 法人は 5 万を超えている（税制優遇を得られる「認定 NPO 法人」も 600 を超える）。

　NPO の中で最も数が多いのは医療・福祉関係団体（特定非営利活動促進法別表 2 にいう「保健，医療又は福祉の増進を図る活動」），続いて「社会教育」「子どもの健全育成」である。これらは活動内容が定義されやすく，想像もしやすいだろう。他方 4 番目は，地域社会の課題を解決し，新たな地域のビジョンを示そうとする「まちづくり」活動である（同「まちづくりの推進を図る活動」）が，具体的にどんな活動が展開されているかは想像しづらい。まちづくりという言葉は柔らかな響きを持つ「やまとことば」で，多様な場面で好んで用いられるのだが，それだけに様々な意味・定義を吸い込んでしまうスポンジのような言葉なので定義に注意しなければならない。石原武政は言う。「行政施策が地域住民の意向を公平かつ公正に反映する仕組みを行政制度として持っていたならば，おそらくまちづくり的な運動はそうした制度の中でエネルギーを発散させ，とりたてて独自の発展を見なかっただろう……まちづくりは行政制度の不備を住民がボトムアップで補ってきたから生まれたのである」。すなわち，住民運動・住民活動の歴史から展開して行政制度の不備を改善してきた活動を，本章では「まちづくり」と定義しておく。本書 11 章では少し異なる議論が展開されるだろうが，どちらかが誤っているわけではない。まちづくり運動は，定義の仕方によっては住民運動からの連続性の上に把握できる，というのが本章の立場である。

　先に住民活動の項で見たように，住民運動の時代を経てもなお都市計画・都市開発に関するイシューは重要であり続け，住民が下から問題点の改善を図る活動は 1980 年代以来積み重ねられ続けてきた。本章でその全体像を示すことは紙幅の関係もあり不可能なので，興味のある方は「都市政策論」や「まちづくり論」といった関連科目・関連書籍を参照してほしい。

4. 都市再開発と 21 世紀の都市社会運動

　前節では 20 世紀を中心とした日本都市での広い意味での社会運動の歴史を概観した。最後の節では，21 世紀になってからの都市社会運動の事例をいくつか提示しよう。

＜都市再開発と対抗運動＞

　20 世紀後半から 21 世紀にかけて，世界的に都心再開発の波が吹き荒れた。これをジェントリフィケーションという（第 4 章でも触れる）。このジェントリフィケーションに対抗するような社会運動が，最近の研究の焦点となってきた。

　都市再開発は市場の力によってじわじわと進行するというよりも，政策運用とりわけ規制緩和・証券化によって一気に町の景観を変えていく。東京でも，21 世紀になってから高層建築が林立するようになった背景には，様々な政策変更がある。2000 年 5 月に「投資信託及び投資法人に関する法律」が制定され，不動産投資信託（J-REIT）が設立できるようになり，2010 年代にはすっかり金融市場で定着した。それ以前はオーナーが資金負担しなければならなかった都市再開発を，小口の投資口に分割して資金調達しながら進めることを可能にしたわけである。

　こうした状況に対して，例えば「NPO 法人区画整理・再開発対策全国連絡会議」は一貫して反対運動を展開してきた。現在六本木ヒルズのたつ六本木六丁目地区は，もともと谷町であったので（その名残は近くの首都高速谷町ジャンクションの名前に窺うことができる），江戸期の町人地の町並みを残していた。住人には自営業者，サービス職，ブルーカラー層も多く，都心三区（中央区・港区・千代田区）では異質の共同体的な雰囲気を色濃く持っていたが，この地区にテレビ朝日本社があり，それが再開発を森ビルに持ちかけたことから，事業が展開したものである。地権者 500 人のうち，最終的に 400 人が再開発に同意し，2003 年時点で，完成した六本木ヒルズレジデンシャルタワーに入居したといわれる。

残りの100人は反対運動を展開したが，メディアに取り上げられることもなく，最終的には地区外に代替地を得るなどして町を去った。運動のリーダーで，現在は上記NPOの副代表を務める窪田光は，「六本木ヒルズは，私が育った六本木六丁目とは全く異なった原理で町をつくっている」と述べている。

　このように都心部の再開発とそれに対抗する社会運動は大都市政治において大きな争点となる。土地の価値を増大させたい地主と当該土地を利用して利潤増殖を謀りたいディベロッパー，さらに税収増を目論む市当局が連合を組んで大規模プロジェクトを推進するとき，ローガンとモロッチはこれを成長連合と呼んだ。上記の六本木六丁目の場合には，成長連合に対抗する社会運動は開発側の妥協を引き出すことができなかった。これに対して，下北沢駅周辺再開発の場合，東京都が進める高架化・区画整理事業に対して従前の下北沢の環境を維持すべきと主張する住民運動が立ち上がり，最終的に東京地方裁判所による和解勧告と東京都の譲歩を引き出した。この経緯については参考文献に挙げた三浦倫平の著書に詳しい。

　同様に行政が進めた渋谷駅前の宮下公園再開発（いわゆるナイキパーク問題）は，事業そのものは開発側の意図通りに実現したものの，ジャーナリズムや学者からその問題性が取り上げられ続ける事例となっている。詳細は町村敬志の『都市に聴け』5章などを参照してほしい。

＜大都市主義と上からの運動＞

　さて，議会政治レベルに目を移してみよう。地方政治における投票率の低下は1980年代から目立つようになったが，90年代に入ってさらに低下した。それに並行して，無党派層の動向が選挙結果に及ぼす影響が高まった。その背景には，政治業界内部での事前調整により選挙結果が事実上決まってしまうことや日々の生活に追われる中，政治的有効性感覚が持てない有権者が政党・政治離れを起こしている実態がある。さらに，佐藤俊一によれば，高度成長以降の政治は多様化した利害・価値に対応することが求められるにもかかわらず，それに見合った能力を政治が持ちえないでいる。90年代に東京都・大阪府などで，

それまでの官僚出身知事とは異なる「タレント（出身）知事」が誕生したことは，民主主義の機能不全を 21 世紀に向けて予感させるものだった。

　21 世紀に入ると国政から転出する知事（国会議員経験者が知事に転ずる現象）が目立つようになる。これら国会議員出身者は都府県政・市政において自らの政党を立ち上げることも多い（小池百合子東京都知事，橋下徹大阪府知事／大阪市長，河村たかし名古屋市長などがこれに該当する。なお元職も「元」を付けずに呼称）。これらの首長は，主要な争点をめぐって議会を動かして住民投票を実施することも厭わない（橋下徹が創設した「大阪維新の会」が大阪市の廃止——いわゆる大阪都構想——を問うた 2015 年，2020 年の 2 回の住民投票はその典型的なものであった）。こうした動員過程がそのまま自らへの支持を調達するパワーになることを熟知した結果である。すなわち「上からの運動」と呼べるような政治的な動きが観察できるようになった。このような動きは大都市に限られたものであり，第 4 章において「GCR の台頭」という現象と絡めて再度説明する。

＜3.11 後の都市社会運動＞

　他方，2011 年 3 月 11 日の東日本大震災とそれに伴う福島第一原子力発電所のメルトダウン・放射線放出という大事故は，ほとんど消滅していたと思われていた都市における抗議イベントの再活性化を導いた。ただしデモ（デモンストレーション）経験者の割合は国際的に見て低い水準であり，デモのような動員型イベントに参加するのは，既に見た平和運動・住民運動等への参加経験を持つベテラン層であることもよく指摘される。他方，佐藤圭一は「事故後の反原発デモに参加した 4 割が新規層である」こともアンケート調査によって明らかにしており，この人々は「ベテランよりも左派色がやや薄い一方で，文化的自由主義，反権威主義，環境主義，直接民主主義といった，70 年代以降に重視されるようになった価値観の持ち主である」（樋口・松谷編 2020：39）と述べている。

　また樋口直人は 2011 年から 2015 年までの新聞記事データを用いて動員数を計数し，3.11 直後および第 2 次安倍政権時の反安保法制デモという 2 つの波を観察している。ただしこのような動員が継続するかについて，樋口らの編著で

ある『3・11後の社会運動』は全体として「福島第一原発事故という非常時における例外的抗議活動であった」と認定しているようだ。アンケート調査の分析から，著者たちは中間層・右派に強い「左派嫌い」と「運動嫌い」が運動拡大を妨げると結論づけている。

　日本人が投票行動以外の政治的行動を忌避し，私生活にのみ重点を置き，基本的に政治家や官僚，自治会長などの権威に従順な傾向——それは「生活保守主義」「草の根保守主義」「根回しと土下座」など，様々な用語で形容された——は丸山真男・石田雄ら戦後日本の政治学を主導した学者が嘆いていた傾向であった。「運動嫌い」はこの生活保守主義と関連していると考えられる。21世紀においても，基本的に日本都市社会は昭和期と変わらない政治文化を持っているということになる。事ここに至ると，都市社会運動こそ都市政治を駆動する原動力であると考える西欧政治理論と比較したとき，日本では都市社会運動という章を教科書に立てる意義がないとすら言えるだろうか。

　しかし，教科書の枠を踏み越えることを承知で最後に一言すれば，ロシア人についても「受動性」「リーダー追従主義」など，日本の政治文化（とされるもの）と似た傾向が指摘されてきた。21世紀にウラジーミル・プーチンが支配を続けた20年間，政府を批判する社会運動は散発的で，容易に鎮圧されてきた。都市社会運動として質量を欠いたロシア大衆の政治的態度が，最終的に2022年春からの泥沼のウクライナ侵攻戦争を導き，戦場におけるロシアの劣勢が明らかになった後もプーチンを絶対的権力の座に留め置いた根本的原因と言える。読者は政治学を学ぶ者として，日本社会の「運動嫌い」の風潮とは事実なのか，事実だとしたらその原因は何か，考えてみてほしい。

参 考 文 献

天野正子（2005）『「つきあい」の戦後史—サークル・ネットワークの拓く地平』吉川弘文館

石原武政・西村幸夫編著（2010）『まちづくりを学ぶ—地域再生の見取り図』有斐閣

NPO法人区画整理・再開発対策全国連絡会議（2008）『都市再生：熱狂から暗転へ』自治体研究社

後房雄・坂本治也（2019）『現代日本の市民社会─サードセクター調査による実証分析』法律文化社

大原光憲（1969）『都市問題と住民運動─都市政治学』中央大学出版部

坂本治也編（2017）『市民社会論─理論と実証の最前線』法律文化社

佐藤俊一（1997）『戦後日本の地域政治─終焉から新たな始まりへ』敬文堂

自治体問題研究所編（1989）『都市社会運動の可能性（地域と自治体 17）』自治体研究社

辻中豊・山本英弘編（2021）『現代日本の比較都市ガバナンス・市民社会』木鐸社

林真人（2014）『ホームレスと都市空間─収奪と異化，社会運動，資本-国家』明石書店

樋口直人・松谷満編（2020）『3・11 後の社会運動─8 万人のデータから分かったこと』筑摩書房

町村敬志（2020）『都市に聴け─アーバン・スタディーズから読み解く東京』有斐閣

松原治郎・似田貝香門（1976）『住民運動の論理』学陽書房

似田貝香門（1991）「現代社会の地域集団」蓮見音彦編『地域社会学』サイエンス社

三浦倫平（2016）『「共生」の都市社会学─下北沢再開発問題のなかで考える』新曜社

宮垣元編著（2020）『入門ソーシャルセクター』ミネルヴァ書房

宮崎省吾（2005）『いま公共性を撃つ─〈ドキュメント〉横浜新貨物線反対運動（復刻版）』創土社

宮田親平（1995）『だれが風をみたでしょう：ボランティアの原点・東大セツルメント物語』文藝春秋

ロー，スチュアート（1989）『都市社会運動─カステル以後の都市』（山田操ほか訳）恒星社厚生閣

Logan, John R. and Harvey L. Molotch (1987) *Urban Fortunes: The Political Economy of Place*, University of California Press

White, James W. (1995) *Ikki: Social Conflict and Political Protest in Early Modern Japan*, Cornell University Press

【用語解説】

○成長マシン（成長連合）

　土地所有者が土地の交換価値向上のため企業・行政等と形成する連合のことをいう（ローガンとモロッチ）。成長マシンが企てる各種開発事業に対し，居住者等が対抗して社会運動を起こすことになる。

○住民運動

　高度経済成長期，強引な地域開発による，また都市部ではインフラの未整備による深刻な問題が発生し，住民ベースで政府の対応を求める運動が興隆した。既存政治勢力（労働運動・学生運動等）とは区別してこのように呼ぶ。

○革新自治体

　1960年代以降，住民運動およびそれに共鳴する野党勢力の隆盛により，大都市中心に非自民党の首長が誕生した。一党支配体制がつづいた戦後日本政治史の例外だったので，革新自治体と呼ばれ研究対象となった。

第3章　参加・協働と住民投票

小　林　大　祐

は じ め に

　本章で検討する「参加」や「協働」，ならびに「住民投票」に光が当てられるようになってから久しい一方，現在もなお重要なトピックとして扱われている。このことは，私たちの意思が都市の政治に十分に反映されないこと，私たちの見知らぬところで都市の諸政策が決定され，私たちが未だに都市の政治に対して満足に関わることができていないことを示唆している。

　私たちは都市の政治に対して，どのように，どれだけ関わることができるのであろうか。本章ではこの問いを出発点として，住民参加が求められるようになった背景や展開，住民参加の仕組みや協働の現状，ならびに住民投票の仕組みと機能について概観していく。

1．住民参加の背景

＜参加とは何か＞

　都市政治への「参加」について問われたとき，漠然としたイメージを持つかもしれない。それは「参加」が持つ意味の多義性が理由の1つである。そこで，まずは都市政治への「参加」について，2つに大別して整理しておくことにしたい。

　第1は，都市の内部で繰り広げられる政治への参加である。具体的には，自治会・町内会などの地域コミュニティ，NPOへの参加が典型であり，都市の諸

問題を主体的に解決する組織がこれに当たる。

　ただし，都市政治への参加は，必ずしも非営利的かつ主体的な活動だけに限定されるものではない。都市の課題に取り組んでいるのであれば，企業によるさまざまな活動，さらにはその企業で働いている人びと，従事する人びともこれに含まれうる。このような参加の具体的な例として，カフェや居酒屋，あるいは習い事サークルなどを挙げることができる。これらは営利的な活動である一方で，2つの機能を持つ可能性がある。1つは，サードプレイスとしての機能である。サードプレイスとは，自宅や職場以外の集いの場であり，居心地の良い空間を指す。すなわち，都市の人びとが憩う場であると同時に，コミュニケーションや情報交換が行われる場にもなりうる。加えて，人びとの交流が促進されることで，趣味などを通じたネットワークやサークルにとどまらず，NPOのような公共的な課題に取り組む組織に参加する可能性が増えること，あるいは，たとえばボランティアサークルなど，組織そのものが生まれうることがもう1つの機能である。この点は，ユルゲン・ハーバーマスが指摘した「市民的公共性」の議論にも通ずる。以上に挙げた例はごく一部を示したに過ぎないが，「参加」を広く解釈すれば，このような活動もすべて包含される。

　第2は，都市政府への参加である。都市にはさまざまなアクターが存在する一方で，都市政府としての自治体は大きな影響力を持つ。都市政府は大きく立法府である議会と行政の2つに分けられる。前者は選挙による参加が代表的であるが，直接的に要望や意見を伝える請願や陳情もその1つである。それに対し，立法府と行政府との根源的な関係性に鑑みれば，参加の窓口は立法府であることから，行政への参加は予定されていない。しかしながら，そうであるからこそ，住民参加に関する議論は行政への参加が中核となっている。

　都市政治への参加については，概ね以上のように整理することができる。そのうえで，本章では第2の参加を中心に扱っていく。それは，都市政府への参加に大きな課題があることによる。この点は，都市の自治に関する課題として長らく検討されてきた。金井利之の整理（金井2022）を参考にしつつ，最後に参加について自治の観点に準えて概観しておきたい。

　都市はその領域に住む人びとによって構成されているが，都市を治める人び
とと治められる人びととに分類することができる。その人びとが主体的に都市
を治めている，すなわち都市を治めている人びとと治められている人びととが
同一であるならば，都市の自治が達成されており，「市民」による主体的な参加
が完全に実現されている状態といえる。他方，絶対君主のようなアクターが都
市を治めている場合，自治の要素は皆無であり，都市の人びとが政治に参加し，
意思を伝える余地は認められない。

　このように，自治の程度は実現されている都市政府への参加の程度と読み替
えることも可能である。加えて，治者と被治者との乖離が自治の課題であり，
被治者による参加，治者に対する意思の入力がこれを克服する手段であると見
なすことができる。

　なお，上述の議論に付随して，「市民」と「住民」の違いについても簡単に触
れておきたい。必ずしも明確な定義が存在しているわけではないが，佐藤徹に
よれば，① 自立性，主体性などの基準，② 地域性の基準の２つが，双方を分
類するうえでの主要な要素であるという（佐藤 2013）。これに従えば，「市民」と
は自立性や主体性を兼ね備えたアクターであること，「住民」とはこれらの要素
が欠落していること，あるいは特定の地域に住む人びとが該当する。本章では，
都市政府への参加を中心的なトピックとすること，また都市政府への参加は自
立性や主体性に制約があることが出発点になっていることから，本章では基本
的に「市民参加」ではなく「住民参加」を用いる。

＜住民参加の高まり＞

　住民参加が求められるようになったのはいつ頃からであろうか。先の議論に
基づけば，治者と被治者との乖離が影響すると考えられる。それでは，このよ
うな「ずれ」が生じたのはいつのことであろうか。住民参加が求められるよう
になった背景を探りながら，この謎に迫っていきたい。

　現代民主制以降，たとえば普通選挙制の導入，あるいは女性参政権の実装な
ど，選挙権が与えられる瞬間は，自らの意思を公式に入力する権利を獲得した

ことになるので，治者と被治者が表面的に重なり合う。しかしながら，時間の経過とともに双方に「ずれ」が生じることになる。その理由の1つは，多様な住民の意思が入力されればされるほど，住民一人ひとりのニーズに合った政策やサービスを供給することが難しくなるからである。また，多彩な住民の意思が都市政府に入力されることで，都市行政の役割が肥大化することも理由の1つとして挙げられる。行政サービスの多様化と専門化が進むと，都市の議会がこれらすべてを体系的かつ網羅的に把握することが困難になり，結果として行政を統制することが難しくなる。私たちの意思が都市の政治にあまり反映されない，という疑問に対して，このようなメカニズムが相互に絡み合った結果として説明することもできる。

　しかしながら，このような「ずれ」がすぐに目に見える住民参加を引き起こすことはなかった。日本を例としても，満25歳以上の男性に選挙権が付与されたのは1925年，女性が参政権をはじめて行使したのは1946年である一方，住民参加の制度化に目が向けられたのは1960年代末から1970年代にかけてとされる。ヨーロッパ諸国はこのような「ずれ」を先に経験していたが，必ずしも時期的に先行していたわけではない。テオ・シラーによれば，イギリスやフランス，ドイツにおいて住民参加の仕組みが拡充したのは1980年代から1990年代にかけてであるという（Schiller 2011）。それでは，なぜこの時代に住民参加に光が当てられるようになったのか。大きく2つの理由を挙げることができる。

　第1は財政状況である。住民が望む公共サービスは量的にも質的にも拡大したが，経済成長が進んでいたことから，財政的にある程度対応できる状態であった。しかし，オイルショックに代表されるような経済の閉塞が1970年代に生じたため，都市が供給していたサービスを見直す必要に迫られた。その結果として，この「ずれ」が顕著に表出するようになったと考えられる。

　第2は，人びとの間に「脱物質的価値観」が芽生えたことであり，ロナルド・イングルハートの指摘によって広く知られることになった。「脱物質的価値観」とは，物質的に豊かな社会で育った人びとは，安全や経済成長といった物質的なものではなく，美しい街や自然などの美的なもの，あるいは政治や地域社会

への発言権などのような脱物質的なものに価値を求める考え方を指す。このような価値観から生じた社会問題の認識として，代表的であるのは環境問題や女性の社会的平等などである。しかし，脱物質的な価値観は多種多様であり，これに適ったニーズを都市政府が提供することは難しい。

　以上の 2 点は西欧の先進諸国に共通する住民参加要求の引き金である。この時期は日本においても，環境問題，あるいは高齢化や福祉に関する問題が山積しており，これらの課題に対して既存の政治が対応できなかったことも住民参加の拡大を呼び起こした。日本共産党や日本社会党系が首長を務めた革新自治体が増えたことも，このことに関連する。横浜市の飛鳥田市長は 1967 年に「一万人市民集会」を開催し，住民参加の要求に応えようとする動きも見られた。

　そのような背景がありつつ，日本において住民参加とその制度整備が本格化するのは 1990 年代に入ってからのことである。このことは，1997 年に出された行政改革会議の「最終報告」の中で，政府の活動を各アクターに分担していく考え方が示されていたことからも確認できる。1995 年に「ボランティア元年」を迎え，1998 年に NPO 法が制定されるなど，市場の積極的な活用にとどまらず，市民社会がその役割を担う素地が整ったため，この時期に住民参加拡大の道が開かれた。

　なお，このような変遷の中で，行政と住民，あるいは行政と市場による「協働」の重要性が認識されるようになった。これに関連して，「ガバメント」に代わるとらえ方としての「ガバナンス」の概念が共有されるようになった。この傾向は日本のみならず，先進諸国に共通して見られた。たとえばイギリスやドイツでは，市場原理の活用を摂取した左派が政権を獲得したが，その帰結として，直接なサービス供給からサービス供給の条件整備（enabling）ないし保障（Gewährleistung）へと政府の役割がシフトした。民間企業の経営手法を政府部門に導入する NPM の理念が浸透したことと相俟って，市場のみならず，市民社会の役割も間接的に高まることになった。

2. 参加と協働

<住民参加の梯子>

　住民は都市政府，こと都市の行政に対してどのように参加するのか。具体的に制度化された方法を概観する前に，住民が都市行政にどのくらい関与するのか，その程度を整理した議論に目を通すことにしたい。以下は，シェリー・アーンスタインが梯子に準えて住民参加の度合いを8段階で示したものである。

　⑧　市民によるコントロール
　⑦　権限移譲
　⑥　市民権力の段階
　❺　宥和策
　❹　相談
　❸　情報提供
　②　対処療法
　①　操作

　第1段階は「操作（Manipulation）」であり，行政が世論をコントロールできる状態である。そのため，住民が行政に関与する余地は全くない。第2段階は「対処療法（Therapy）」である。行政への参加の形態をとることもあるが，その目的はあくまで住民の不満を和らげることである。アーンスタインは，この2つの段階を「非参加（Nonparticipation）」として類型化している。

　その一方で，第3段階から第5段階については「名目的参加の段階（Degree of tokenism）」としてまとめている。第3段階は「情報提供（Informing）」である。行政は住民に情報を提供するだけであり，住民の意思を汲み取ることは想定されていない。他方で，第4段階の「相談（Consultation）」は住民の意見を聞く機会は設けられる。第5段階の「宥和策（Placation）」に至ると，住民の意思

が反映される余地が高まるが，基本的には行政が意思決定権を持ち続ける。

　第6段階から第8段階にかけては，「市民権力の段階（Degree of citizen power）」として類型化している。第6段階は「パートナーシップ（Partnership）」であり，住民と行政が対等に交渉できる段階を意味している。第7段階の「権限移譲（Delegated Power）」と第8段階の「住民によるコントロール（Citizen Control）」は，意思決定の多数者，あるいは全員が住民であるような段階である。こと，第8段階は完全に治者と被治者が一致した状態であるため，あくまで理念上の位置として理解される。

　住民参加はこのような程度が存在する一方で，実際にどのような参加の方法が存在するのか。以下では，この梯子の段階に即しながら，参加の仕組みとその特徴について解説していく。

＜広報と情報＞

　アーンスタインの議論に基づくと，住民参加の仕組みとして機能するのは第3段階以上である。日本の都市政府において行われている情報提供は，法律に基づいて制度化されているものとそうでないものに分類できる。制度化されているものとして，たとえば住民票の写しなど戸籍情報の開示を挙げることができる。また，災害のリスクなどがある際に発せられる避難指示，あるいは行政文書の公開や請求もこれにあたる。

　他方，制度化されていない情報提供は，都市行政の主体性に基づくものである。典型的なのは広報誌であるが，近年ではSNSを媒体とした広報も積極的に行われている。また，住民の質問に対する回答もこれに含まれる。加えて，政策や取り組みについて住民に説明するときも，都市行政が持つ情報が提供される。

　以上，提供される情報の種類と提供のされ方を簡単に示した。しかし，どういった目的で，どのような情報が住民に提供されているか，という点も重要である。情報は権力の源泉の1つであり，情報を持つ者は持たざる者に対して権力的に優位に立つ。つまり，都市行政が持つ情報と住民が持つ情報との格差が小さければ小さいほど，対等な立場に近づくと同時に住民参加を促す素地が整

う。そうであるがゆえ，情報は広く開示されることが望ましい。

　ただし，井出嘉憲や中村紀一，野田遊などが指摘するように，適切な参加を妨げるような情報提供がありうることにも注意する必要がある（井出1967，中村1976，野田2021）。その可能性の1つは，提供したい情報が広報されることである。首長の政策や活動をアピールしやすくするために，広報部局を編成するなど，広報機能を強化することがある。すなわち，都市行政にとって都合の良い情報が住民に伝えられると同時に，都合の悪い情報は隠匿される可能性がある。偏った情報が提供されることで，結果として都市行政が住民を統制ないし操作するリスクが生ずる。

　もう1つは，住民が必要とする情報を把握させないように，敢えて情報を提供することである。行政が所有する大量の情報を提供されたとしても，住民個人がそれらを読み切るには時間がかかる。この点を逆手にとって，大量の情報提供を繰り返し，本当に必要な情報を埋もれさせることも不可能ではない。また，専門的知識を必要とする情報が提供されることもあるが，一般の住民がこれらを理解することは難しい。情報提供が完全に行われたとしても，情報公開を行ったアリバイがつくられるだけであり，必ずしも住民参加に資するものではない。

　このような問題が生じるのは，都市行政が情報を独占しているだけではなく，提供する情報の量や内容，タイミング，提供する住民の対象についても，基本的には都市行政が主導権を握っていることによる。情報提供をめぐって，都市行政が住民に対して優位である構図は変わらないのであろうか。この点について，たとえば次の2つの点で変化が生じている。

　第1は，説明責任の重要性が高まったことであり，都市行政の活動を住民に説明する機会が著しく増加した。結果として，住民に十分に理解してもらえるよう，住民に資する情報を幅広くかつ分かりやすく提供することが求められるようになった。このような潮流が1990年代に普及したこと，また2000年代以降はインターネットが広く普及したことも相俟って，都市行政が提供する情報へのアクセスが容易になり，住民が主体的に情報を入手する余地が飛躍的に高

まった。

　第2は情報公開が制度化されたことである。1982年に山形県金山町において「情報公開条例」が制定されたのを皮切りとして，2022年時点ではほぼすべての自治体に普及した。それぞれの自治体によって制度の細部に若干の差異は見られるが，行政が保有する情報を住民が開示請求できる制度が，基本的な情報公開の仕組みである。もちろん，特定個人の情報などをはじめとして，一部の情報に不開示規定が設けられており，何をもって不開示規定に当たるのか，これを最終的に判断するのは都市行政である。この点も含め，住民に対する都市行政の優位性が残存していることは確かである。しかしながら，住民が主体的に自ら必要とする情報を入手できるようになったことは，情報提供や広報が持つ意義や機能を大きく変化させた。

　このように，都市行政の視点だけでなく，住民の視点に基づいた情報提供が可能になることで，住民参加の余地が大きく拡がる。情報提供そのものは住民参加に直接作用するものではない一方，住民参加の基盤となる。したがって，住民参加を考える際には情報提供の状況にも目を向ける必要がある。

＜広聴とミニ・パブリックス＞

　都市行政が主体的に住民の意見を聴くことは，かねてからさまざまな方法で行われていた。アンケートやインタビューを通じて住民の意識や課題の現状を把握することは，一般的に用いられている広聴の方法である。ただし，これらは都市行政が主導的に行うものであり，対象者となった住民は投げかけられた質問に対してのみ，意見を伝えることができる。

　これに対し，パブリックコメントは開示された案に限定されるが，住民は自由に意見を伝えることができる。近年になって定着したパブリックコメントとは，都市行政が策定した計画や施策などの原案を開示し，広く住民から意見を募る制度を指す。広聴の方法として確立した一方で，課題も多く見られる。松井真理子は，意見公募にかけられる段階が遅すぎることを課題の1つとして挙げている。その結果，細微な修正にとどめられることになり，住民の意見が反

映される余地が小さい。また，意見を募っている期間が短いこと，開示されている情報が難解であることも問題として挙げている。2006年から2013年の間に三重県で実施されたパブリックコメントのうち，毎年4割前後が1件以下しか意見が寄せられておらず，パブリックコメントを通じた参加はかなり限定的であることが示唆される（松井2016）。

これらとは異なり，会議体を通じた参加の方法はより深いコミュニケーションが可能となる。まちづくりや都市の課題などについて住民の意見を聴くタウンミーティングは，多くの自治体で実施されている。また，都市行政が設置したさまざまな審議会において，住民代表を委員枠に設けることも一般的になった。さらに，道路や公共施設などの建設を行う際，計画段階から住民が意思決定に参加するパブリックインボルブメントも用いられることがある。

これらの方法は住民の意向が反映される余地が残されていることで，住民参加の観点から一定の意義を見出すことができる。しかしながら，パブリックコメントも含め，これらに参加する住民はそのテーマに関心ないし知識がある人びとだけに限定される。すなわち，参加した住民が都市行政に意見を伝えている一方で，都市住民の総意ではない。参加者のバイアスは，正統性の問題を引き起こす。

そのような中，これらの問題を乗り越えようとする方法も開発されている。まず，参加する都市住民を無作為で抽出し，参加者のバイアス問題を克服する。そのうえで，テーマに対する知識を補充し，参加者間で議論しながら住民としての意見を表明する。ミニ・パブリックスとは，このような都市社会の縮図を模した熟議の場のこと指す。市民陪審，討論型世論調査，コンセンサス会議などが具体的な方法として挙げられるが，以下では計画細胞について簡単に紹介する。

計画細胞（Planungszelle）は，ドイツを発祥とする方法である。都市政府によって計画細胞ごとにプロジェクトが与えられ，各々の計画細胞に対して無作為に25名ほどの都市住民が抽出される。そのうえで，5名前後のグループに分かれ，メンバーを入れ替えながら討議を繰り返していく。図表3-1は，ミュンヘ

図表3-1　計画細胞におけるプログラムの例（ミュンヘン市における高層建築の計画）

時間	1日目 導入・概要	2日目 持続可能性と 高層建築	3日目 建築物の利用	4日目 熟考
08:30-10:00	ワークユニット 01 挨拶 導入	ワークユニット 05 デザインの方針と 持続可能性	ワークユニット 09 オープンスペース	ワークユニット 13 これまでの結果の紹 介／自由選択
10:00-10:30	コーヒーブレイク			
10:30-12:00	ワークユニット 02 建築についてのマ スタープラン	ワークユニット 06 オープンスペース の持続可能なデザ イン	ワークユニット 10 ホールの利用	ワークユニット 14 自由選択の続き
12:00-13:00	昼食休憩			
13:00-14:30	ワークユニット 03 近隣への影響	ワークユニット 07 高層建築の持続可 能なデザイン	ワークユニット 11 地区の社会的なバ ランス	ワークユニット 15 熟議／提言のまと め
14:30-15:00	コーヒーブレイク			
15:00-16:30	ワークユニット 04 現地見学	ワークユニット 08 高層建築の高さ	ワークユニット 12 地区の交通	ワークユニット 16 振り返り 締めくくり

出典：Landeshauptstadt München（2022：22）

ン市の高層建築に関する計画を対象としたプログラムである。4日間でそれぞれのグループごとにワークを進行させ，その都度討議を重ねていく。最終的に参加者の意見を取りまとめた市民鑑定書としてまとめ，市長に提出する。市民鑑定書はあくまで諮問の結果に相当するものであり，拘束力を有さない。なお，東京都の三鷹市と武蔵野市は，計画細胞を基礎とした熟議型の参加方法を実施したことがある。

　広聴の方法は多種多様である。特定のテーマについて住民の意見を聴く方法もあれば，都市の政策や課題について理解を深める機会を提供する，さらには熟議したうえで意見を表出する方法もある。住民参加の程度だけでなく，参加者のバイアスや金銭的ないし時間的コストをはじめとして，各々の方法にはそれぞれ特徴があることにも留意する必要がある。また，住民の意見を反映させるか否かは都市行政に委ねられていると同時に，テーマや方法を決めるのは住民ではなく都市行政であることが一般的であるなど，広聴をめぐる住民参加に

はさまざまな可能性がある一方で，限界があることも視野に入れる必要がある。

＜協働の光と影＞

　都市行政ないし住民参加の文脈において，協働という言葉は現在では一般化している。その一方で，協働の定義は論者によってさまざまである。大まかには，特定の目的を達成するために他のアクターと相互に協力する，とまとめることができようが，ここでは，主体的な住民の観点と都市行政の観点に分けて，協働のイメージを整理したうえで概説したい。

　主体的な住民の観点に基づいた協働は，都市行政への参加を必然としない。たとえば，商店街が住民ないし自治会，あるいは企業やNPOと協力し合ってお祭りやイベントを開催し，地域やコミュニティを活性化させるような事例は散見される。住民が主体的に活動する条件が整っているのであれば，パートナーとして適当であると判断されたときに都市行政との協働が選択される。地域課題の解決や公共的活動が行われる際，このような相互協力が取られることは多いが，協働として議論されることは少ない。

　むしろ，都市行政の観点ないし都市行政との協働が主たる対象とされる。既に概観したように，さらなる住民参加とNPMなどを通じた都市政府の役割転換が同時に求められた中で，協働に白羽の矢が立った。その結果，NPOが定着し都市内部における住民参加の幅が拡がったこと，協働事業提案制度や指定管理者制度をはじめとして，意思決定や実施の過程において企業や住民グループとの公民パートナーシップ（Public-Private-Partnership）が多用されていることなど，双方の要求に応えるような変化が見られた。

　しかし，協働は万能ではないと同時に，大きな矛盾を孕んでいる。協働の要件として「対等」が挙げられることが多いが，都市行政との協働は本質的に対等になることは難しい。なぜなら，法や金銭などの資源が都市行政に偏在しているからである。協働の普及によって住民参加の機会や領域が増えたが，住民の自律性が高まったわけではない。むしろ，住民は都市行政の担い手として公共的課題を引き受けることになり，自律性を低下させたという見方もできる。他

方で，住民や企業をはじめとしたアクターと都市行政とは役割が異なること，あるいは，双方が持つ資源や情報に鑑みれば相互依存の関係にあることから，必ずしも協働が主従関係を引き起こすものではない，との見解もある。このように，対等かどうかは視点の置き方によって異なるが，都市行政との対等な関係には落とし穴もある。新川達郎の整理（新川 2004）を参考にしながら，2 点指摘しておきたい。

　第 1 は正統性の問題である。都市行政とパートナーとなった住民や NPO，企業などは都市住民の信託を受けていない。そうであるがゆえ，協働パートナーは住民全体に対して必ずしも責任を負う立場にないと同時に，住民は協働パートナーを直接統制する手段を持たない。つまり，住民代表ではない都市行政のパートナーに対して，住民は直接的に意思を表明することができず，無抵抗になるリスクがある。このように，協働は参加をめぐるパラドックスを引き起こす可能性がある。

　第 2 は協働するアクターの自律性である。対等な関係を構築できる協働パートナーは必ずしも多くない。金銭的資源や情報資源に大きな格差が見られることが多いため，都市行政が補助金等を含めた支援を行う必要がある。その結果，協働パートナーは都市行政に依存するようになると同時に，協働の関係によって得られる利益が既得権益を生み出すことになる。

　協働は対等であることが謳われている一方で，アーンスタインが示す第 6 段階のパートナーシップ，すなわち市民権力の段階には必ずしも到達していない。加えて，協働の検討から，都市行政に対して住民が対等ないし優位に立つことには弊害があることも確認された。昨今，協働の次段階として「共創」の概念を提示する自治体も増えている。住民参加の拡充が重要であることは今もなお変わりないが，たとえば正統性をめぐる課題など，都市行政への住民参加を改めて問い直すことも有用である。また，これに並行して，都市政治への住民参加についても併せて目を向ける必要がある。そこで以下では，その代表的な方法である住民投票について検討していくことにしたい。

3．参加としての住民投票

＜民主主義と住民投票＞

　治者と被治者の「ずれ」を引き起こすのは都市行政だけでなく，議会を中心とした都市政治も同様である。確かに，都市行政とは異なり，住民は都市の政治に対して選挙を通じて参加する回路が設けられている。しかし，都市政治への参加の機会が投票日に限定されているのであれば，複雑化した住民の意思を十分に調整し，反映させることは不可能である。つまり，間接民主制の限界によって都市政治への参加が希求されるのであり，条例の制定や改廃の請求，事務の監査請求をはじめとした直接請求と並んで，直接民主制の一形態である住民投票はこの点を補うものとされる。

　そうであるがゆえ，住民投票を通じた住民参加をどこまで，どのように実装するのか，間接民主制の仕組みの中にどのように組み込むのか，ということが基本的な論点となる。住民投票は住民の意思を示すものであるから，積極的かつ広範に導入すべきであると同時に，議会の意向と対立した場合は，常に住民投票の結果が優先されるべきである，という考え方がある一方で，これらについて慎重な考え方もある。このような論争の根底には，民主主義における住民投票の不完全性がある。ここでは，次の2点を挙げることにしたい。

　1つは，住民投票で表出できる住民の意思は一部に限られることである。実際に行われてきた住民投票の多くは，賛成か反対かが問われてきた。このことが意味するのは，参加の観点に鑑みれば，二択を迫られる直前まで住民は意思を伝えることができないのであり，その前の段階で意思を伝える機会を設けること，あるいは熟議を行うことが，住民参加に適った方法である。治者に与えられた選択肢の多数派が住民投票の結果であると考えるのであれば，必ずしもこれが住民の絶対的な意思であるとはいえない。

　いま1つは，プレビシットのリスクである。プレビシットとは，権力者が自らの地位や政策を正統化するために行われる国民投票のことであり，都市政治

における住民投票も基本的な構図は同じである。住民投票の結果が反映される仕組みが備わっていると同時に首長の人気がとみに高ければ，首長は議会をバイパスできる住民投票を選択する可能性が高い。なぜなら，首長が優位になるような制度変更を議会が承認する可能性は低い一方，住民は首長の提案を支持する可能性が高いからである。住民投票によって首長の権限強化が実現された場合，住民の直接的な参加がこれを可能にしたことになる。しかし，権限が強化された領域については，住民が直接的にも間接的にも意思を伝えることは難しくなる。プレビシットの主たる例として，ナチス政権下で行われた国民投票が挙げられる。このように，住民投票は被治者に対する治者の優位性を高める手段として用いられる可能性がある。

　このように，住民投票は代議制の仕組みに取って代わるものではなく，むしろ補完する機能を持つと理解されている。基本的に都市レベルにおける住民投票は，イニシアティブ，レファレンダム，リコールの3つがあるとされる。イニシアティブとは，住民が条例案を自ら議会に提出し，議会での議決に基づいて，あるいは議会をバイパスして，住民が是非を判断するものである。レファレンダムは，議会の決定した案に対して是非を判断するものである。リコールは，首長や議員など，住民の代表者を失職させる制度である。これらをどの程度，どこまで組み込むのかが，民主主義をめぐる住民投票の基本的な焦点である。

　それでは，日本の住民投票制度はどのように設計されているのであろうか。以下では，住民投票に関する先行研究を参考にしつつ，結果の拘束力に基づいて分類したうえで，概説していく。

＜拘束的住民投票＞

　拘束的住民投票は基本的に憲法や法律に基づいている。第1は，憲法95条に基づく住民投票である。特定の自治体だけに適用される立法を行う場合，その自治体の住民投票によって過半数の同意を得てはじめて，法律を制定できるというものである。1949年の広島平和記念都市建設法をめぐる事例がはじめてであった。これまでに19件の住民投票が行われたが，いずれも都市建設の財政措

置が盛り込まれた法律が対象であった。なお，1952年の伊東市の事例以降，これに基づいた住民投票は一度も実施されていない。

　第2は，解職をめぐる住民投票である。いわゆるリコールは，地方自治法に根拠を持つ直接請求の1つである。首長の解職，地方議会議員の解職に加え，地方議会の解散が対象となる。基本的には有権者の3分の1以上の署名が集められると，解職ないし解散の住民投票が実施される。住民投票の結果，有効投票の過半数の同意があれば，解職ないし解散が決定する。なお，人口規模が大きくなると要件を満たすことが困難になるため，有権者数が40万人ないし80万人を超える部分については，それぞれの必要署名数が6分の1ないし8分の1とされている。

　第3は，個別の法律に基づくものである。これまで，拘束的な住民投票を実装した法律がいくつか存在したが，現在は以下の2つがこれに当たる。1つは，市町村合併にかかる特例法である。2005年に新たに施行されており，平成の大合併が念頭に置かれた法律である。この法律で拘束力が付与されたのは，市町村合併について検討する合併協議会の是非にかかる住民投票である。市町村合併そのものを対象とした住民投票も数多く行われたが，これは拘束の対象には含まれておらず，後に見る諮問的住民投票に位置づけられるものであった。そのため，住民投票の結果が反映されないことも珍しくなかった。

　もう1つは，2012年に制定された大都市地域における特別区の設置に関する法律である。この法律は原則として人口規模200万人以上の都市が対象であり，指定都市の廃止や特別区の設置を行う場合は，住民投票の結果によって過半数の賛成を得る必要があることが規定されている。2015年と2020年に行われた大阪都構想をめぐる住民投票は，この法律に基づいて実施された。

＜諮問的住民投票＞

　住民投票が実質的に法律で明記されているのは，上述の対象だけである。つまり，法律上はこれら以外に住民投票を予定していないことを意味する。しかし，自治体レベルでは住民投票を実施することは可能であると同時に，近年で

は多数の住民投票が企図ないし実施されてきた。それでは，法律に存在しない住民投票が都市ではどうして可能であるのか，まずはこの点を解説したい。

　住民投票を実施する際，基本的には法的根拠が必要である。自治体レベルの場合，住民投票を実施する条例が制定されれば，これが可能になる。首長や地方議員によって条例案が起案されなくとも，条例の制定をめぐる直接請求権が地方自治法に備わっている。有権者の 50 分の 1 以上の署名を集めることができれば地方議会で条例案が審議されるのであり，都市の住民はこの方法によって住民投票を実現させることができうる。迷惑施設の建設など，特定の政策に対する是非を問う場合に住民投票が用いられるため，その対象ごとの条例案を請求するのが一般的である。ただし，条例を制定するか否かは地方議会が判断するのであり，可決されることで住民投票が可能となる。つまり，この方法では必ず地方議会の承認を得ることが求められる。

　これに対し，個別の対象ごとでなく普遍的に住民投票を制度化する方法もある。条例で定めた条件をクリアすれば自動的に住民投票が実施される制度であり，一般的に常設型住民投票制度と呼ばれる。高野譲の調査によれば，2019 年までに 75 の自治体で制度化されている（高野 2020）。地方議会による判断がバイパスされることはごく一部の例外を除いて共通している一方，住民投票の各種要件は多岐にわたる。住民投票を発議する際に必要署名数は，6 分の 1 から 3 分の 1 の範囲内で設定されていることが多い。投票率に基づいた成立要件は 2 分の 1 以上を規定している自治体が過半であり，新潟県上越市や埼玉県白岡市などの例外を除いて，投票率が成立要件に達しなかった場合は開票されない。また，外国人に投票権を付与する自治体も多く，15 歳以上（岩手県西和賀町）や 16 歳以上（神奈川県大和市）に投票権を付与する自治体もある。

　以上の 2 つが，条例に基づいた住民投票である。これらの住民投票の結果は原則として法的な拘束力を持たない。あくまで住民の意向を反映したものであり，都市政府がこれを参考にするという位置づけである。その意味から，これらは一般的に諮問的住民投票として類型化されると同時に，イニシアティブとは一線を画す仕組みである。なお，条例に基づくものではなく，地域コミュニ

ティが自主的に行った住民投票も存在する。これも，広くは諮問的住民投票に
大別される。

＜住民投票制度の比較＞

　日本の住民投票制度を相対化するために，他国の仕組みについても簡単に触
れておきたい。ここではドイツの住民投票制度を紹介する。連邦制を採用して
いるドイツでは，州によって仕組みが異なっており多彩である。また，大半の
州では1990年代に入ってから住民投票制度が整備されたこと，住民投票は代議
制を補完する位置づけであることから，比較対象として参考になる。

　まずは，日本の仕組みとは大きく異なる点について触れておきたい。いくつ
か挙げられるが，主たるものは次の2つである。1つ目は，住民投票の結果に
拘束力あるいは効力が備わっていることである。これは，住民投票の規定が州
法に明記されていることによる。ただし，すべての事案について住民が発議で
きるわけではない。州ごとにそれぞれ規定されているが，たとえば予算や租税
に関すること，都市行政の組織編制に関することなどは住民投票の対象外とさ
れている。このように，ネガティブリストが設けられていることが2つ目の相
違点である。

　図表3-2は，都市州を除いた13の一般州の住民投票制度をリスト化したもの
である。発議に必要な署名数は概ね10％であり，人口規模に応じて必要署名数
は低く設定されている。住民投票の成立要件については，基本的に15％ないし
30％以上とされている。住民投票の結果は2年から3年の間，法的拘束力を持
たせる州が大半となっている。なお，議会発議とは，議員ないし首長が議会に
提出した住民投票請求であり，過半数ないし3分の2以上が成立要件となって
いる。

　日本とドイツとの仕組みを比較すると，次の3点が顕著である。第1は，住
民発議の意義である。住民発議に必要な署名数は有権者の2％以上であること
から，ドイツよりもハードルは低い。しかし，日本の場合は住民投票条例を可
決するか否かは議会に委ねられている。ドイツにおいても無条件で住民投票が

図表 3-2　ドイツ各州（一般州）の住民投票制度

州	導入年	必要署名数 2019.12 (%)	必要署名数 1998.3 (%)	投票成立条件 2019.12 (%)	投票成立条件 1998.3 (%)	議会発議による住民投票請求	決定拘束期間
バーデン＝ヴュルテンベルク	1956	4.5-7	6-15	20	30	2/3 超	3 年
バイエルン	1995	3-10	3-10	10-20	なし	過半数	－
ヘッセン	1993	3-10	10	15-25	25	2/3 超	3 年
ニーダーザクセン	1996	5-10	5-10	20	25	過半数	2 年
ノルトライン＝ヴェストファーレン	1994	3-10	5-10	10-20	25	2/3 超	2 年
ラインラント＝プファルツ	1994	5-9	6-15	15	30	過半数	3 年
シュレスヴィヒ＝ホルシュタイン	1990	4-10	10	8-20	25	過半数	2 年
ザールラント	1997	5-15	5-15	30	30	過半数	2 年
ブランデンブルク	1993	10	10	25	25	過半数	－
メクレンブルク＝フォアポンメルン	1994	2.5-10	4-10	25	25	過半数	2 年
ザクセン	1993	5-10	5-15	25	25	2/3 超	3 年
ザクセン＝アンハルト	1993	4.5-10	6-15	20	30	2/3 超	2 年
テューリンゲン	1993	4.5-7	20	10-20	25	2/3 超	2 年

出典：Rehmet（2020：11），Schiller, Mittendorf, Rehmet（1998：23）のデータ，および各州の地方自治法の情報を組み合わせて，筆者作成

　実施されるわけではない。しかし，住民投票が棄却される要件に牴触しない限り，原則として住民投票が実施される。それゆえ，ドイツの仕組みのほうが住民の意向が反映されやすいといえる。

　第 2 は，投票の成立要件である。ドイツの住民投票結果は法的拘束力やこれ

に準ずるものを伴うにもかかわらず，日本で設定されることの多い50％の基準よりも概ね低くなっている。全有権者の過半に満たない案が成立することには賛否はあろうが，住民投票の結果をより積極的に活用する仕組みであるといえる。

第3は，住民投票制度の変化である。図表3-2が示すように，おおよそ20年の間で住民発議に必要な署名数や住民投票の成立要件が緩和されている。日本においても常設型住民投票制度が広まりつつあることもあるが，住民投票を通じた政治参加はドイツのほうが拡充傾向にあるといえる。

4．都市政治としての住民投票

＜住民投票の実際＞

前節では，参加の観点から住民投票制度の全体像を概観した。本節では，都市政治に与える影響に視点を移して，住民投票を整理することにしたい。まずは，諮問的住民投票を対象として，これまで行われてきた住民投票の実態を把握することにしたい。

直接請求を通じた方法で住民投票にかかる条例案がはじめて審議されたのは1979年，東京都立川市においてであった。この事例は議会で可決することはなかったが，直接請求を通じた住民投票の方法に先鞭をつけた。1982年には原子力発電所の誘致で揺れていた高知県窪川町において，首長が住民投票にかかる条例案を提出し可決された。しかし，その後に建設の交渉が立ち消えになったため，住民投票は実施されなかった。はじめて実施されたのは，同じく原子力発電所の建設に揺れた1996年の新潟県巻町においてである。

今井一ら（塩見牧子）がまとめた資料（今井2021）に基づくと，1980年代以降コンスタントに住民投票を求めた条例案が提出されている。1979年から2020年までの間に1261件の条例案の審議があり，可決されたのは503件で可決率は39.9％である。ただし，誰が条例案を提出したかによって大きな差が見られる。直接請求を通じた審議件数は687件，可決したのは117件であり，可決率は17.0％である。これに対し，首長が提出した条例案は297件，可決したのは259件

であり，全体の 87.2％が可決した。首長を通じた住民投票は実現しやすい一方，
直接請求を通じた住民投票はその多くが地方議会の反対に遭っている。しかし，
砂原庸介によれば，これらすべてがそのまま廃案になっているのではなく，住
民の意向を軽視できない地方議員が修正した条例案を提出し，住民投票に至っ
ていることもあるという（砂原 2017）。統計だけで住民投票の実態が明らかにさ
れない点には注意を要する。

　なお，日本で行われた住民投票の多くは，平成の市町村合併に関連するもの
であることに注意する必要がある。これまでに実施された住民投票は 427 件の
うち，380 件がこれにあたる。それ以外は，迷惑施設の建設をめぐる是非，なら
びに近年増加傾向にある庁舎建設や移転に関連するテーマで大半を占めている。

　図表 3-3 は，市町村合併に関連するテーマ以外の発議および住民投票の数と
推移を示したものであり，2000 年から 2019 年までの 20 年間を対象としている。
2000 年代の発議数の平均は 10.4 回，住民投票数の平均は 0.9 回に対し，2010 年
代の発議数の平均は 14.6 回，住民投票数の平均は 2.8 回であり，いずれも増加
している。

　なお，頻度の観点について，日本とドイツの比較を簡単に示しておきたい。1

図表 3-3　住民投票をめぐる直接請求と住民投票の数（市町村合併に関連するテーマを除く）

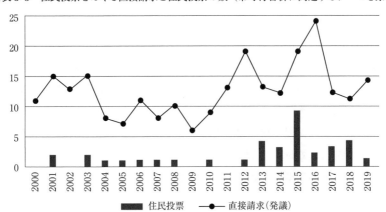

出典：今井（2021：460-490）のデータ（塩見牧子氏作成）を基に筆者作成

年間に1つの自治体で何度の発議が起こるか，2017年から2019年の3年間を対象としたとき，日本は0.69回であるのに対し，ドイツは3.03回，2013年から2017年の5年間を対象としたとき，日本は0.89回であるのに対し，ドイツは2.67回であった。住民投票制度が確立しているか否かが，すなわち住民投票を通じて住民が政治的な影響力を行使できる程度が，このような回数の違いを示していると考えられる。

＜住民投票の政治的作用＞

　リコールは首長や議員に対して，住民の意向を無視させない牽制として機能している。その一方で，拘束力のない住民投票にはどのような効果があるのであろうか。住民が住民投票を求めるのは，都市政府が進めようとする政策に対して拒否したい場合が多い。確かに，住民投票をめぐる直接請求を行っても，さらには住民投票の結果が出たとしても，その判断は議会に委ねられる。しかし，一定の署名数や得票数は間接的に大きな影響を与えうる。なぜなら，首長や議員は住民の支持を基盤としているからである。選挙をはじめとした政治的状況が変われば，後に態度を変えることも想定されると同時に，住民投票を経ずして政策が変更されることもある。

　この点は，首長や議員が住民投票条例を提出する理由にも相通じる。審議を行う議会が住民投票に反対しているのであれば，首長や少数派議員が条例案を議会に提出するのは得策ではない。それにもかかわらず，先に確認したように，首長が提出する住民投票条例は可決率が高い。これは議会が可決せざるを得ない状況に至っていることを意味しており，条例案の内容やタイミングを計って提出していることも窺える。

　ただし，首長や議員が住民投票条例を提出するのは，都市内に対立関係がある場合に限定されるわけではない。住民投票のパターンを分類した上田道明は，住民，首長，地方議会の3者が住民投票に対して反対しないケースも少なくないことを明らかにしている。また，このようなケースに該当するのは，迷惑施設の建設に関するテーマである。本来，このようなケースは住民投票を必要と

しない。それにもかかわらず敢えて住民投票が行われるのは，自治体として迷惑施設の建設を反対したいときであるという。すなわち，住民の声を前面に出すことで，国や他自治体にアピールする目的が根底にあるとされる（上田 2013）。

　このように，住民投票をめぐる動きは，その過程に一定のインパクトがあれば，制度化が不十分であっても都市政治に影響を与える。しかし，住民投票をめぐる制度が都市政治に強く作用することも看過できない。そこで最後に，都市政治における住民投票の機能と課題について簡単に検討することにしたい。

＜都市政治における住民投票の機能と課題＞

　ドイツとの比較から推測するに，住民投票のハードルが低いこと，あるいは結果に法的拘束力があることが，住民投票の回数に影響を与えている可能性が高い。住民にとって住民投票のカードをより簡単に使うことができれば，ことに拒否権を行使したいときには，より優位にゲームを展開することができるようになる。しかし，砂原庸介が示唆しているように，住民投票のハードルが低下すれば，住民の関心が低い中で住民投票が行われるかもしれないし，首長や議会が積極的に住民投票のカードを武器にするかもしれない（砂原 2017）。参加の観点に基づけば，住民投票制度は充実しているほうが望ましいが，都市政治の観点に基づけば，展開するゲームが異なる一方で，どちらが優れているか，という議論とは一線を画す。この点を鑑みたうえで，日本の住民投票に備わっている機能と課題について，2 点触れておきたい。

　第 1 は，住民投票をめぐるエネルギーである。住民投票のハードルが高ければ，実現しようとするエネルギーもそれを乗り越える量を要求される。住民投票が行われるとき，多くのケースでは主導する団体の創設がされる。これが，諮問的住民投票制度が持つ機能の 1 つである。すなわち，住民投票はエネルギーを集約する装置を喚起する。そのうえで，この団体を中心としたネットワークをどのように活かすか，上田道明も指摘しているように，この点が課題となる（上田 2016）。住民投票は拒否や抵抗には強い一方で，新しいアイディアを提示できないことは弱点である。この点を補いうるのは住民投票のハードルがつ

くり出した都市内のネットワークであり，住民投票だけにとどまらない目標を立てることが，課題を解決する緒となる。

第2は，民意を映し出す鏡の1つである。この機能は文字通りであり，どのような住民投票制度であれ，それに沿った民意を映し出す。これをどのように活かすか，というのが2つ目の課題である。先に述べたように，住民投票の成立要件をどのように定めるかについては議論がある。その一方で，不成立であっても開票することで，都市政治，ことに議会と住民との間にどのような「ずれ」が生じているのか確認できると同時に，この「ずれ」が都市政治の原動力になりうる。

お わ り に

本章では，都市政府を政治と行政とに分類しつつ，住民参加，協働ならびに住民投票の基礎的な背景について概説した。そのうえで，都市政府の視点と住民の視点も加味したうえで，これら3つの仕組みと特徴を検討してきた。

都市政府への参加に限定し，かつ主たる制度を中心に扱ってきた。さまざまな参加の方法がある一方で，それぞれ長短が見られる。それゆえ，各々の仕組みを吟味したうえで，相互にどのように補い合わせて制度を設計するか，これらの点が重要な課題となると同時に，今後も不断に検討していくことが求められる。

参 考 文 献

井出嘉憲（1967）『行政広報論』勁草書房

今井一編著（2021）『住民投票の総て 第2版』「国民投票／住民投票」情報室

イングルハート，ロナルド（1978）『静かなる革命―政治意識と行動様式の変化』（三宅一郎・金丸輝男・富沢克訳）東洋経済新報社

上田道明（2013）『自治を問う住民投票―抵抗型から自治型の運動へ』自治体研究社

上田道明（2016）「住民投票が映しだすローカル・ガバナンスの現在」石田徹・伊藤恭彦・上田道明編著『ローカル・ガバナンスとデモクラシー―地方自治の新たなかたち』

　法律文化社

宇野二朗・長野基・山崎幹根（2022）『テキストブック 地方自治の論点』ミネルヴァ書房

岡本三彦（2012）「自治体の政策過程における住民投票」『会計検査研究』45, 115-128頁

金井利之（2022）「都市と自治」後藤・安田記念東京都市研究所編『都市の変容と自治の展望』後藤・安田東京都市研究所

木寺元（2012）「市民参加とミニ・パブリックス―その類型と可能性」『北海道自治研究』523, 22-31頁

小林大祐（2021）「ドイツにおける住民投票制度の研究」『東洋学園大学紀要』29, 63-78頁

小田切康彦（2018）「協働論の研究動向と課題―行政学を中心とした学際的視点から」『徳島大学社会科学研究』32, 97-124頁

佐藤徹（2013）「市民参加の基礎概念」佐藤徹・高橋秀行編著『新説 市民参加〔改訂版〕』公人社

篠原一編著（2012）『討議デモクラシーの挑戦―ミニ・パブリックスが拓く新しい政治』岩波書店

砂原庸介（2017）「住民投票の比較分析―「拒否権」を通じた行政統制の可能性」『公共選択』68, 66-84頁

高野讓（2020）「常設型住民投票条例の現状分析（上）」『北海道自治研究』619, 28-41頁

武田真一郎（2017）「日本の住民投票制度の現状と課題について」『行政法研究』21, 1-48頁

中澤秀雄（2005）『住民投票運動とローカルレジーム―新潟県巻町と根源的民主主義の細道, 1994-2004』ハーベスト社

中村紀一（1976）「広報と広聴」辻清明編著『行政学講座 行政の過程』東京大学出版会

新川達郎（2004）「パートナーシップの失敗―ガバナンス論の展開可能性」『年報行政研究』39, 26-47頁

西尾勝（1975）『権力と参加』東京大学出版会

西尾勝（2001）『行政学（新版）』有斐閣

野田遊（2021）『自治のどこに問題があるのか―実学の地方自治論』日本経済評論社

福地健治（2020）「ドイツにおける住民投票とプラーヌンクスツェレの現在」『都市計画論文集―』55（3）, 1378-1385頁

松井真理子（2016）「市民のためのパブリックコメント制度」『四日市大学総合政策学部論集』15（2）, 1-21頁

ハーバーマス, ユルゲン（1994）『公共性の構造転換（第2版）』（細谷眞雄・山田正行訳）未來社

Arnstein, Sherry R. (1969) "A Ladder of Citizen Participation," *Journal of the American Planning Association*, 35(4), pp. 216-224

Landeshauputstadt München (2022) BÜRGER*INNENGUTACHTEN PaketPost-Areal München

Paust, Andreas（1999）*Direkte Demokratie in der Kommune: zur Theorie und Empirie von Bürgerbegehren und Bürgerentscheid*, Stiftung Mitarbeit

Rehmet, Frank（2020）Bürgerbegehrensbericht 2020, Mehr Demokratie e. V.

Schiller, Theo, Mittendorf, Volker und Rehmet, Frank（1998）*Bürgerbegehren und Bürgerentscheide in Hessen - Eine Zwischenbilanz nach fünfjähriger Praxis*, Forschungsstelle Bürgerbeteiligung und Direkte Demokratie

Schiller, Theo（ed.）（2011）*Local Direct Democracy in Europa*, VS Verlag

ヴッパータール大学住民発議データバンク http://www.datenbank-buergerbegehren. info

【用語解説】

○脱物質的価値観

　安全や経済成長といった物質的なものではなく，自然などの美的なもの，あるいは政治や地域社会への発言権など，脱物質的なものに価値を求める考え方であり，物質的に豊かな社会で育った人びとが持つとされる。

○ミニ・パブリックス

　無作為に市民を抽出することで社会の縮図をつくり出し，そこに討議の場を設け，政策や社会問題について議論する方法。

○協働

　特定の公共的課題を解決するために，諸アクターが相互に協力し合うこと。2000 年前後から自治体を中心として急速に広まった概念である。

○イニシアティブ

　住民ないし国民が自ら発議し，議会での議決に基づいて，住民投票ないし国民投票によって判断するものである。日本では条例の制定・改廃の発議を指すが，本来の意味とは異なる。

○プレビシット

　権力者が自らの地位や政策を正統化するために行う国民投票のことである。ナポレオンが行った人民投票が起源とされる。

第4章　GCRとリージョナリズム

中　澤　秀　雄

は じ め に

　大都市への人口集中が進んでおり，世界的に大都市を統治する政治家の存在感も増している。2010年代日本の例で言えば，小池百合子東京都知事，橋下徹元大阪府知事は，それぞれ，各都府の利害を前面に打ち出すような政党の創始者でもあった。このような状況を生み出す社会的な基盤について論じるのが本章の目的である。1990年代以降，世界的に規制緩和と都市間競争が強調される中で，GCR（Global City-Regions）と言われる産業集積に注目が集まるようになった。中国の深圳デルタ地域や米国カリフォルニアのシリコンバレー一帯などは，独立した経済圏としての動きを強め，都市政治上の規制緩和を享受して中央政治にも無視できない力を発揮している。本章ではこのように，都市が様々なスケールにおいて諸リージョンの中核と位置づけられ，存在感を発揮している現状について概説する。

1．都市とリージョン

＜都市とは何か＞

　本書のタイトルは『都市政治論』であるが，そもそも都市とはどのように定義されるのだろうか。「地方の反対」「地方でないもの」という直観的な理解は，「地方都市」という単語がある以上，誤りである。そこで学説を検討してみよう。

　都市社会学者による代表的な定義は以下のようなものである。マックス・ウ

ェーバーによれば都市とは「巨大な一体的定住を示すごとき聚落——ここに聚落とは家と家が密接しているような定住を云う」「そこには，都市以外の隣人団体に特徴的な・住民相互間の人的な相識関係が，欠けている」。すなわち，家と家の間に農地が広がっていたりせず（連担している）人口密度の高い集落で，その巨大さ故に，「隣に誰が住んでいるのかも知らない」というような匿名性が成立する場所ということだ。街頭でも電車の中でも基本的に知らない者が集まっており，その場に多くの人間がいても互いに目を合わさず会話もしないような場所である。

　このように多くの人が居住している都市は，農村と異なり職業も出自も多様であろう。この点をポイントにしてシカゴ学派の都市社会学者ルイス・ワースは「社会学的には，都市とは，社会的に異質な諸個人の，相対的に大きな，密度の高い，永続的な集落である」としている。「永続的な」と最後についているのは，難民キャンプなどの一時的な凝集体と区別するためである。

　最後に日本の都市社会学者による定義も紹介しておこう。日本でこの分野を切り開いたとされる鈴木榮太郎は，「都市とは，国民社会における社会的交流の結節機関をそのうちに蔵していることにより，村落と異なっているところの集落社会である」と定義した。ウェーバーやワースとは相当趣が異なり，「施設」に着目した定義となっている。ここで言う「結節機関」とは人々が集い交流する場所のことであるが，会社や学校など交流を第一義にしない施設も含めてこう呼ぶ。農家が並ぶ農村とは異なる種類の建物すなわち「都市的施設」が多く見られる場所が都市だという定義である。

　実は，日本の地方自治法は，これら先達の定義をバランスよく取り入れて都市を定義している。同法第8条は，市となるべき普通地方公共団体の要件として以下に掲げる4号をあげている。「1 人口5万以上を有すること　2 中心市街地を構成している区域内にある戸数が，全戸数の6割以上であること　3 商工業及びその他の都市的業態に従事する世帯が，全人口の6割以上であること　4 都市的施設その他の都市としての要件を備えること」。第1号は人口規模，第2号は人口密度，第3号は異質性を要件としており，これはウェーバーやワー

スを踏まえたものである。最後の第 4 号は，鈴木榮太郎を踏まえた要件定義となっている。高度経済成長期，多くの自治体が「ハコモノ」建設に邁進した 1 つの背景に，このような「都市的施設」への渇望があったようにも思われる。

　ともあれ，以上の検討から分かるのは，本来「都市」の反対語はあくまでも「農村」であるということだ。周辺の農村部から人を吸引し，農村部に対して拠点性を持つのが都市なのである。「地方都市」とは，大都市ではないけれども周辺農村部に対しては拠点として機能する場所のことである。

＜世界の大都市史＞

　それでは単なる都市を超えた「大都市」とは何だろうか。この問いを検討するためには世界史的視野を導入するとよい。図表 4-1 は，西暦紀元後 1000 年，1800 年，1900 年，2000 年のそれぞれのタイミングにおける世界 10 大都市（人

図表 4-1　世界史上の 4 時点における世界 10 大都市の人口

（単位：百万人）

西暦 1000 年		西暦 1800 年		西暦 1900 年		西暦 2000 年	
コルドバ	0.45	北　京	1.10	ロンドン	6.5	東　京	26.4
開　封	0.40	ロンドン	0.86	ニューヨーク	4.2	メキシコシティ	18.1
コンスタンチノープル	0.30	広　東	0.80	パ　リ	3.3	ボンベイ（ムンバイ）	18.1
アンコール	0.20	江　戸	0.69	ベルリン	2.7	サンパウロ	17.8
京　都	0.18	コンスタンチノープル	0.57	シカゴ	1.7	ニューヨーク	16.6
カイロ	0.14	パ　リ	0.55	ウイーン	1.7	ラゴス	13.4
バグダッド	0.13	ナポリ	0.43	東　京	1.5	ロサンゼルス	13.1
ニーシャープール	0.13	杭　州	0.39	サンクトペテルスブルグ	1.4	カルカッタ	12.9
ハサー	0.11	大　阪	0.38	マンチェスター	1.4	上　海	12.9

出典：1000 年〜1900 年のデータについては，Tertius Chandler, 1987, *Four thousand years of urban growth : an historical census*（*2nd ed.*），Lewiston: Edwin Mellen Press による。2000 年のデータについては，United Nations, 2001, *World Urbanization Prospects: 1999 Revision*, United Nations による。

口が多い都市）を表示したものである。この表から何が読み取れるだろうか。

西暦1000年時点の世界10大都市は，帝国の首都であるものが多い。イスラ
ム帝国である後ウマイヤ朝の首都コルドバ，中国の宋帝国の首都であった開封，
ビザンツ帝国の首都コンスタンチノープルなどである。しかし西暦1900年にな
ると，ロンドンやニューヨークを筆頭に産業化・工業化に成功した欧米の都市
がランキング上位に上がってくる（非西欧圏では東京だけが登場するが，東京もこの
時点で工業化を急速に進めていた）。西暦1800年時点のランキングは，「帝国の首
都」から「先進国工業都市」に主役が移行する過渡期のランキングだと理解で
きる。一方，西暦2000年時点のランキングを見ると，欧米都市で残っているの
はニューヨークとロサンゼルスだけになり，中国・インド・ブラジルなど，い
わゆる新興国の都市が中心になっている。これは「プライメート・シティ」現
象が大きく寄与している。プライメート・シティとは，発展途上国の首都で，
その国の第2位以下の都市を人口・経済規模として大きく引き離しているもの
を言う。途上国では首都に投資を集中して対外投資を呼び込もうとする傾向が

図表4-2　世界の農村人口と都市人口の推移

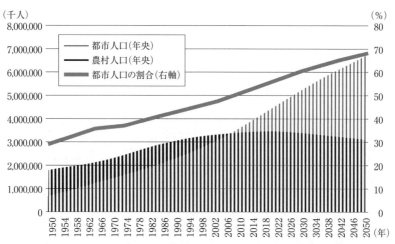

出典：United Nations *World Urbanization Prospects 2018*（https://population.un.org/wup/
Download/）

あり，農村的な状況を維持した国内他地域と大きな格差を生みやすい。東南アジアの例を出せば，人口集中ペースが速いバンコクの人口をどうカウントするかは，統計によってまちまちであるが，世界銀行のレポートは2010年時点で，タイ王国の都市人口の80%に相当する960万人がバンコク都市圏に居住していると指摘している。先進国ではこれほど大きな格差はつかない。英国の例を見れば700万人のロンドンに対して，100万人のバーミンガムが第2位。東京（圏）は2600万人前後であるが，大阪は1200万人である。いずれにせよ発展途上国都市での爆発的な人口増加により，長い間農村中心だった世界人口の重心は都市に移った。国連統計によれば，2008年頃に世界の都市人口が農村人口を上回ったと見られる（図表4-2）。

＜GCRの定義＞

ところで，図表4-1に戻って2000年の東京の人口が2640万人と表示されていることに違和感を覚える方もいるのではないか。日本人の常識である東京都民の人口約1400万人の2倍にあたるからだ。じつは国際的な統計では，東京都と神奈川県・千葉県は工業地帯として連担しているので（Weberの定義を想起せよ），これら3都県を合わせてTokyoとしてカウントすることが慣例となっている。学術的に表現すれば，GCR（Global City-Regions）としての東京圏をカウントしているのである。

GCRとは多極の集積地で構成され，大規模な移住を呼び込んで「世界的に拡大を続ける地域間の競争・交換の網におけるダイナミックな経済的地域ネットワークとしての機能」を強めている地域であり，上海・ロサンゼルスなど図表4-1の2000年時点に登場する産業都市の多くはこのような特徴を持っている。すなわち複数の行政区域にまたがって連担した人口集積地で，経済のエンジンとして作用している。この議論を踏まえると，日常生活で「地方」に対立するものとして使われる「（大）都市」という言葉は，正確にはGCRであると理解すれば，議論がクリアになる。日本列島であれば，いわゆる三大都市圏のみがGCRに該当するだろう（人によっては，産業集積が比較的弱い大阪圏を外して定義す

るかもしれない）。そして，この GCR を中心とした広域圏（リージョン）が，とき
には国家を飛び越して存在を主張し，世界経済のネットワークの一翼を担う傾向
向が世界的にますます強まっている（次節）。本章タイトルの「GCR とリージョ
ナリズム」というネーミングは，このような傾向を念頭に置いている。我々が
日常生活において「大都市」と呼んでいる物事とは，要するに GCR のことで
ある。

　図表 4-1 の世界史的検討からも分かるように，日本の都市化過程は国際的な
比較をするときに重要な位置を占めている。そこで次節で戦後日本の都市化の
様子を素描しておこう。

2．日本における都市化史と GCR への集中

＜戦後日本の都市史＞

　昭和 20 年代まで日本は農村（ムラ）中心の社会であった。昭和 21（1946）年
の段階では，日本の総人口約 8000 万人弱のうち 3142 万人は農家人口に分類さ
れていた。また国勢調査データから産業別就業者比率を見ても，昭和 25（1950）
年段階では 50％弱を第 1 次産業就業者が占めていたが，昭和 45（1970）年には
その比率は 20％を切り，昭和 60（1985）年には 10％を切った。このように，僅
か一世代（30 年）程度で完全な都市型社会に変容した点に，戦後日本史の特徴
がある（「圧縮された近代化・都市化」と言われる。ただし，近年では中国・台湾・韓国
等に比べると時間をかけたという意味で，日本については「半圧縮された近代化・都市
化」と呼ぶ）。就業構造の変化に伴い，人口は三大都市圏に集中した。モータリ
ゼーション（自動車の普及）が進展し，道路網や新幹線，産業基盤整備などの地
域開発によって国土の姿も変貌した。

　その結果，人々の職場と家庭とが分離する（職住分離）ことが一般化し，人々
は居住地と勤務地との間を移動（通勤）するようになる（社会流動）。モノや情報
も広い圏域で流通するとともに，貨幣経済が浸透し，農村社会段階では常識だ
った現物交換経済や相互扶助の役割が縮小してくる。人々の共同生活の実態は

見えにくいものとなり，共同生活を支えてきた物的・組織的基盤も弛緩する。さらに都市的施設や都市的生活様式が全国に普及し，流通や情報技術の発展もあって，農村的な地域でも意識・生活としては都市と変わらない状況が生まれる。加えて2005年前後に進展した「平成の市町村大合併」（これにより日本の自治体総数は3000超から1800程度へとほぼ半減した）によって広大な市域を持つ市が多く生まれ，2021年10月時点で日本の人口の91.8％が（町村ではなく）「市」に居住している。

　このような都市化の進展とは，マクロに見ると「都市体系（都市システム）」と言われる都市間のピラミッド構造が発達することでもあった。GCRが，なかんずく東京圏が，このピラミッド構造の頂点に立つことになる。行政は国を頂点とし都道府県を媒介して市町村に至る指揮命令系統の影響を受けやすくなる。学校や商業機関・事業所も全国レベルに組織され，本社や本庁のある東京を頂点とする法的・人事的・財政的統制を受けやすくなる。他方，札幌・仙台・広島・福岡などの地域経済は，それぞれ北海道圏・東北圏・中国四国圏・九州圏という広域圏を統括する諸企業支店が立地し，多くの従業員が働くことで維持されている側面があり，こうした状況を一般に「支店経済」と称する。ピラミッド構造化や支店経済化が進展すると，都市は東京を理想として設計されるようになるから，地方都市において「目隠しされて駅を降りたら，どの都市か分からない」とも言われるように画一化が進む。駅舎の設計や駅前ロータリーの風景がどこでも同じと感じたことはないだろうか。

　しかし他方，GCRとりわけ製造業の集積が厚い東京圏（図表4-3を見よ）と，それ以外の地域との格差は1990年代頃から顕著に拡大した。グローバリゼーションの影響を受け，非GCR地域では経済基盤を提供していた産業・工場が突然撤退する（地域産業の空洞化）とか，大規模スーパーマーケット（General Merchandizing Store, GMS）に客を奪われた商店街が衰退するなどのトレンドが明確になってくる。こうして繁栄するGCRと衰退するその他の圏域との格差は21世紀に誰の目にも見えやすいものとなった。

図表4-3　東京圏における製造業の集積（従業者1人当たりの
製造品出荷額等のメッシュ地図，2008年）

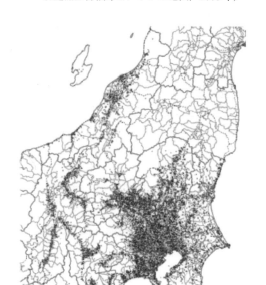

	1～1000
	1000～2000
	2000～3000
	3000～（万円／人）

出典：鎌倉夏来・松原宏（2014）「広域関東圏における地域産業
集積の変化と政策的課題」E-journal GEO 9（2）：41頁

<都市間競争とGCRの台頭>

　第2次世界大戦後の福祉国家体制においては，国土全体の産業の平準化を促
進し，国内での不均等な発展を抑制するような政策がとられてきた。日本の場
合，国土総合開発法に基づいて5度策定された「全国総合開発計画（全総）」に
おいて「国土の均衡ある発展」が謳われ，交通網の整備や産業基盤整備などが
GCRに偏らないような配慮がなされていた。これは日本のみならず西欧諸国で
展開された政策で，「フォーディスト＝ケインズ主義的体制」とも呼ばれる。

　しかし，1970年代以降の不況下で，各国政府は政府支出の合理化を迫られ，地方への中央からの補助金は削減された。西ヨーロッパでは地方自治体が地元で集めた税金や料金・利用料などの税外収入に依存する傾向が強まった。大都市やリージョンでは，国の補助金にさらに依存しないよう「下からの経済成長」を目指す様々な「自助努力」戦略が盛んに行われるようになった。「都市間競争の時代」がキャッチフレーズとなり，起業家的・競争力重視の政策が地方レベルでも打ち出されるようになった。欧州連合（EU）が拡大発展し欧州域内の共通市場が成立してきたことは，このような傾向を助長した。すなわち各都市が国境を越えて投資を惹きつけるために競争し，成果を収めた場所がEU・国家・州などの補助を受けるということになる。リージョン化（regionalization）や地域ブランディングが政策として普遍化していった。ヨーロッパで成功したGCRを結ぶと，イングランドから北イタリアに至るバナナ状の地域になるということで，地理学者のR. ブルネが提唱した「ブルーバナナ論」がもてはやされた。

　世界的にも，特定のGCRが国家の経済成長を牽引する傾向はICT化が進む中で顕著となってきた。中国の深圳デルタ地域や，アメリカ合衆国のシリコンバレーなどは，IT産業が集積する成長エンジンである。21世紀のテック・ジャイアント（IT技術界の巨人）と言われるGAFAM（Google, Apple, Facebook, Amazon, Microsoft）は，全てカリフォルニア州が拠点である。逆に言うと，20世紀にアメリカ産業の中心だったはずのデトロイト・シカゴなど伝統的製造業中心の都市は失業・財政破綻等に苦しんでいるということであり，これら衰退都市は「ラストベルト（Rust Belt, さびついた地帯）と呼ばれ，白人労働者層の不満が鬱積している。こうした不満が2016年大統領選挙においてドナルド・トランプ氏が突如浮上し当選した，「トランプ現象」の背景にあることはつとに指摘されている。

3．日本における地方制度改革と大都市の台頭

　前節では主として日本の都市化の様子を概観したが，本節では地方（自治）制

度の設計および現実の変化という観点から戦後史を素描してみよう。基本的に，1980 年代以降の競争力重視政策は，日本の大都市においても，ますます適用されるようになっている。

< 1980 年代からの行財政改革・制度改革＞

　第 2 章で見たように，1960-70 年代の地方政治においては，いわゆる「革新自治体」による福祉・環境政策の進展が見られた。しかし，支出増による財政危機への批判などもあり，低成長時代の到来もあいまって 1980 年代になると行政経営手腕を旗印にした官僚出身の知事・市長が目立つようになる。行財政改革による補助金削減・アウトソーシング化や利益団体の取捨選択による再編が図られた。これを佐藤俊一は自公民を中心とする〈小さな自治体〉連合と呼んでいる。

　さらに 1990 年代に入ると，熊本県知事から一気に総理大臣となった細川護熙政権下で地方分権論議が盛り上がった。1995 年には地方分権一括法が制定され，中央と地方の上下関係を定義していた機関委任事務が形式的に廃止された。2000年代には三位一体改革（① 国庫補助負担金の廃止・縮減　② 税財源の移譲　③ 地方交付税の一体的な見直しのことで，当時の小泉純一郎政権のスローガンであった）を実行した。しかし，改革は補助金の廃止・縮小や 4.4 兆円政府の交付税の支出削減（3 年で 3 兆円規模）など中央政府に都合の良い施策が優先して行われ，3 兆円規模の所得税の財源の地方への委譲は行われたものの，補助金改革においては地方が要求した案について 12.1％しか実行されなかった。

　三位一体改革と並行して政府が行ったのが，半ば強制的な市町村合併政策であった。政府は合併支援のための期限（2005 年 3 月）付きの各種財政支援措置と小規模市町村への交付金削減措置の飴と鞭の政策を利用して，急激な市町村合併を誘発した。全国の市町村も，三位一体改革による地方交付金の抑制（平成 16 年から 18 年の間で 5 兆円抑制）によって財政が疲弊していたことから，平成の大合併は全国的にブームとなった。これにより，全国の市町村数は 1999 年から 2006 年の間に 3232 から 1821 にまで減少した。この合併政策の目的は東京一

極集中や少子高齢化に耐え得る，また新しい時代の地方分権に相応しい自治体の行財政基盤強化を行うこととされていた。政府は政令市・中核市になる要件を緩和，特例市の新設によって，都道府県から市町村への権限譲渡をさらに加速させた。地方制度調査会は新たな地方政治の問題として，「都道府県の存在意義の低下」をあげ，都道府県の存在意義は 20 世紀よりも構造的に低下し，その役割や位置付けの再検討を図る必要が新たに生まれていると主張している。これは後で触れる道州制（都道府県の合併）を含意する主張だが，かといって積極的に再編が必要な根拠を提示できているかは微妙である。

　ともあれ，国との相対的な比較で力をつけた政令市などの大都市は，独自の政治的力を持ち，中央政府に対しての発言力を高めていく傾向がある。

＜ジェントリフィケーション＞

　大都市が力をつける傾向は，都市景観にも表現される。平成に入ってから地方都市の衰退が目立つ一方で，大都市中心部には高層建築物が林立するようになっている。かつ，それら新築建築物は小綺麗なファサードや街並みとセットで再開発されることが多く，周辺には瀟洒なカフェ・レストランなどが立ち並ぶ。この現象が既存の低層住宅の居住者を追い出す状況とセットになる場合，ジェントリフィケーション（富裕化）と呼ぶ。オリンピック招致などのメガイベントを駆動力にしてこのような都心再開発が進む場合も多く，東京オリンピック 2020 をめぐっては国立競技場近くの霞ヶ丘アパートが，かなり強引に取り壊され再開発された事実が報道されている。こうした富裕化に対する反対運動も起きているが，それについては第 2 章で触れた。

　ジェントリフィケーション（富裕化）は 1960 年代から米英などで起きている現象ではあったが，東アジアでも 21 世紀になってから本格化したものである。都市の時代の到来が，都市景観的にも表現されていると言える。先述のように，このような高層化・富裕化の背後には都市計画の規制緩和等をめぐる政治過程があり，重要な研究対象である。少し昔のことにはなるが，このような政策転換を行った小泉純一郎政権時の政治過程を，例えば概観してみよう。都市再生

特別措置法（2002年）に基づき設置された都市再生本部は，「都市再生緊急整備地域」を指定し，同地域内では，「既存の計画規制に縛られない民間主導の開発を許可する」こととなった。その他同法に定められている内容は，「地権者の2/3以上の同意が得られれば，用途地域・容積率・日照率などの規制をすべて撤廃し，自由に計画を提案実施できる」「事業者が再開発の提案を行った場合，それを受理した都道府県は半年以内に新たな都市計画決定を行わなければならない」などである。五十嵐敬喜らはこれを「建築無制限の時代」と呼んでいる。2002年に挙行された六本木ヒルズ上棟式において，石原伸晃行政改革担当大臣が「規制が多すぎるから完成までに17年もかかると森社長に叱責された。これからは，都市再生法もできたので，もっとスピーディに開発ができるようになる」と挨拶している。都心部で民間資本が開発意欲を高めた場所について，地方自治体ではなく国が直接介入して規制緩和を進め，経済成長のエンジンにするというスキームが，このとき確立したのである。都市政治が国政と直結するダイナミズムがここにも読み取れる。

4．空間的分極化とリージョナリズムの今後

＜分極化の進展＞

前節で見たようなGCRへの集中やGCR内でのジェントリフィケーションといった傾向から様々な格差が生まれることは直観的に理解できるだろう。活況を呈するGCRと衰退する地方周縁部の国内格差，中心都市とその周辺後背地のリージョン内格差，富裕・高級化した都心部と不利益を被る排除された地区とのGCR内格差などとして誰の目にも見えるものになった。

こうした地域的分極化についても，21世紀に入ってから多くの指摘がなされるようになった。橋本・浅川らの『格差社会と都市空間』は視覚的にも分かりやすく東京圏内の分極化構造を描きだしているので参照するとよい。基本的には都心に近い部分に富裕層が集まり，周辺部は低所得層が多いという同心円状の構造をなすようになっている。都心部に富裕層が集中する傾向は21世紀にな

ってから強まっており，これは明らかに前述した都心部の高層化とジェントリ
フィケーションの影響である。他方，都心部でも排除されたホームレスの人々
が見られるなど，斑模様になっている部分もある。

　リージョン間の不平等についてはどうだろうか。高度成長期にも「国土の均
衡ある発展」の名の下に覆い隠されていた不平等は存在していた。その職業構
成に，もともと大きな差異があったことは図表 4-4 から明らかである。

　図表 4-4 はあくまでも都道府県単位のデータを集計したものである。20 世紀
当時は統計の作表はもちろんデータ収集・集計にも大変な手間が必要で，図表
4-4 に表現されるような数字を得るのは大変なことだった。しかし近年では統
計が市町村単位でも整備され電算化されてきたので，よりピンポイントで状況
変化を確認できるようになった。

　図表 4-5 は，筆者が 10 政令市別に官庁統計データを整理・集計したものであ
る（近年政令市は増加しているが，2003 年時点で政令市であった札幌・仙台・さいたま・
千葉・名古屋・大阪・京都・広島・北九州・福岡の 10 市に限定して作表している）。図

図表 4-4　地域別に見た階級構造の相違

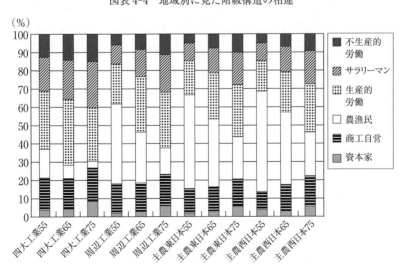

出典：酒井（1982）にあるデータを著者がグラフ化

表4-5の最初の3行は各市の地方税収入を当該年の住民数で割った「1人当たり地方税収入」である。上述した大都市化・GCR化の状況を反映して，全ての市において地方税収額は増加している。

　図表4-5の中間の3行で示されているのは，各自治体が各年に得た地方交付税交付金収入である。他章でも解説があったように，地方交付税交付金は税収が豊かな自治体には交付されにくい仕組みになっており，川崎市やさいたま市のように東京圏GCRに位置する自治体の交付額の絶対値の少なさが目を引く。図表4-5で確認したような製造業の集積による法人税収が豊かなためであると推測できる。これに対して，地方交付税交付金収入の絶対値が大きい札幌市や神戸市・京都市は，比較的，地方交付税交付金に依存した自治体財政になっていることが分かる（その頼みの綱が，上記した国の三位一体改革を反映して近年減らされていることも確認できる）。注目すべきは大阪市の数字で，もともと京都市と同程度に地方交付税交付金に依存していたところ，2003年と2020年を比較したとき交付税交付金額は半分以下の42％に減少している（これほどの減り方をしているのは他に川崎市・名古屋市だが，前述のように両市はもともと地方交付税交付金を当てにしていない）。この変化は大阪がGCR化して財政基盤を強化した結果——川崎市と同様に交付税を当てにしなくてよくなった結果——なのだろうか。図表4-5の一番下の3行を見ると，そうとは言えないことが分かる。2006年から18年にかけて他の9市で全て市民所得が伸びているところ，大阪のみが92％というマイナスの伸び率であり，1割近く，1人当たり市民所得の数字を落としている。もともと，1人当たり市民所得の絶対値は他の10市中で一番高いので，大阪市民の心理状態を「相対的剥奪感が高い」（時系列的に，あるいは他都市と比較したときに，割を食っている印象が強い）と表現することができる。

　このように，GCR間でも格差が生じており，大阪は21世紀に入ってからの政治経済の変化を受けて「割を食っている」状態であることが統計から確かめられる。この相対的剥奪に対する不満は，大阪GCRとりわけ北摂地域の中間層を中心とする有権者の潜在的な不満の源泉となったと考えられる。維新の会が「大阪の利害を代表する政党」と認知されて支持を集めたことは善教将大ら

図表 4-5　10 政令市の地方税、地方交付税交付金、市民所得とその変化

	年次	札幌市	仙台市	さいたま市	千葉市	横浜市	川崎市	名古屋市	京都市	大阪市	神戸市	広島市	北九州市	福岡市
住民1人当たり地方税収入	2020	169,980	199,527	207,463	210,903	223,394	237,533	254,938	202,185	270,549	200,285	197,166	185,932	211,530
住民1人当たり地方税収入	2003	141,783	167,653	166,641	179,708	190,969	204,117	210,366	159,535	235,899	168,536	175,461	148,542	182,883
2003→20 の伸び率		120%	119%	124%	117%	117%	116%	121%	127%	115%	119%	112%	125%	116%
地方交付税交付金収入	2020	106,689	23,376	6,605	13,204	23,211	355	4,817	54,851	33,867	72,260	46,575	63,660	33,823
地方交付税交付金収入	2003	115,692	34,492	5,893	5,781	50,157	852	20,957	97,273	80,475	119,313	52,963	77,027	63,094
2003→20 の伸び率		92%	68%	112%	228%	46%	42%	23%	56%	42%	61%	88%	83%	54%
住民1人当たり市民所得	2018	2,801,127	3,397,034	3,277,326	3,216,423	3,348,581	3,724,604	3,092,216	3,178,701	4,409,803	3,310,980	3,397,590	2,947,463	3,340,569
住民1人当たり市民所得	2006	2,738,863	2,945,802	3,152,569	3,139,199	3,099,391	3,457,619	3,686,679	2,921,086	4,773,989	3,039,792	3,148,141	2,785,812	3,323,270
2006→18 の伸び率		102%	115%	104%	102%	108%	108%	106%	109%	92%	109%	108%	106%	101%

（注）1. 単位円。地方交付税のみ単位百万円。
2. 住民1人当たり地方税収入は、総務省「地方財政統計年報」各年版の数字を、2000 年および 2020 年国勢調査人口で割った数字。
3. 地方交付税交付金額は総務省「地方財政統計年報」各年版による。
4. 住民1人当たり市民所得は、各市発表の市民経済計算表中の市民所得（要素表示）を当該年 10 月 1 日現在の住民基本台帳人口で割った数字。

によって確かめられている。

<道州制論から地域政党の台頭まで>

　道州制論とは最大公約数的に定義するならば「現行の都道府県を大括りの道
や州に再編する構想」（田村秀）という漠然としたものである。道州制論の発端
は明治時代にまで遡り，最近では小泉政権期に地方制度調査会などで議論が盛
り上がった。この地方制度調査会「道州制のあり方に関する答申」（2006年）に
よれば，環境対策，自然災害，インバウンドツーリズム，また大学や企業が，
海外の諸地域と連携を図るグローバルな取り組みも増えているという現代的諸
課題を踏まえ，規模が小さく，権限や財政も20世紀より縮小している都道府県
の単位で対応することは非効率という指摘が紹介され，「都道府県の区域を越え
る広域の圏域を単位として，広域的に分散する機能や資源の相互補完的な活用
を促進する施策を講じることによって対処することが必要である」と主張して
いる。

　しかし2010年代以降，道州制論は低調である。低調になった原因として，現
行の都道府県を再編したあとの未来図や，そのメリットが具体的・説得的に提
示されなかったことがある。上記の地方制度調査会答申においてもそうだが，
「課題に広域的に対処」することで自治体や住民にどんなメリットがあるか，ど
の唱道者も明確に提示できていない。したがって「規模の利益のために行われ
る広域行政より，むしろ現行の基礎的自治体よりも狭い範囲での狭域行政の整
備こそ必要」という反論も成立するし，じっさい全国町村長会は後者の主張を
支持している。そもそも，道州制論と言っても論者によって提言内容が相当に
異なることも，重ねて注意しておきたい。

　他方，21世紀において政治的に重大な意味を持つ現象として立ち現れたのは
地域政党の台頭，典型的には「大阪維新の会」（国政政党としては「日本維新の会」）
の急成長である。維新の会は2022年の参議院選挙の比例票においては，自民党
に次ぐ得票を得て，日本の国政政治におけるキャスティング・ボートを握った。
また，小池百合子は衆議院議員から東京都知事に転じたのち，自らが率いる政

党「都民ファーストの会」を立ち上げ，知事就任後の最初の都議会議員選挙（2017 年 7 月）では旋風を巻き起こして都議会の主導権を握った。

　維新の会・都民ファーストの会どちらの政党の伸長についても，背景には本章で論じてきた大都市化・GCR 化という変化があることは，いまや読者に理解しやすくなっただろう。GCR は日本政治において，ますます無視できない現象となっている。2014 年に国土交通省が発表した『国土のグランドデザイン 2050』では，リニア新幹線によって接続された三大都市圏が「スーパー・メガリージョン」として日本の成長エンジンとなるという構想が描かれている。保守的な非大都市諸県が選挙の帰趨を握るとされてきた高度成長期の常識とは異なり，日本政治は大都市中心に動かされるものへと変化したのである。

お わ り に

　本章では世界経済を駆動する GCR とリージョナリズムという現象を軸に，大都市を舞台に展開される「スケールの政治」というべきダイナミズムを明らかにしてきた。GCR（Global City-Regions）と大都市および大都市圏リージョンの伸長は，世界的な都市化と福祉国家後退の流れを受けたものである。その結果，都市内外の様々なレベルでの不平等は拡大している。この拡大を後押しするジェントリフィケーションなどの動きはそれ自体，都市政治過程によって生まれたものであることを解説してきた。こうして日本においても，都市政治が中央政治に及ぼす影響はますます強まっている。

　他方，大都市圏ではない後背地（hinterland）・過疎地（depopulated area）は 21 世紀に入ってますます，政治経済的に苦しい立場に追い込まれている。本書の性質から言ってこれらの地域に紙幅を割くことはできないが，関係人口論など注目すべき動きもこれらの地域に見られることは最後に言及しておきたい。最後の論点に興味がある読者は，藤山浩・小田切徳美らの最新の書籍・論文を参照するとよい。

参 考 文 献

五十嵐敬喜・小川明雄（2003）『「都市再生」を問う―建築無制限時代の到来』岩波新書

岩見良太郎（2016）『再開発は誰のためか―住民不在の都市再生』日本経済評論社

遠藤宏一・亀井孝文（2012）『現代自治体改革論―地方政治，地方行財政，公会計のこれ
　　から』勁草書房

柑本英雄（2014）『EU のマクロリージョン―欧州空間計画と北海・バルト海地域協力』
　　勁草書房

酒井恵真（1982）「国民社会の不均等発展と階級構成の変化」布施鉄治・鎌田とし子・岩
　　城完之編『日本社会の社会学的分析』アカデミア出版会

佐藤俊一（1997）『戦後日本の地域政治』敬文堂

スコット，アレン・J.（2004）『グローバル・シティ・リージョンズ―グローバル都市地
　　域への理論と政策』（坂本秀和訳）ダイヤモンド社

善教将大（2018）『維新支持の分析―ポピュリズムか，有権者の合理性か』有斐閣

田村秀（2004）『道州制・連邦制―これまでの議論・これからの展望』ぎょうせい

橋本健二・浅川達人編（2020）『格差社会と都市空間―東京圏の社会地図 1990-2010』鹿
　　島出版会

ブレナー，ニール（2023）『新しい都市空間』（林真人ほか訳）法政大学出版局

【用語解説】

○ Global City-Regions

　中国の深圳デルタ地域や米国シリコンバレーなどを典型として，中核都市とその周辺
地域に産業集積が進み，グローバルに大きな影響を及ぼすに至った都市圏を指す。

○都市間競争

　規制緩和が進み国家の存在感が後退する中で，あるいは EU のような超国家的組織が
生まれる中で，投資や人材を呼び込むために国家ではなく都市間の競争が激化する現象
を指す。

○リージョン／リージョナリズム

　GCR が台頭し，また各種の地方制度改革が進む中で，国家（state）より下位の広域圏
（region）も政治単位としての重要性を増している状況を指す。

○道州制

　日本では「平成の市町村大合併」前後から，現在の都道府県よりも広域な統治単位を
設定して権限を集中させるべきという議論が登場し，一般に道州制構想と呼ばれる。

○ジェントリフィケーション

　都心部の再開発に伴い，従来居住していた低所得層やマイノリティが追い出され，街並みが富裕化し中産階級に取って代わられる現象をいう。1980年代以降，世界の大都市で等しく観察される。

第5章　自治体選挙と地域政党

牛 山 久仁彦

は じ め に

　本章の目的は自治体の選挙と政党の構造を概説し，政党相乗りと地域政党の台頭の意味について説明することである。政党相乗りと地域政党の検討を通じて都市政治における「協調」「扇動」「対立」「連結」の構図を分析する。第1に自治体の選挙の構造を説明する。第2に地方レベルの政党の構図について検討する。第3に自治体選挙における政党相乗りの論理と実態について説明する。第4に地域政党に焦点を当てて自治体選挙の構図を変える可能性について検討する。

1．自治体と選挙

＜選挙と投票＞

　有権者は選挙の投票により候補者を選択することを通じて政治的意志を示し，主権を行使する。この政治的行為を通じて政治家を信託し，選挙は民主主義の基本行動となっている。

　投票者に関しては2つの考え方がある。第1は未来の可能性に投票するという考え方であり，「保育費用を無料化すべきか」「駅前開発を進めるべきか」などの選挙の争点に沿って投票するので，争点（政策）投票ともいわれる。各政党・各候補者のマニュフェストをめぐって政治的に競争がおき，有権者が選択するというものである。第2は過去の成果に成績をつける形で投票するという

考え方であり，これを業績投票という。現役の候補者は実績を強調するが，この実績が有権者の採点する成績の基本となっている。

　実際には業績投票の方が有権者にとってわかりやすい。有権者が各政党の争点について正しく認知し，争点の優先度を理解し，その政党のマニュフェストが自分に近い政策なのかを認識することが，争点投票の考え方の前提である。しかし，これは現実的ではない。争点をめぐる政党間競争が起きるための条件のハードルが高く，業績投票の方が有権者の行動に近く，投票行動では一般的である。

＜国政選挙＞

　国政選挙の場合，イギリスやアメリカで採用されている選挙制度は小選挙区制度である。この選挙は二大政党制を促進しやすい。政策争点をめぐって政党間で政治的競争を行い，政権獲得による安定政権が実現し，政策転換がしやすい。候補者の選定を行う党執行部の権力は大きくなり，候補者の選定権や資金の交付は大きな政治権力手段となる。しかしながら，政権をとらなかった政党へ投票した人の政治的意志は死票となり，政党間の政策調整は難しい。中選挙区制度は同じ選挙区に同じ政党から複数の候補者が立候補するため，政党間競争と同政党間の中での派閥間競争が同時に行われることになる。

　大選挙区制度や比例代表制度はヨーロッパ大陸で採用されている選挙制度である。この選挙制度は多政党を促進し，連立政権を生み出しやすい。民意を反映しやすく，連立政権の中で政策調整が行われる。逆にいえば，政権は不安定であり，多数の政党の利益を政策へ反映させる結果，公共支出は拡大する傾向にある。

　日本においては小選挙区比例代表並立制が採用されており，小選挙区選挙と比例代表選挙が，同じ投票日に行われる。総選挙は，衆議院議員の任期満了（4年）の場合と衆議院の解散によって行われる場合がある。2022年現在で衆議院議員の定数は465人，うち289人が小選挙区選出議員，176人が比例代表選出議員となっている。ちなみに北海道は12の小選挙区に分かれている。後出する

首長の選挙よりも狭い選挙区で国政の代表が選出されているのである（図表5-1）。

　参議院の定数は2022年現在で248人，うち100人が比例代表選出議員，148人が選挙区選出である。任期は6年，参議院は衆議院のように解散はなく，定数の半数が3年ごとに入れ替わる。各県から2人選出されることが多く，人口の多い都道府県，つまり北海道から6人，東京都から12人，埼玉県から8人，千葉県から6人，神奈川県から8人，静岡県から4人，愛知県から8人，京都府から4人，大阪府から8人，兵庫県から6人，広島県から4人，福岡県から6人，また，鳥取県と島根県からは両県で2人，高知県と徳島県からも両県で2人が選出されている（図表5-2）。

図表 5-1　衆議院議員総選挙

衆議院議員小選挙区選挙
各都道府県別選挙区数
（定数289人）

小選挙区の区割りは，
国勢調査で調べた人口をもとに，
原則10年ごとに見直される。

出典：総務省 HP https://www.soumu.go.jp//senkyo/senkyo_s/naruhodo/naruhodo03.html（閲覧日：2022年8月31日）

図表5-2　参議院議員総選挙

出典：総務省 HP https://www.soumu.go.jp//senkyo/senkyo_s/naruhodo/naruhodo03.html（閲覧日：2022 年 8 月 31 日）

＜自治体選挙＞

　首長選挙，つまり都道府県知事選挙と市区町村長選挙は1人を選ぶ選挙であるが，議員の場合はやや複雑である。都道府県議会議員選挙において，市区町村の場合は一般市町村または複数の市区町村の合区が選挙区となり，指定都市の場合は行政区を合わせた選挙区の設定が可能となっている。定数は選挙区ごとに定められ，1人区，2人区，3人区，4人区，5人区以上の定数の選挙区がある。半数以上の選挙区が1人区の小選挙区制度である。つまり，自治体選挙は，小選挙区制・中選挙区制・大選挙区制が複数存在する混合の形態なのである。

　都道府県議会議員選挙は，1つまたは複数の市区町村を選挙単位とする大選挙区制・中選挙区制・小選挙区制であり，政令市は1つの区または複数区を単

図表 5-3　2019 年統一地方選 都道府県議会議員選挙における無投票選挙区数の状況

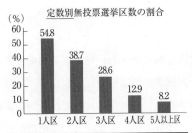

定数別無投票選挙区数の割合

選挙区種別	選挙区数	無投票選挙区数	無投票選挙区割合
1人区	372	204	54.8%
2人区	300	116	38.7%
3人区	126	36	28.6%
4人区	62	8	12.9%
5人以上区	85	7	8.2%
合計	945	371	39.3%

地域別無投票選挙区数の割合

地域別	選挙区数	無投票選挙区数	無投票選挙区割合
指定都市	163	40	24.5%
市	645	250	38.8%
町村	137	81	59.1%
合計	945	371	39.3%

※「指定都市」「市」は, 町村が選挙区に含まれている場合を含む。
※第 2 回(2019年 8 月30日)参考資料

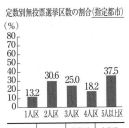

定数別無投票選挙区数の割合(指定都市)

選挙区種別	選挙区数	無投票選挙区数	無投票選挙区割合
1人区	38	5	13.2%
2人区	62	19	30.6%
3人区	44	11	25.0%
4人区	11	2	18.2%
5人以上区	8	3	37.5%
合計	163	40	24.5%

定数別無投票選挙区数の割合(市)

選挙区種別	選挙区数	無投票選挙区数	無投票選挙区割合
1人区	250	142	56.8%
2人区	197	77	39.1%
3人区	73	22	30.1%
4人区	48	5	10.4%
5人以上区	77	4	5.2%
合計	645	250	38.8%

定数別無投票選挙区数の割合(町村)

選挙区種別	選挙区数	無投票選挙区数	無投票選挙区割合
1人区	84	57	67.9%
2人区	41	20	48.8%
3人区	9	3	33.3%
4人区	3	1	33.3%
5人以上区	0	-	-
合計	137	81	59.1%

出典：地方議会議員の選挙制度について（関係資料集）　https://www.soumu.go.jp/main_content/000694179.pdf（閲覧日：2022 年 8 月 31 日）

位とした大選挙区制または中選挙区制である。政令市を除いた市区議会議員選挙の場合，市区単位での大選挙区制度となっており，町村議会選挙では大選挙区制または中選挙区制である。

このような選挙の「制度」は様々な政治的帰結を生む。後述する相乗り候補の多発は首長選挙の制度的帰結であり，大選挙区制度の市区議会議員選挙は一定数の票を確保すれば当選し，倍率も低いので他の選挙に比べて比較的当選確率が高い。多様な党派で議席を構成することも多い。それに対して小選挙区制をとっていることの多い都道府県議会議員選挙は，保守系の議員が強く，多数派与党を形成することが多い。

一方において，2019年度の統一地方選挙においては，都道府県議員選挙の約40％が無選挙区（指定都市24.5％，市38.8％，町村59.1％）となっており，政治的競争がない選挙なのが実情である。立候補者に占める女性比率は12.7％，当選者に占める女性比率は10.4％と，政治家に占める女性比率は国政と同様に地方においても低い。

他方において過疎地域においては議員の担い手が確保しにくい実情がある。収入が低く，農業などの一部の職業を除いて兼職が認められていないためである。兼職は他国においては認められている国もあるので，この兼職禁止の厳格運用は日本の特色の1つである。

2．自治体と政党

＜政党の機能＞

政党は社会の意思を政治へ媒介・転換する政治制度である。

近代政党は地域の名士が政治家となることが多かったかつての名望家政党と異なり，第1に政治を志す人を政治家として輩出する機能を果たしている。また政府へ政権与党として政治指導者を排出する機能も果たす。第2に政策形成機能である。これは2つの機能に分かれる。企業，業界団体，労働組合，国民から利益を吸い上げる機能が利益表出機能であり，数多くの利益を調整してま

とめるのが利益集約機能である。第 3 に政治教育の機能である。選挙，議会などで討論の機会を提供し，政治的社会化が促進され，政治的価値観や政治的態度が形成される。

このように政党は近代において重要な政治過程の一翼を担ってきたが，近年はマスメディア，労働組合，NPO などが社会において媒介的機能を果たすようになり，政党の重要性は低下している。「社会集団の政治機能」が大きくなり，政党の相対的な位置づけは低下していることは課題である。

＜政党にみる中央と地方＞

候補者の選定，選挙資金の交付などで政党の果たす役割は中選挙区制度の時のそれよりも小選挙区制度の下で大きくなり，小選挙区制の導入は政党の集権化をもたらしたといわれている。小選挙区制度が導入されているイギリスにおいて，候補者は中央からパラシュートのように降下し，政党の看板を背負って政党間競争の役割を果たしている。政党本部の力が強いイギリスでは，政党の候補であれば「豚でも当選できる」などと揶揄されることもある。

しかしながら，日本の与党は連立政権のため，候補者の選定で連立与党の意向が地方までいきわたっているかというと，かならずしもそうはいえない。各選挙区の事情に大きく左右されるためである。地方議員は国政選挙で票を獲得するための選挙マシーンとして機能するが，そのマシーンとして機能する際の政治的存在は中央政界にとっても無視できないものである。

たとえば，中央政界は自由民主党と公明党が連立政権を形成しているが，2022年の東京都政において公明党は与党，自由民主党は野党として機能しており，政党間の関係は中央と地方でねじれの現象がみられる。中央政界で自由民主党が他党と政策協調し，地方選挙区では他党候補者を推す自由民主党本部と自由民主党候補を推す地方支部とが対立することもありうる。

自治体選挙は国政と異なり，大選挙区制，中選挙区制，小選挙区制の多様な選挙制度で運営されているために，首長や議会による地方政治の党派構成が国レベルとは異なる。とくに政令市を除く都市部の市区議会議員選挙は大選挙区

制度で実施されているために，都市政治を構成する党派が多様であり，無党派
も多い傾向にある。

＜地域政党の台頭＞

　地域政党とは地域における特定テーマの実現を目的とした政治団体を意味す
る。他国においては，カナダにおけるケベック州の分離独立を主張するブロッ
ク・ケベコワ，イギリスのスコットランドにおける独立を目指すスコットラン
ド国民党，イタリア北部の分離・独立を主張する同盟が有名である。それらは
地方と国レベルの両方に議会議席を有する地域政党である。日本においては20
世紀末から地域政党は増加し，現在様々な地域政党が日本各地に存在する。こ
こではそれらの地域政党の中から，大阪維新の会，減税日本と都民ファースト
の会，沖縄社会大衆党について概説しておく。

　大阪維新の会は今や地域政党の代表格として語られるが，2010年橋下徹大阪
府府知事が大阪都構想を掲げてその実現を図るために結党した。結党時は大阪
府知事のほかに，大阪府府議，大阪市市議，大阪府内の保守系市議が主な構成
員の地域政党である。その後，国政政党である日本維新の会を設立した。2015
年と2020年に住民投票を行ったが，共に反対多数となり，大阪都構想は否決さ
れた。

　減税日本と都民ファーストの会も首長主導の地域政党である。減税日本は河
村たかし名古屋市長が減税や議員報酬削減を掲げて設立し，国政レベルでは日
本未来の党に所属する議員が衆議院議員総選挙に臨んだが，全員落選し，再び
地域政党である減税日本を拠点に活動している。都民ファーストの会は2017年
に小池百合子東京都都知事が都知事選挙で掲げた政策を実現するために設立し，
都議会第一党となった。その後2022年に国民民主党と連携し国政に候補者を擁
立したが落選し，地域政党として活動している。

　沖縄社会大衆党はアメリカ占領下の1950年に結成され，平良辰雄，兼次佐
一，比嘉秀平，西銘順治，平良幸市らが党員を構成した。琉球政府行政主席，
沖縄群島知事，沖縄県知事，那覇市長，国会議員などを歴任した人たちから構

成され，保守から革新まで幅広く人材を擁した。しかし沖縄本土復帰運動を契
機にして保守層が離党し，左翼層が沖縄人民党に合流し，現在の革新色の強い
政党へと移行した。沖縄社会大衆党は所属する国会議員や首長を中心として活
動してきたが，2022年では参議院議員の高良鉄美（国会会派は沖縄の風），県議
会議員，那覇市議会議員，西原町議会議員から構成される地域政党として沖縄
の革新勢力を束ねる活動を行っている。これらについては後に詳しく考えてみ
たい。

3．政党相乗りの論理と自治体選挙

＜相乗りとは何か＞

「相乗り」とは特定候補を複数の政党が公認・推薦・支持することを意味す
る。地方の首長選挙や地方議員選挙でみられ，とくに首長選挙の多くは相乗り
候補となっているのが現状である。つまり地方の政治には政党間の競争があま
りみられないといってよい。

地域政治における政党の相乗りの状況には，時代ごとの地域政治の特徴が反
映されている。1960年代から70年代の後半にかけて，日本の地域政治を揺る
がす「革新自治体」の隆盛がみられたが，その際には，革新首長を支える社会
党や共産党などの国政野党が相乗りし，当選を果たす例がみられた。相対する
保守陣営は，それまで相乗りはせずとも，十分に単独政党（というより保守系）
で当選を果たすことができた。それに対して，革新首長は社会党や共産党単独
で当選を果たすことが困難で，首長候補個人の知名度や魅力をふまえた，国政
野党の相乗りで革新首長を誕生させてきた面がある。

それに対して，今日的な相乗りは，保守，革新という枠を超えて政党が相乗
りする構図が生まれ，一般化してきている。とくに，革新自治体が衰退してい
く中で，自民党に当時の国政野党であった，日本社会党，公明党，民社党など
が相乗りし，いわゆるオール与党体制を形成するところに，相乗りの特徴があ
る。なお，日本共産党は，そうした中にあって，相乗りに組する例が少ない。

　その意味では，1980年代以降の相乗りは，自民ないしは保守系を中軸とした非共産のオール与党体制を形成するものとなっているのである。

　こうした状況が生まれる背景には，革新首長が後退する局面で生じた政党間の関係も影響を与えてきた。革新首長の多くは，日本社会党と日本共産党の連携に，公明党，民社党が加わる形で当選を果たしてきた。先にみたように「革新」側の相乗りで，首長が誕生してきたわけであるが，革新自治体の退潮期には，この相乗りが崩れ，共産党を除く日本社会党等の政党が，自民ないしは保守系と相乗りする数が増加している。これが，ポスト革新自治体の時代に増加してきた相乗りの基本的な構図である。

　それでは，自治体レベルの政治で相乗りが増加している要因について，どのような分析がなされているのか。名取良太は自治体首長がもつ資源の量と与野党の勢力関係が相乗り発生の要因であるとした。つまり，首長のもつ資源量が多いほど，与野党の勢力が拮抗しているほど，相乗り候補者が発生しやすいというのである。また，河村和徳は相乗りが形成される理由として，分裂政府の状態を打開するための妥協，財源不足から生まれた共闘関係の2つをあげている。

　選挙は現職有利であり，首長選挙の場合も現職が立候補した場合には当選の可能性が高く，当選確率は80％以上である。そのため，野党としては政党間競争を行って自党の票を増加させる長期的利益を獲得するよりも，短期的視点に立って「勝ち馬」に乗る方が自党へ利益が配分される可能性が高い。「対立」の政治よりも，「協調」の政治を優先しているのである。

　首長は予算編成や条例制定において大きな権力を有し，現役首長と協調関係にあることは各政党にとって不利益にはならない。地方政治における二元的代表制では首長の優先的権限が設計されており，その制度的優位性も首長へ権力が集中しやすい構造を形成している。首長は交付金や補助金の交付で国政にも影響力を持ち，地域社会において敵に回すことの不利益は大きい。議員は予算提案権限を持たないので，常に首長へ予算要望書を提出しなければならない。首長としても，議会対策で自分に協力する政党による与党体制を確保する意味は大きい。首長選挙では特定の政党に所属せず，各党から推薦・支持を得る形

で選挙に臨むことが多い。そのためオール与党体制が自治体レベルの政治でしばしばみられる傾向なのである。

　こうしたことから考えると，今日的な相乗りの増加は，地域政治における対決型の政治を回避し，協調することで少ない資源を配分して安定的な自治体の政治運営を確保するために展開されているとみることができる。また，その背景には，戦前から伝統的に地方自治の非政治化が目指される中，そもそも地域に政治的対立を持ち込ませない集権的な意味合いが存在してきたようにもみることができる。相乗りの増加にみる，地域政治の特徴は，地方自治のあり方の問題とも密接に関連しているのである。

＜首長選挙の相乗り＞

　都道府県知事選挙においては，東京都知事選挙や大阪府知事選挙など一部の首長選挙以外は政党対決型の選挙は多くなく，ほとんどが相乗り選挙である。図表5-4のように，無所属が一番多く，その次に自由民主党を含む相乗りが多い。自由民主党と公明党の2党相乗りだけでなく，国政では野党となっている政党を含めて3党相乗り，4党相乗りの状況が生まれている。かつては2党相乗りが多かったが，3党相乗りや4党相乗りが急増し，相乗り傾向が強まっている。

　その一方で，政治情勢が変化する中で，相乗りや現職優位の状況に変化もみられる。これは，市区長選挙にもいえることだが，相乗りは1990年前後にピークを迎えたのち，減少に転じている。それに代わって増加したのが，政党に属さず，政党から推薦も支持も受けない純粋無所属候補である。背景には，国政において非自民政権が誕生し，のちの民主党などの勢力が相乗りから離脱し，対決を志向したことや，そもそも，政党離れが進み，政党の推薦支持を受けなくても当選が果たせる状況が生まれたことがある。

　ただし，図表5-4をみると，そうした状況にも陰りがみえ，2015年以降は相乗りによる当選が増え，その分，無所属が減少している。これは，国政与党として連立を組む自民党と公明党の連携が地域政治でも安定し，それにもともと

図表 5-4　都道府県知事選における政党「相乗り」状況

「相乗り」の状況	「相乗り」数	都道府県数				
		2013年	2014年	2015年	2016年	2017年
自民単独		3	3	0	0	0
自民を含む「相乗り」	2党	10	10	9	8	8
	3党	2	2	8	8	8
	4党	2	2	5	5	4
非自民単独		5	7	7	7	7
自民を含まない「相乗り」	2党	4	4	3	3	3
無所属		20	18	14	15	16
その他		1	1	1	1	1
合　計		47	47	47	47	47

（注）その他は大阪維新の会公認。
出典：牛山久仁彦（2018）「自治体首長選挙の動向と地域政治」『自治総研』第475号，19頁

相乗り志向が強かった民主系勢力が加わるという構図が生まれてきた結果といえる。相乗りは，民主党政権が崩壊し，自公連立政権が安定してきたころから，再び増加傾向にあり，市区長選挙も含めて，「相乗り回帰」の様相を呈している。

　市区長選挙においては，国政レベルで自由民主党と公明党の連立政権が成立している中で，基礎的自治体選挙においても自由民主党と公明党の相乗り選挙が増加している。市区長選挙においては，都道府県知事選挙同様に自公相乗りが顕著に増加しており，これに民主が加わるという相乗り構図が定着してきている。都道府県知事選挙，市区長選挙ともに「相乗り回帰」の兆候がみられており，これが地域政治に与える影響について，動向を注視する必要があろう。

　一方，都道府県知事選挙，市区長選挙共に「相乗り回帰」とは異なる状況が生まれている地域もある。それが，東京，大阪，愛知といった大都市圏における地域政党の動向であり，顕著な特徴をみせるのが大阪維新の会である。別にみるように，大阪維新の会は，自民，民主といった既存の政党とは異なる独自路線をとり，「大阪都構想」を掲げて自民，民主，公明らと対峙する選挙を行ってきた。その意味では，「相乗り回帰」とは一線を画しており，地域政治の活性

図表5-5　市区長の政党所属状況

年	98	99	00	01	02	03	04	05	06	07	08	09	10	11	12	13	14	15	16	17
市区町数	693	694	694	695	698	699	718	762	802	805	806	806	809	809	810	812	813	813	813	814
無所属	691	692	692	693	696	696	715	744	798	805	806	806	809	804	805	804	805	809	809	809
公認	2	2	2	2	1	3	3	2	2	0	0	0	0	2	3	4	4	3	4	4
（自民）	(2)	(2)	(2)	(2)	(1)	(2)	(2)	(1)	(1)	(0)	(0)	(0)	(0)	(0)	(0)	(0)	(0)	(0)	(0)	(1)

（注）2017 年の公認は，自民党（1），大阪維新の会（3）。

出典：牛山久仁彦（2018）「自治体首長選挙の動向と地域政治」『自治総研』第 475 号，14 頁

化をもたらしているといえる。見方によっては，革新自治体以前の地域政治における自民（保守系）一強と同様の観を呈しており，興味深い。東京都における都民ファーストの会や名古屋市における減税日本も同様の傾向をもつが，相乗り候補に打ち勝つような勢いは，維新ほどにはない。

　一方，革新自治体当時の革新首長型の選挙を行っているのは，沖縄県であり，これも先にふれたようにオール沖縄の結集によって相乗りを果たし，首長選挙に勝っていこうとする選挙戦略がみて取れる。ただし，こうした状況がみられるのは沖縄県に限定されており，地域的な状況が背景にあると思われる。

　町村長選挙においては，候補者の政党所属が明確ではなく，共産党など一部の政党推薦・支持しか明確なデータは存在しない。政党自身も町村長選挙では各候補者の推薦・支持状況を正確に把握していない現状があるためである。

　このような首長の相乗りが増加しているのと同時に，多選首長の増加，無投票当選の増加，投票率の低下という現象も生じている。相乗りとの関係は不明確であるが，これらを総合的に分析する必要もある。

＜無所属の議会議員＞

　6 割を超える市区議会議員が政党に所属しておらず，無所属候補として選挙戦を戦っている。小規模自治体で政党間競争の特色は薄かった。ただし，2007 年以降，市区議会は無所属議員が減少傾向になり，逆に自由民主党と公明所属議員が微増の傾向にある。市区議会の議員定数が削減される中で，議員はこれ

まで以上により多くの得票数を確保することが求められており，政党所属を明確にすることでより多くの有権者の支持を得ようとしている状況が2007年以降に生まれている。しかし，概して市区レベルにおいて政党色が非常に弱い実態には変わりはない。

　都道府県議会議員については，地域政党の存在する東京都議会や大阪府議会で都民ファーストの会や大阪維新の会が第一党となり，他の府県議会議員の相乗り傾向とは異なる傾向がみられる。逆にいえば，首長の率いる地域政党が議会の多数派を占めると，二元的代表制の下で自治体議会は首長の行政運営を厳正に監視し，首長と政策を競い合い，より良い政策を導いていくことはできない。

　ただし，東京都や大阪府の例は自治体の議会でも例外であり，自治体によっては保守の会派が複数に分かれていることもあり，議会による首長チェックが機能することもある。

　このように重要な地域政治のアクターが自治体議会であり，市区議会には多数の「政治家」がいる。図表5-6にみるように，2017年段階で1万4,950人の市区議会議員がおり，住民代表として地域政治における重要な役割を果たしている。市区議会議員の政党所属は，そこにみるように多くが無所属で，政党所属は，限定的である。公明党，共産党は政党所属を明言した選挙戦を行うが，自民や民主系は多くが無所属である。

　したがって，この表からだけでは，限定的な勢力図しか読み取ることができず，議員選挙の動向について明確に論じることはできない。一方で，他の様々な調査・研究結果，報道などをふまえると，大都市部，とくに政令指定都市における政党選挙の傾向が増大していることがみて取れる。これは政党の側にも，大都市における政党化を志向する姿勢があることがあり，今後の市区議会議員選挙の動向にも影響を与えることとなろう。

　そうした傾向に拍車をかけているのが，先にも触れた大都市圏における地域政党の動きである。先にみたように，大阪維新の会や都民ファーストの会など，地域政党を前面に掲げて選挙戦に臨む例が増えている。ただし，いずれも，かつての橋下徹大阪府知事・市長や小池百合子東京都知事らのような，人気の高

図表5-6　政党別市区議会議員数

	自民	民主	公明	共産	社民	無	民社	その他	合計
1998.4.30 現在	2,105		1,988	1,909	1,307	12,340	25	587	20,261
	(10.4)		(9.8)	(9.4)	(6.5)	(60.9)	(0.1)	(2.9)	(100.0)
								255 + 332	
								(1.3)　(1.6)	
1999.4.30 現在	1,944	568	2,056	2,052	586	12,225	—	306	19,737
	(9.8)	(2.9)	(10.4)	(10.4)	(3.0)	(61.9)		37 + 269	(100.0)
								(0.2)　(1.4)	
2000.4.30 現在	1,933	604	2,076	2,071	546	12,054	—	300	19,854
	(9.9)	(3.1)	(10.6)	(10.6)	(2.8)	(61.6)		21 + 279	(100.0)
								(0.1)　(1.4)	
2001.4.30 現在	1,921	631	2,102	2,062	541	12,053	—	293	19,603
	(9.8)	(3.2)	(10.7)	(10.5)	(2.8)	(61.5)		9 + 284	(100.0)
2002.4.30 現在	1,926	640	2,125	2,058	540	12,088	—	282	19,659
	(9.8)	(3.3)	(10.8)	(10.5)	(2.7)	(61.5)		(1.4)	(100.0)
2003.4.30 現在	1,861	648	2,194	1,926	461	11,954		286	19,330
	(9.6)	(3.4)	(11.4)	(10.0)	(2.4)	(61.8)		(1.5)	(100.0)
2004.4.30 現在	1,869	666	2,232	1,941	442	12,754		283	20,187
	(9.3)	(3.3)	(11.1)	(9.6)	(2.2)	(63.2)		(1.4)	(100.0)
2005.4.30 現在	1,884	681	2,344	2,120	443	16,464		277	24,213
	(7.8)	(2.8)	(9.7)	(8.8)	(1.8)	(68.0)		(1.1)	(100.0)
2006.4.30 現在	1,897	722	2,451	2,238	437	18,093		280	26,118
	(7.3)	(2.8)	(9.4)	(8.6)	(1.7)	(69.3)		(1.1)	(100.0)
2007.4.30 現在	1,828	938	2,345	2,065	381	14,928		229	22,714
	(8.1)	(4.1)	(10.3)	(9.1)	(1.7)	(65.7)		(1.0)	(100.0)
2008.4.30 現在	1,807	965	2,334	2,042	370	14,491		223	22,232
	(8.1)	(4.3)	(10.5)	(9.2)	(1.7)	(65.2)		(1.0)	(100.0)
2009.4.30 現在	1,752	988	2,336	2,041	361	14,140		214	21,832
	(8.0)	(4.5)	(10.7)	(9.3)	(1.7)	(64.8)		(1.0)	(100.0)
2010.4.30 現在 〈修正後〉	1,705	1,031	2,347	2,040	350	13,802		220	21,495
	(7.9)	(4.8)	(10.9)	(9.5)	(1.6)	(64.2)		(1.0)	(100.0)
2011.4.30 現在 〈修正後〉	1,593	1,010	2,318	1,894	294	13,102		494	20,705
	(7.7)	(4.9)	(11.2)	(9.1)	(1.4)	(63.3)		(2.4)	(100.0)
2012.4.30 現在	1,607	991	2,316	1,870	284	12,921		532	20,521
	(7.8)	(4.8)	(11.3)	(9.1)	(1.4)	(63.0)		(2.6)	(100.0)
2013.4.30 現在	1,617	947	2,320	1,847	276	12,739		567	20,313
	(8.0)	(4.7)	(11.4)	(9.1)	(1.3)	(62.7)		(2.8)	(100.0)
2014.4.30 現在	1,672	889	2,322	1,837	265	12,452		593	20,030
	(8.3)	(4.4)	(11.6)	(9.2)	(1.3)	(62.2)		(3.0)	(100.0)
2015.4.30 現在	1,886	700	2,306	1,913	239	12,048		520	19,612
	(9.6)	(3.6)	(11.8)	(9.8)	(1.2)	(61.4)		(2.7)	(100.0)
2016.4.30 現在	1,918	686	2,307	1,923	231	11,946		509	19,520
	(9.8)	(3.5)	(11.8)	(9.9)	(1.2)	(61.2)		(2.6)	(100.0)
2017.4.30 現在	1,947	684	2,309	1,918	229	11,856		507	19,450
	(10.0)	(3.5)	(11.9)	(9.9)	(1.2)	(61.0)		(2.6)	(100.0)

(注)　__数字は新進分。

出典：牛山久仁彦（2018）「自治体首長選挙の動向と地域政治」『自治総研』第475号，23頁

い首長との連携でその力を強化してきたところがあり，今後，地域政党としての力を発揮し，地域政党の看板を生かした形で議席を獲得し続けることができるのかが問われるであろう。

4．地域政党の政治

＜扇動の政治＞

　ポピュリズムとは大衆迎合主義・大衆扇動主義と訳され，都市政治の場合，首長の強いリーダーシップが行使される際に用いられることが多い。地域政党の指導者が議会に支持勢力を持たない時に，大衆を動員して政治的支持を調達する政治的手法として説明される。

　ただし，保守の牙城である地方議会と革新の首長という分裂統治において，市民へ直接参加を促し，政治的支持を調達する手法は，かつてから行われてきた。国政レベルにおいても，中曽根康弘や小泉純一郎など自由民主党の中に政治基盤が弱かった政治家が強いリーダーシップを発揮して弱い政治基盤を補完することはしばしば行われてきた。そのため，ポピュリズムによる扇動の政治は，近年の地域政党の台頭で生じた新しい現象というよりも，二元的代表制という制度特性に保守的文脈が加わり，地域政党の台頭の中で頻繁に言説として語られるようになってきたと理解することもできる。

　大阪府と大阪市を統合させて大阪都をつくる大阪都構想に対しても，その構想を掲げる理由として二重行政があげられてきた。この理由に対しても，財団法人や独立行政法人などの共同設置という方法が選択肢として存在するのにもかかわらず，これだけの理由で大阪都をつくることが乱暴な議論であると主張されてきた。このような構想はむしろ地域政党の存在理由であり，地域政党が存続し続ける条件として考えることも可能である。

＜対立の政治＞

　大阪府議会は 2022 年 8 月現在で，大阪維新の会 48 人，公明党 15 人，自由民

主党 13 人，自由保守の会 3 人，共産党 2 人，民主ネット 2 人，旭区民の会 1 人の党派別構成であり，大阪維新の会が圧倒的な与党勢力を誇っている。

　善教将大によると，維新は年齢や性別の偏りがあるのではなく，大阪という地域的な偏りである。それは有権者による「緩い」支持により構成され，不安定で強度が弱く，支持者間の均等性に欠けるものであるという。善教は，維新に対する有権者の支持はポピュリズム政治の帰結ではなく，有権者の合理性によるものであると主張する。

　善教は維新が大阪で強い理由を 2 つあげている。第 1 が，維新が自らをより集合的な利益の代表者として位置づけることに成功した点である。大阪府と大阪市の重複や行政の無駄を改革することを政党の主張として掲げ，大阪府民の利益代表として支持されたというのである。そのため有権者が維新を選択することは極めて合理的な選択であったと説明する。第 2 に，有権者が政党ラベルに基づき候補者選択を行うことができるように維新が環境を整えることで，有権者が維新の候補者へ投票しやすくした。候補者の個人特性ではなく政党特性を強調し，政党ラベルに基づき有権者が投票をしやすくした点はイギリスの政党政治と似ており，有権者に対してはわかりやすい投票行動を促した。

　維新を支持しながらも 2 回の住民投票を否決したことも，有権者の合理的な選択であったと善教は説明している。維新支持者の特性は「緩い」支持であるとし，戦略的かつ合理的に選択を行ったものと理解しているのである。

＜連結の政治＞

　このような大阪維新の会と対照的なのが，沖縄社会大衆党である。今林直樹は沖縄社会大衆党の性格をヒューマニズム政党，革新政党，国民政党の 3 つに整理している。国民政党とは沖縄の住民を基盤とするという意味で地域政党本来の性質である。

　前述したように，沖縄社会大衆党は創設時には左から右まで存在する包括的な地域政党であったが，現在は離党が相次ぎ少数の革新的な地域政党として存在している。2014 年の沖縄県知事選挙では自由民主党と公明党が現職の仲井眞

弘多を推薦したのに対し，那覇市長の翁長雄志を社民党・共産党・生活の党・県民ネットと共に相乗り候補として支援した。那覇市長選挙でも自由民主党と公明党が推薦する与世田兼稔に対して，那覇副市長の城間幹子を県知事選と同じ政治構図で支援し，沖縄県知事選・那覇市長選共に支援候補が当選した。少数政党ながらもオール沖縄を連結させているという意味で特徴的である。

　現在では県議会与党最大会派の中核として活動している。沖縄社会大衆党の委員長，高良鉄美は「日本国憲法の精神を堅持し，平和で民主的な真の地方自治の確立により，豊かな沖縄の建設を図ることを目指す」という談話を2020年に発表し，沖縄玉城県政の与党の中核として他会派との連携を図っている。

　2022年8月現在，玉城デニー県政の与党は，てぃーだ平和ネット（社会民主党2人，沖縄社会大衆党2人，無所属3人），日本共産党沖縄県議団議員団（日本共産党7人），おきなわ南風（無所属4人），立憲おきなわ（立憲民主党4人）の4会派23人によって構成されている。野党の沖縄・自民党（自由民主党19人）と公明党（公明党2人），無所属の会（無所属2人），議長（1人），欠員1人となっており，47人定員のうち議長を含めて知事与党が過半数をかろうじて占めている。

　辺野古の移転問題など政治課題を抱え政治対立が激しい点では大阪と共通しているが，少数の地域政党として各党相乗りの形で他党と連携を図りながら与党県政を支えている点は対照的である。国政選挙では実現の難しい野党統一候補の実現がオール沖縄の下で継続して実現してきたことは興味深い。辺野古移転が既成事実化する中で，連結の政治がどのように変化していくのかは注視すべき点である。

おわりに

　本章では選挙と政党の概説的な説明を行い，地域政党の実態について説明した。また，自治体政治における相乗りの論理と実態を，選挙結果もふまえて検討した。そして地域政党の政治を「扇動」の政治，「対立」の政治，「連結」の政治として説明してきた。

　地域政党は都市政治にどのような影響を与えたのであろうか。第 1 に，政治不信に陥っている無党派層や与党に対する批判票の受け皿をつくり，これは都市に多数存在している無党派層に対して大きな影響を与えた。第 2 に，近年地方政治の傾向であった相乗りを否定し，対立の構図を一部演出した点である。協調の政治から対立の政治へと移行したことは，争点（政策）投票の政治構図を都市の有権者に示したことになる。第 3 に，特定のマニュフェストを掲げて政党間対立の構図の中で地方選挙に臨み，地域の選挙に強い地域政党を確立させたことである。これは一方においては東京，大阪，沖縄で共通しているといえるが，他方においては対立の政治を示した大阪維新の会や都民ファーストと，連結の政治を示した沖縄社会大衆党とは対照的な現象である。

　しかしながら，首長を中心とした地方政治を行っている点は，過去とは断絶した傾向というよりも，過去から継続させた二元的代表制の制度に基づく地方政治の特徴といえるのかもしれない。政党相乗りの構造は首長に権力が集中する地方自治の構図のために生じており，そのことは首長主導の地域政党の形成を生み出している。他国のように地方自治の担い手として地域政党は機能しているだけでなく，無党派層の受け皿や与党への批判票の受け皿として日本の地域政党は存在している。都市における政治は「協調」「扇動」「対立」「連結」の複合構図によって構成されており，各地域の文脈を理解しながら都市政治の特色を了解する必要がある。

参 考 文 献

今林直樹（2000）「戦後沖縄の政治と沖縄社会大衆党」『姫路法学』第 29・30 号合併号

牛山久仁彦（2015）「『相乗り』回帰と問われる自治体政治のあり方―2014 年版首長名簿のデータから―」『自治総研』437 号

牛山久仁彦（2016）「『相乗り』指向の自治体政治と問われる分権化―2015 年版首長名簿のデータから―」『自治総研』452 号

牛山久仁彦（2017）「政党『相乗り』の増加と地域政治の変化―2016 年版首長名簿のデータから―」『自治総研』第 464 号

牛山久仁彦（2018）「自治体首長選挙の動向と地域政治―2017 年版首長名簿のデータから―」『自治総研』第 475 号

江上能義（1985）「復帰後における沖縄社会大衆党の動向 」『特定研究紀要』（琉球大学
　短期大学部）

江上能義（1996a）「沖縄の戦後政治における「68 年体制」の形成と崩壊（上）」『琉大
　法学』第 57 巻

江上能義（1996b）「五五年体制の崩壊と沖縄革新県政の行方」日本政治学会編『年報政
　治学 1996　55 年体制の崩壊』岩波書店

沖縄社会大衆党史編纂委員会編（1981）『沖縄社会大衆党史』沖縄社会大衆党

河村和徳（2008）『現代日本の地方選挙と住民意識』慶應義塾大学出版会

大森彌・佐藤誠三郎編（1986）『日本の地方政府』東京大学出版会

川人貞史ほか（2011）『現代の政党と選挙』有斐閣

塩田潮（2021）『解剖日本維新の会─大阪発「新型政党」の軌跡─』平凡社（平凡社新書）

塩田潮（2022）『大阪政治攻防 50 年─政党・維新と商都興亡の戦後史─』東洋経済新報社

善教将大（2013）『日本における政治への信頼と不信』木鐸社

善教将大（2018）『維新支持の分析─ポピュリズムか，有権者の合理性か─』有斐閣

善教将大（2021）『大阪の選択─なぜ都構想は再び否決されたのか─』有斐閣

辻山幸宣・牛山久仁彦・今井照（2007）『自治体選挙の 30 年─『全国首長名簿』のデー
　タを読む─』敬文堂

名取良太（2009）「『相乗り』の発生メカニズム」『関西大学総合政策学部紀要』31

西原森茂（1983）「沖縄社会大衆党論」『沖縄法学』第 11 号

松谷満（2022）『ポピュリズムの政治社会学─有権者の支持と投票行動─』東京大学出版会

水島治郎（2016）『ポピュリズムとは何か─民主主義の敵か，改革の希望か─』中央公論
　新社（中公新書）

【用語解説】

〇地域政党

　地域政党とは地域における特定テーマの実現を目的とした政治団体を意味する。カナ
ダのブロック・ケベコワ，イギリスのスコットランド国民党，イタリアの同盟が有名で
あり，日本においては大阪維新の会，減税日本，都民ファーストの会，沖縄社会大衆党
がある。

〇ポピュリズム

　ポピュリズムとは大衆迎合主義・大衆扇動主義であり，地方政治の場合，地域政党の
指導者が議会に支持勢力を持たない時に，大衆を動員して政治的支持を調達する政治的
手法。

○有権者の合理性

　善教将大によると，維新に対する有権者の支持はポピュリズム政治の帰結ではなく，有権者の合理性によるものであると主張する。維新が自らをより集合的な利益の代表者として位置づけることに成功した点，有権者が政党ラベルに基づき候補者選択を行うことができるように維新が環境を整えることで，有権者が維新の候補者へ投票しやすくした。

○相乗り

　相乗りとは特定候補を複数の政党が公認・推薦・支持することを意味する。地方の首長選挙や地方議員選挙でみられ，とくに首長選挙の多くは相乗り候補となっているのが現状である。地方の政治には政党間の競争があまり見られない。

第6章　自治体議会と条例・財務

江 藤 俊 昭

は じ め に

　地方分権改革や地方財政危機により地域経営における政治の重要性が再確認された。地方分権改革は地域経営の自由度を高め，地方財政危機は「あれかこれか」の選択をせまるからである。その政治には首長とともに，「住民自治の根幹」としての議会が重要な役割を果たす。地域経営にとって重要な条例や財務の決定権限は議会が有している。議会を問うことは自治体を問うことであり，逆に自治体を問うことは議会を問うことでもある。

　そこで，第1に議会の役割と「住民自治の根幹」としての議会の意味を確認する。多様性，討議による論点の明確化，世論形成の機能があるがゆえに地域経営の重要な権限は議会にあることの確認である。第2に議会改革の到達点を探る。議会基本条例の制定とその伝播は重要であるとしても，運営の改革である。それを住民福祉向上に接合させる議会からの政策サイクルを確認する。いわば形式改革から実質的改革である。第3に，今日の自治体政治・都市政治の課題に応える議会を模索する。縮小社会，自治体の二層制の変容，グローバリゼーションという課題を想定している。そして，第4に条例や財務の権限は議会にあり，それらを効果的に行うために議会からの政策サイクルにそれらを位置づける。いわば政策財務や政策法務における議会の役割，これらをそれぞれ検討する。

1.「住民自治の根幹」としての議会

＜議会に地域経営における権限の付与＞

　日本において中央集権制が長期にわたって存続し，自治体では行政主導が浸透していた。そこで，議会は独自の機能を発揮できなかった。議会は，それを構成している議員自身はともかく一般には（巷でも学界でも）軽視されてきた。地方分権改革の進展により地域経営の自由度は高まった。また，地方財政危機が深刻化し「あれもこれも」から「あれかこれか」の決断が必要になった。どちらも，地域を方向づける政治の重要性を浮上させる。住民，首長等とともに議会の役割を再確認させるに至っている。

　そもそも，議会の権限は強い。議会の議決事件は地方自治法第96条第1項に15項目列挙されている。条例，予算，決算，契約・財産の取得処分といった事項は議会の議決が必要である。どれも地域経営の根幹にかかわるものである。それらだけではなく条例に基づき議決事件（事項）の追加を行う議会も増えてきた。基本構想だけではなく基本計画，都市計画マスタープラン，介護保険計画といったマスタープランを議会の議決事件に追加（自治法96②）している。まさに，地域経営の権限を有しているのは議会である。地方分権改革によって機関委任事務が廃止され，議会はすべての事務にかかわることになった。

　このように，議会に地域経営の重要な権限を付与しているのは，なにも日本だけではない。たとえばアメリカ合衆国やイギリスでは議決権と執行権ともに議会が持っている地方政府形態を採用する自治体が多い。それ以外の国でも，議会に地域経営を方向づける権限がある。執行機関の首長を議会が任命する自治体もある（シティ・マネージャー制など）。

　日本の場合，執行機関の首長を議員とともに住民が直接選挙する。そして，執行機関の主要な作動は，議会の意思に基づく。地方分権時代に適合するように改正された地方自治法第138条の2（第7章執行機関の冒頭の条文）では，「条例，予算その他の議会の議決に基づく事務及び法令，規則その他の規程に基づ

く当該普通地方公共団体の事務を，自らの判断と責任において，誠実に管理し及び執行する義務を負う。」となっている。首長には条例に匹敵する規則制定権，専決処分権，予算調製（編成）権・提出権，そして再議請求権があることは承知の上で単純化すれば，執行機関は議会が議決した事項を執行することになっている。自治法では執行機関（第7章）が議会（第6章）の後に挿入されている意味も再確認すべきである。議会はまずもって，執行機関の執行を方向づける重要な役割を担っている。

　住民，マスコミ，そして議員の中にも，首長の方が議会よりも権限が強いと思っている方もいる。すでに指摘した首長の権限とともに，予算を行使し，多数の職員（補助機関）の任命・指揮監督権を有している。日本の中央集権制の作動の中で，首長が圧倒的に優位だったことがこのイメージを植えつけた。ただし，繰り返しになるが，自治法上地域経営の権限はほとんどすべて議会にある。議会の権限（議決事件，自治法96（前述））と首長の権限（自治法149（提案権，地方税等の徴取，会計の監督，財産の取得・管理・処分，事務の執行等））を比較してもらいたい。

　このような「驚くべき権限」が付与されているのは，議会には次のような特徴があるからである。すべて合議制＝議事機関に由来している。① 多様性（さまざまな角度から事象にかかわり，課題を発見できる），② 討議（議会の本質の1つ：論点の明確化，合意の形成の可能性），③ 世論形成（公開で討議する議員を見ることによる住民の意見の確信・修正・発見）といった特徴を議会は持つ。

　こうした権限が議会に付与されているがゆえに，議会は「住民自治の根幹」といわれる（第26次・第29次地方制度調査会答申）。つまり，これらの特徴によって万国共通，議会に地域経営の権限が付与されている。したがって，「団体自治の根幹」でもある。これらにより議会は，「住民自治と団体自治の結節点」（今村都南雄）と呼んでよい。

　したがって，議会を問うことは自治体を問うこと，逆に自治体を問うことは議会を問うことでもある。

＜二元的代表制における議会の役割＞

　自治体の政治行政と国政とは政府であることは類似しているが，全く異なる。議会と国会とは，議会という用語が同様であるにもかかわらず，期待されている役割は異なっている。

① 中央政府の議院内閣制とは異なった自治体の二元制〔第1原理〕

　国政の議院内閣制の場合，首相を選出する与党とそれに対抗する野党といった政党政治が存在している。しかし，自治体の首長は議会の多数派が選出するわけではない。議会とともに，首長も住民が選出するという二元制（議員と同時に首長を有権者が直接選挙，一般に二元代表制）に基づいている。議会と首長等が協力しつつも緊張関係を保ちながら政策を決定し実施することである。自治体において，議会・議員の首長を支援する与党的立場，逆に反対する野党的立場は存在する。しかし，全体として議会は，首長等の執行機関と政策競争をする別の機関であることを再確認することが必要である。地方分権改革により首長の役割は，大きく変化すると同様に，議会の役割も大きく変わる。

② 国会の二院制に対する議会の一院制の採用〔第2原理〕

　国会は，衆議院と参議院によるチェック・アンド・バランスを想定している。世界の国会では，一院制の方が多いが，連邦制を導入している国や，民主主義制度を早めに導入したいわゆる先進諸国（北欧などを除いて）は，二院制を採用している国が多い。二院制なのは，それぞれの院が異なった利害を代表し，それぞれが他の院を牽制することが期待されているからである。それに対して，地方議会は一院制である（管見の限りではアメリカ合衆国の2市町村が二院制）。日本などのように二元制を採用しているところで，議会と首長のチェック・アンド・バランスが可能であることが考えられる。より重要なことは，自治体が住民に身近であり，住民がその活動をチェックできるからである。

　それだからこそ，直接民主制の系列のさまざまな制度が自治体に導入されている。もちろん，国政でも直接民主制の系列の制度はある。国会が発議する憲法改正の国民投票である。

　自治体レベルでは，住民は立法（条例制定）にかかわったり（条例制定改廃の直

接請求），議員・首長の解職，議会の解散など（リコール）の多様な直接請求が制度化されている。それは，議会内部ではなく，首長とともに住民が議会をチェックすべきだからである。特別法の住民投票（憲法95）は，法律をめぐるものであるが，住民が政治にかかわることの重要性，つまり住民自治の具現化として理解できる。なお，今日脚光を浴びている住民投票も条例に基づいて行うことができる。

③　議員間討議，および住民・議員・首長間討議を重視する議会〔第3原理〕

　第1原理から，議会が首長とは異なるもう1つの機関として登場しなければならない。そのためには議員間の討議空間が必要になる。国会のような内閣に対して与党からの賛同，与党からの批判に終始する場ではまったくない。議会は，質問・質疑の場だけから，議員間討議の重要性が指摘されるのはこの文脈で理解できる。そもそも，首長等は議長が要請した時に議場に出席することになっている（自治法121）。同時に，第2原理からその討議空間は，議会だけではなく，住民の提言を踏まえたもの，さらには住民，議員，首長等との討議空間となることも想定される。議員だけの討議空間から，首長等・住民も討議に参加する〈フォーラムとしての議会〉の登場である。この場は議場外（新城市のまちづくり集会等），議場内のどちらも想定している。一方での首長等への反問権付与，他方での請願・陳情の代表者の意見陳述や，委員会や本会議において傍聴者に発言の機会の提供は，議場での〈フォーラムとしての議会〉の原型である。

　これら地方自治の3つの原理（前述の第1原理～第3原理）を考慮すれば，議会の運営も大きく変わる必要がある。いわば，地方自治の3原理に基づく議会運営の3原則である。その3つの原則とは，住民参加・協働が重視され，住民と議員や首長等との討議空間，議員間の討議空間が創出され，それを踏まえた議会と首長との政策競争である。つまり，議会は閉鎖的ではなく住民に開かれ住民参加を促進する議会に，質問・質疑の場だけではなく，議会の存在意義である議員同士の討議と議決を重視する議会に，そして追認機関から脱し首長とも切磋琢磨する議会に，大きく転換する。

　この地方自治の3つの原理に基づく議会運営の3つの原則は二元制を超えて二元的代表制と考えるべきである。「的」を付しているのは，議院内閣制の要素（議会の首長に対する不信任議決，それに基づく首長による議会解散権，および首長の条例案提出権，予算案調製権・提出権の付与）が含まれるだけではなく，議会と首長双方への住民参加の重視，議会と首長の激しい対立の日常化や癒着ではなく協力と緊張関係を想定している。

　この二元的代表制は，機関競争主義（議事機関（議会）と執行機関（首長等）の競争）として理解できる。その要素は次のものである。

① 　第1要素　議会も首長も住民から直接選挙されるという意味で，正統性は対等であり，議会＝合議制，首長＝独任制といった特性をいかして切磋琢磨する（正統性の対等性，両者の特性の相違を踏まえた競争）。

② 　第2要素　政策過程において，議会や首長は権限が分有されていることにより，一方的な優位はありえず，相互作用によって地域経営は行われる（政策過程全体にわたって，両者の競争）。

③ 　第3要素　住民は行政の客体以前に「自治の主体」であることを考慮すれば，住民は議会と首長の「統制」を行わなければならない。政策過程全体での住民による統制，いわば住民参加・協働を行う。

　これら地方自治の3つの原理に由来する議会運営の3つの原則は，二元的代表制＝機関競争主義に適合的である。しかし，中央集権制の下では開花しなかった。地方政治の台頭にともなって，これに向けたさまざまな実践によって徐々に作動するようになった。それとともに，地方議会研究は新たな段階に入っていく。

2．議会改革の展開

＜二元的代表制の難しさ——自動調整機能は組み込まれていない＞

　現行制度では，議員とともに首長も直接住民が選挙する。この制度では，一方の極に議会と首長が融合・癒着することで議会が追認機関化し議会の役割を

図表6-1　地方自治の3つの選択肢（癒着，対立，二元的代表制）

――地方自治の揺れ（議会と首長における癒着・対立・それとも…）――

①癒着：議会と首長が接近
　　　　＝議会の監視機能が効かない
②対立：議会と首長の政策が遠い
　　　　＝不毛な対立が日常化

③もう一つの地域経営＝二元的代表制
a. 議会と首長は正統性では対等
b. 政策過程全体にわたって議会と首長は政策競争を行う
c. 政策過程全体にわたって議会と首長と共に住民が参加する

出典：筆者作成

果たせない経営がある。他方の極に，議会と首長とが不毛な激しい対立を繰り返す経営がある。前者は監視が効かず，後者は不毛な対立が日常化し，どちらも住民福祉に逆行する。そこで，この両極とは異なるもう1つの方向が本章で強調する二元的代表制＝機関競争主義である。それは，広がっている議会基本条例の中に刻み込まれている。

　つまり，現行制度は議会と首長の癒着，あるいは日常的な激しい対立の両極で揺れる可能性がある。これを回避するには，二元的代表制を意識的に選択し難しくともその視点での地域経営を行うことである（図表6-1）。それぞれの自治体には最初から自動調整機能が組み込まれているわけではなく，それぞれが二元的代表制を選択する強い意思が必要である。それを示すのが議会基本条例でもある。

＜議会基本条例の誕生――議会改革の本史に突入＞

　議会基本条例が制定され（北海道栗山町（2006年）），それに続いて制定自治体数は過半数となっている（約900自治体）。住民と歩み，議員間討議を重視し，首

長等と政策競争をする，という議会運営の3つの原則が宣言され実践されている。筆者は議会運営のコペルニクス的転換，あるいは議会改革の本史への突入と特徴づけている。栗山町議会の議会基本条例はたしかに，新たな議会像の金字塔ではあるが，普遍的な議会像であるために多くの議会もそれに続くことになる。

　その制定によって，議会改革の本史に突入したと断言したが，それ以前は議会活性化という名称が多く用いられていた。具体的にいえば一問一答方式，対面式議場の導入，委員会の公開・要点筆記の公開等を想定するとよい。いまでは「これが改革……」と思われるものまで活性化として20年も30年も同じようなことが提案され，徐々にではあるが実践されてきた。こうしたことは，議会改革（議会活性化）の前史である。それは，中央集権体制下で議会の役割が位置づけられず，そうであっても頑張ろうとする議会が改革の道筋をつけてきた。それが前史の改革である。

　時代が変わり，地方分権改革の中で議会の役割が問われてきた。それに真摯に対応したのが栗山町議会を先駆とする議会である。したがって，議会改革の本史は，地方分権改革の申し子であって，栗山町議会に限定されるものではない。より正確にいえば，栗山町やその他の自治体は，平成の大合併の嵐の中で新たな住民自治，新たな議会運営を考えざるをえない状況があった。こうして議会基本条例は全国に広がることとなった。

　この議会基本条例は住民に対するマニフェストとして，住民による議会不信に抗して，その条例制定を起点に議会の「見える化」を進めることにも重要であった。

＜議会からの政策サイクルの意義＞
　議会改革は急展開している。その展開を「本史への突入」，それ以前の改革（議会の活性化と呼ばれることが多い）を「前史」として理解している。その突入への画期（エポック・メーキング）が，議会基本条例の制定である。怒涛の勢いとなっている。

　その再認識と実践が本史の第1ステージである。議会基本条例は，それぞれの議会の創意工夫によって豊富化されている。その実践の中で新たな課題が浮上した。議会改革はあくまで運営という形式の変更であり，住民福祉の向上に結合させることこそが必要である。本史の改革のさらなるバージョンアップ（議会改革の本史の第2ステージ）のもっとも重要な1つが"議会からの政策サイクル"の構築である。議会改革は，今日第2ステージに突入している（図表6-2参照）。

　形式を超えて内容・成果にかかわる議会改革として，議会・議員による政策提言を重視した「議会からの政策形成サイクル」も発見された（長野県飯田市議会，福島県会津若松市議会等）。住民の意見を踏まえた政策提言型議会の登場である。

　議会報告会，住民との意見交換会等から住民要望・意見を察知しそれを政策化する。その際，個別のテーマの政策提言を行う。行政にはみえない，あるいは後回しにしている住民にとって切実なテーマの政策提言である。これは政策形成サイクルである。予算案への提言や議員提案条例もこの中に入る。

　今日，さらなるバージョンアップが図られている。政策形成（提言）だけではなく政策過程全体にわたって議会は首長等と政策競争する。また，政策提言にあたっても，決算や従来の政策体系についての監視から出発する。議会の監視機能と政策提言機能が並列に存在するのではなく，監視機能の高まりが政策提言機能を高めている。そして，高度な政策提言があるからこそ，それを踏まえて監視力が高まるという相乗効果がある（決算審査を踏まえた予算案提言と審査など）。監視機能と政策提言機能を含み込んだ「議会からの政策サイクル」が実

図表6-2　議会改革と住民との関係

議会改革の段階		改革方向	制度・運用
前史(議会活性化)		一問一答方式，対面式議場，委員会の公開等	
本史	第1ステージ	住民と歩む議会等の新たな議会運営	議会基本条例
	第2ステージ	住民の福祉向上につなげる	議会からの政策サイクル

出典：筆者作成

践されているケースもある（会津若松市議会，岐阜県可児市議会等）。この視点から
議会は地域経営の軸である総合計画を軸とした地域経営にかかわっている。

　議会からの政策サイクルは，政策サイクルという点では執行機関と同様であ
るが，次の点で異なっている。まず，執行機関の執行の重視に対する議会の住
民目線の重視である。執行機関は数値目標や首長のマニフェストを優先する。
それに対して，議会はそれらを無視するわけではないが住民の目線を重視する。
次に，執行機関の縦割りの組織運営に対する議会の合議制（多様性）の組織運営
である。執行機関は，組織原則として官僚制を採用し縦割り行政となる。合議
体である議会は，さまざまな角度から地域を観察し提言できる。そして，執行
機関の補助機関（職員組織）の膨大さや財源の多さに対する議会の資源の少なさ
である（事務局職員数の少なさなど）。議会の資源は，執行機関のそれと比べた場
合，大幅に劣っている。

　こうした3つの特徴を考慮すれば，議会は「包括的ではなく総合的な視点」
を有したその実践が必要となる。したがって，議会は行政がかかわれない隙間
（ニッチ）な課題，および総合計画策定・評価を集中的に担う。すべてにかかわ
ることはできないし必要はない。

3．今日の都市政治の課題と議会

　地方議会を対象とする政治学は展開しなかった。地方議会は数が多く，多様
な議会を理論化（科学化）することが困難だったことによる。また，中央集権制
の存続で，議会や住民の政治的影響力が弱いという認識が広がっていたことも
その理由である。なお，政治学では，松下圭一の都市型社会論が一般化し，〈都
市〉と〈農村〉の区分が曖昧になっており，社会学での都市社会学と農村社会
学との対抗とは異なる学問状況が生まれていた。

　そうであっても，都市政治論と密接に関係する自治体政治論は展開している
（江藤 2018）。自治体政治や都市政治の今日の課題として，縮小社会における住
民，議会・議員，首長等の総力戦の必要性，二層制の変容（広域連携や自治体内

分権），グローバリゼーションの進展が浮上している。本節では，それらにおける議会の役割について，今日の議会改革の到達点を踏まえて確認する。これらの課題に議会が応えるには，条例や財務など地域経営にとっての本丸であり，議会の権限を発揮することが不可欠である。この論点は，次節で検討する。

＜縮小社会における三者間関係の充実と議会＞

住民との意見交換会等での住民の意見をサイクルの充実に活かす議会は増えている。政策提言を起点とする議会は，会津若松市議会の政策形成サイクル，可児市議会の「地域課題解決型キャリア教育支援事業」，愛知県犬山市議会の「市民フリースピーチ制度」，大津市議会の「市政課題広聴会」などがある。

縮小社会にはまさにこうした場，さらにはフォーラムとしての議会が重要となる。そこで，シビル・ミニマム論を参照したい。

高度経済成長期には都市型社会にとって不可欠な社会資本・社会保障・公衆衛生が充足されていない状況において，そのミニマムの実現を目指す。住民（市民）の要請に首長等は応える（住民による要請運動もあって選挙の投票率も向上，あるいは低下しない）。そして，ミニマムが達成されると，それ以上のサービスは民間に委ねられ，政治意識は萎えてしまった。今日，縮小社会の広がりの中で公共施設の統廃合が課題として浮上している。「あれかこれか」の選択は難しいし，公共サービスは住民やNPOも担わなければならない。そこで，住民，議会・議員，首長等の三者による討議の実施が求められる。縮小社会においては，再度シビル・ミニマムの設定が必要となる。新（シン）シビル・ミニマムである。

新（シン）を付加しているのは，いくつかの理由がある。1つは，全国の都市化を前提にしていないことである。都市的要素の広がりは理解しつつも，すでに指摘したように，地方の「都市化」から「地域化（農村化）」を肯定し（小田切編 2022），その上での地域間連携を重視する。

もう1つは，縮小社会のシビル・ミニマムでは，社会資本等の縮小，あるいは負担増が想定されるが，「後ろ向き」の議論ではないということである。「地域化」は地域資源の発見の旅でもあり，シビル・ミニマムの弱点である産業政

策を含みこむ必要がある。

そして，もう1つは主体として住民（市民）だけを想定しているわけではないことである。主体としての住民が行政に対して働きかけるだけではなく，これらの思考を現実化するためには，住民，議会・議員，首長等による三者の総力戦を想定している。新シビル・ミニマムの水準決定やサービス提供を行政だけが担うわけではなく，住民参加・協働により住民，NPO，企業がかかわっていく。住民は，個人化されていない。

新シビル・ミニマムの設定にあたって議会は重要な役割を果たす。1つは，新シビル・ミニマムは「住民参加と討議による公準」であるがゆえに，住民間での討議が不可欠ではあるが，同時に「公開と討議」を存在意義とする議会は，まさにこれを担うことになる。もちろん，議会は住民間の討議を巻き起こす制度設計にもかかわる必要がある。もう1つは，縮小社会の公準であるがゆえに議会・議員は，拡大志向の「口利き」ではなく，縮小社会の口利き，いわば「逆口利き」を担う。つまり，現状を住民に説明して討議し，合意を勝ち取る役割である。

「公開と討議」の役割を担う議会は，新シビル・ミニマムの設定と実践にとって重要な役割を担う。まさに，議会は〈フォーラムとしての議会〉として登場する。

＜地方自治の二層制の変容と議会＞

この間の住民自治の変容は，二元的代表制の覚醒だけではない。自治体の二層制も大きく変動してきた。平成の市町村合併によって，大規模化した自治体も多くみられる。折しも，中央政府の政策は市町村合併から自治体間連携・補完へと転換している。二元的代表制と二層制の変容は無関係ではない。

地方分権改革は，地方自治の2つの特徴である二元的代表制と自治体の二層制を大きく変動させた。一方で，地域経営の自由度を高め，二元的代表制を覚醒させた。それは住民自治の成果であるとともにさらなる住民自治を進展させる。他方で，その受け皿整備と効率性を目指した平成の大合併を推進した。自

治体間連携・補完とともに，規模が大きくなることで，住民と地方政府との距離が遠くなることを是正するために自治体内分権が模索され制度化されている。広域自治と狭域自治という 2 つのベクトルでの改革である。縮小社会により制度改革は促進する。そこで，住民統制・参加の制度と実践が必要となっている。この作動には，第 1 の系である住民自治の展開＝二元代表制の覚醒を活用する（図表 6-3 参照）。

　自治体間連携・補完への住民統制・参加は弱い。それを充実・強化させる必要がある。市町村議会の改革が自治体間連携・補完への住民統制・参加の充実・強化にとっても有用である。二元的代表制の覚醒は，自治体間連携・補完への住民統制・参加に連動している。そもそも，住民にとって身近な二元的代表制さえも作動していなければ，自治体間連携・補完にも当然ながら住民は関心を持たない。ようやく二元的代表制は覚醒している。自治体間連携・補完を含めて住民に対する公共サービスが拡散していけば，住民に対する視野も広がらなければならない。それが自治体間連携・補完への住民統制・参加の前提となる。この広がりは，住民間ネットワークの構築を必要とする。公共サービスの広がりは住民のネットワーク（そして議会・議員ネットワーク）を要請する。このネットワークに基づいて広がりのある公共サービスが提供される。まさに，公共サービス提供の単位をどこにするかといった行政の論理に基づく議論ではない。それをどのように統制・管理し政策提言・監視を行うかといった政治の論理に基づく議論が必要となっている。

図表 6-3　住民統制・参加から考える二元的代表制と自治体の二層制

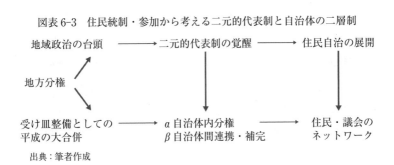

出典：筆者作成

　同様に，自治体内分権の制度化は重要であるとしても，地域協議会にみられるように首長の附属機関として設置されている。討議空間としての議会との関わりは弱い。自治体内分権を活性化させるには，そうした住民組織と議会との新たな関係，たとえば定期的な懇談会の設置（自治基本条例に基づくまちづくり委員会と議会との意見交換会（飯田市）），あるいは議会の附属機関の設置などを模索する必要がある。

＜グローバリゼーションにおける議会の役割＞

　都市社会学（都市政治論）が主題とするグローバリゼーションは進行している。それに対して，自治体，自治体政治は受動的に対応するわけではない。グローバリゼーションを担うアクターは，制度等に規定されていることを強調したい。その制度をつくり出す議会の役割は大きい。グローバリゼーションと議会との関係を探ろう。なお，ローカル（地方政府など）は都市だけではなく農村を含めた「地方」を想定している。

　第1には，グローバルなアクターが，ローカルに侵入する場合はあるが，それは歴史，制度，ローカルなアクターによって限定づけられ，あるいはそれらに拘束されることの確認である。

　グローバルなアクターは，ローカルなアクターに媒介されるだけではなく，ローカルな制度に拘束される。たとえば，アメリカ資本の大規模店舗が進出する場合，中央政府の規制緩和が必要であったという意味で，「国家政策」が影響を与えている。同時に，進出には都市計画，環境に関する地方政府の規制を通過しなければならない。都市計画についていえば，成長管理政策などの規制があるかどうかが，ローカルへ進出するものにせよ，あるいはローカルからグローバルに進出するにせよ，グローバル志向のアクターにとっては重要である。このことは，規制の欠如が進出の条件であるという意味ではない。研究所や先端技術産業だけではなく，多国籍企業の意思決定部門がよりよい環境を求めて立地している動向を考慮すれば，むしろ規制の強化や「都市格」の向上による都市の差別化こそが重要であることを示している。

　第 2 には，ローカルなアクターの行動が，グローバルな結果を有することの確認である。州レベル，国民国家レベル，国際レベルのそれぞれの政府（国際機関）や NGO とともに，都市レベルの地方政府や都市の NGO などに参加することによってグローバルな動向に影響を与えようとするチャンネルへの着目である。非核都市宣言を行い，世界にアピールする地方政府の動向もこの文脈で理解できる。さらに，アジア太平洋交流構想，環日本海交流圏構想，開発と女性問題の国際交流，公害を克服した国際交流といった一連の動向は，「ローカルの国際戦略」である。

　そして，第 3 には，アクターの多層性を考慮し，争点の多重性として捉えれば，ローカルな争点が実は同時にグローバルな争点となる場合があることである。たとえば，工場の公害規制や，自動車の廃棄ガス規制は，そのローカルな環境問題として浮上するものであるが，世界的な環境問題の争点となっている酸性雨の規制へと結びつく。また，兵器をつくる軍需工場の建設をローカルな場で規制し，生活物資生産への転換を地方政府が決議したような場合，その国の軍事支出を削減させたり，軍事の方向を修正することも想定できる。もちろん，1 つのローカル（地方政府など）だけでは無理なことで，多くのローカルが同様な方向を打ち出すことによってはじめて可能なことではある。

　ここで提起したいことは，グローバルなアクターがローカルすべてとかかわる場合が今後も増大するが，重要なのはそのローカルの歴史，制度などの媒介要因があること，都市政治は受動的なものではなく，グローバルな争点と直接的にか間接的にかを問わず，密接に関連していることである。その制度を構築するのは議会である。

4．第 2 ステージの肝としての政策財務・政策法務

＜自治体議会と政策財務・政策法務＞

　議会改革の第 2 ステージの展開である議会からの政策サイクルでは，まさに財政や条例といった地域経営の本丸にかかわることが必要である。なお，財政

図表6-4　主要な地域経営手法（条例・財政・計画）への議会のかかわり

	従　来	新たな動向と課題 （矢印は課題）	もう一歩
条例	政策条例のほとんどすべてが首長提案。議決時の審議のみ	議員提案による条例の検証（三重県議会）→首長提案条例（かなり前の条例を含めて）については検証対象外	議会での検証を充実させるために首長に数年ごとの検証を義務づけ（重要な条例については時限立法とする）
財政	決算は終了した事項とみなし，予算を重視（増大思考）	行政評価・決算認定の充実・予算要望・予算審議といった連続→総合計画との連動の弱さ	決算案が提出される前に決算審議において議論すべき論点を明確化　総合計画との連動（改正を含めて）
総合計画	抽象的な基本構想のみを審議・議決	総合計画策定時に議会から提案（多治見市議会等）→事業の拡大志向・他の行政計画との連動ができていない	総合計画策定時に実施されている総合計画の検証を踏まえて新たな総合計画審議の論点の明確化，他の行政計画との連動

出典：筆者作成

や条例は総合計画と連動している。総合計画が地域経営の軸であるがゆえに，条例も財政もそれに基づく政策体系の中に位置づけることになる。議会が政策財務や政策法務にかかわるということである（図表6-4参照）。

＜議会からの政策サイクルによる政策財務の充実＞

　議会が地方財政にかかわる場合，予算要望が意識されている。それをシステム化したのは，岐阜県多治見市議会である。議員が主体的に総合計画にかかわるためにも「議員一人一提案」を行い，積極的に議会からの提案を重視した。基本計画は，1事業ごとに詳細に審査し，議会として主体的に修正案を提出している。市政基本条例では，総合計画に明記されていない事項は予算化できないことになっているので，総合計画の議論とも連動する（第11回マニフェスト大賞最優秀成果賞）。ただし，予算が増加する可能性がある。

　予算から決算という思考を，縮小社会において逆転させる議会が登場している。たとえば，会津若松市議会の決算審査，および予算審査がある。審査の際の論点を事前に明確化しておくことである。

　決算議案が提出される以前に，決算審査にとって重要だと思われる事項を予

算審査決算審査準備会（とりあえず，常任委員会と理解してよい）で事前に議論している。「質疑によって明らかにすべき事項」「基本施策に対する評価等（委員間討議での合意点）」「備考（決議等，要望的意見の要点）」を一覧表（抽出論点表）にまとめる。決算議案が提出された際にはこれを武器に論戦を行う。議会として「執行機関とは異なる視点から住民ニーズのキャッチアップ」を目指し，政策・施策を評価する。住民ニーズを起点とする発想は，議会からの政策形成サイクルを継承している。決算審査を踏まえて予算審査でも同様に事前に準備を行っている。質疑は個人のものだけではなく議会のものになっている。

　これらのサイクルは，議会の政策提言にあたって監視から出発していることに注意していただきたい。会津若松市議会は決算審査から予算審査へと連動させる際に，附帯決議にとどまらず，議会の決議ではないが実質的に審査した委員会の要望的意見を付している。

　ここで紹介した政策財務に関しては，会津若松市議会，飯田市議会，可児市議会などは情報交換しながら豊富化している。

＜議会からの政策サイクルによる政策法務の充実＞

　議会と政策法務との関連を考察する上で，まずもって議員提案条例が議論されるが，提案数も非常に少なく，しかも可決され条例となるのも少ない。アメリカ連邦政府でのすべてが議員立法であることを念頭において議員立法の少なさが問題にされている。徐々にではあるが議員提案条例は増大している。滋賀県大津市議会は，ミッションロードマップを作成し，議員提案（委員会提案）条例制定の目標を決め（数ではなくテーマ），それを実現している。

　ただし，政策サイクルの議会へのかかわりを議員提出条例だけに限定する必要はない。条例案の審議の重要性と，すでに制定されている条例の検証の重要性である。議会の政策法務の１つである。

　まず，議案審査の重要性を確認したい。多くの議員は議案審査より一般質問を重視する。議員にとっての「はな」は質問だと感じているためである。住民もそう思い込んでいる。自分たちの声が議員の一般質問を通じて政治の場に登

場しているからである。

　しかし，質問は，中長期の提案であり，いまそこにある重要テーマは議案審査である。そこで，どちらも重要であるが，重要度を質問重視から議案審査にシフトする必要がある。議事日程を，一般質問の前に議案審査を配置して議案審査重視に変更した議会もある（兵庫県宝塚市）。

　次に，条例の検証についてである。「条例のサンセット方式」として「新規の条例のほか既存の条例にも失効条項を付与」するという検証装置をセットすることも必要である（片山善博）。環境は変化する。その環境変化を踏まえて条例を再検討・検証するサイクルを創り出すことである。

　三重県議会は，議員提案条例が多いことで有名である。その議員提案条例を議会として検証している。制定で役目を終えるわけではなく，地域経営に責任を持つためである。三重県議会の場合，議員提出条例に絞って検証を行っている。今後，首長提出条例であっても検証作業をすることが必要である。その際，議会だけが検証する義務はなく，すでに指摘したように時限立法，あるいは見直し規定を条例に組み込むこともできる。三重県議会の条例検証はその重要な一里塚である。

おわりに——地域経営における PDDDCA サイクル

　政策サイクルといえば，PDCA サイクルを思い浮かべる（P 計画，D 実践，C 評価・検証，A 改善）。それは，人間行動でも組織行動でも当然意識されるべき手法である。行政改革と同様に，議会改革でも活用できる。議会基本条例の条文を基準に毎年その改革を評価する発想はその 1 つである。

　ただし，住民自治を進める上で，また地域経営を行う上で，議会からの政策サイクルという視点からその活用の範囲を確定しない安易な活用は中央集権時代の行政主導に引きずられている。PDCA サイクルは重要だとしても，地域経営全体にこの PDCA サイクルを位置づけ実践すると，議会が排除・軽視される可能性がある。PDCA サイクルには，地域経営にとって重要な討議と議決・決

定が含まれていないからである。

　地域経営においてはそのサイクルで軽視されていた討議（deliberation, debate, discussion）と議決（decision）という2つのDを組み込むことが必要である。それを踏まえないPDCAサイクルの活用には，知らず知らずのうちに行政の論理が浸透する。多くの議会に留意していただきたい論点である。逆にいえば，新たに付け加えた2つのD（討議と議決）を担うのは議会であり，それを無視する発想は議会を行政改革に包含させる。そろそろ，従来のPDCAサイクルの発想と手法を超えたPDDDCAサイクルという地域経営における新たな発想と手法の開発が必要である。

　その上で，議会からの政策サイクルの独自性を確立したい。行政による政策サイクルと議会からの政策サイクルは同じことをやっては意味がない。したがって，執行機関の論理と実践に絡めとられないために，また議会・議員が息切れしないために，常に考慮すべきことである。

参 考 文 献

礒崎初仁（2017）『自治体議員の政策づくり入門』イマジン出版

井出嘉憲（1972）『地方自治の政治学』東京大学出版会

江藤俊昭（1996a）「政策決定構造のメタモルフォーゼ―変動する政治と政治学」山本啓編『政治と行政のポイエーシス』未来社

江藤俊昭（1996b）「地域開発と地域政治」山本啓編『政治と行政のポイエーシス』未来社

江藤俊昭（1997）「ローカル政治におけるグローバリゼーション」『山梨学院大学　法学論集』第38号

江藤俊昭（2004）『協働型議会の構想―ローカル・ガバナンス構築のための一手法―』信山社

江藤俊昭（2011）『地方議会改革』学陽書房

江藤俊昭（2016）『議会改革の第2ステージ―信頼される議会づくりへ』ぎょうせい

江藤俊昭（2017）「自治と市民の社会学」松野弘編『現代社会論―社会的課題の分析と解決の方策』ミネルヴァ書房

江藤俊昭（2018）「地方議会の役割―住民・議会・首長の新たな関係」幸田雅治編『地方自治編―変化と未来』法律文化社

江藤俊昭（2019）「都市行政と議会改革」久末弥生編『都市行政の最先端―法学と政治学

からの展望』日本評論社

江藤俊昭・新川達郎編（2021）『自治体議員が知っておくべき政策財務の基礎知識』第一法規

大原光憲・横山佳次編（1965）『産業社会の政治過程―京葉工業地帯』日本評論社

小田切徳美編（2022）『新しい地域をつくる―持続的農村発展論―』岩波書店

佐藤俊一（1981）『現代都市政治論』三嶺書房

加藤富子（1985）『都市型自治への転換―政策形成と市民参加の新方向』ぎょうせい

曽我謙悟・待鳥聡史（2007）『日本の地方政治―二元代表制政府の政策選択―』名古屋大学出版会

玉野和志編（2020）『都市社会学を学ぶ人のために』世界思想社

松下圭一（1971）『シビル・ミニマムの思想』東京大学出版会

馬渡剛（2010）『戦後日本の地方議会―1955 ～ 2008―』ミネルヴァ書房

村松岐夫（1988）『地方自治』東京大学出版会

村松岐夫・伊藤光利（1986）『議員の研究』日本経済新聞社

薮野裕三（1995）『ローカル・イニシアティブ』中公新書

横山桂次（1991）「地域政治」株式会社大学教育編『現代政治学事典』ブレーン出版

Davies, Jonathan S. and David L. Imbroscio（2009）Theories of Urban Politics (2nd ed), SAGE Publications

Judge, David, Gerry Stoker and Harold Wolman（1995）Theories of Urban Politics, SAGE Publications

Mossberger, Karen, Susan E. Clarke and Peter John eds.（2012）The Oxford Handbook of Urban Politics, Oxford university press

Strom, Elizabeth A. and John H. Mollenkopf eds.（2007）The Urban Politics Reader, Routledge

【用語解説】

○自治基本条例・議会基本条例

　自治基本条例は地方分権改革に伴い制定されるようになった（2000 年以降）。それは，自治体運営を宣言しているが，組織権限はほとんど明記されず，議会条文はほとんどない。その穴を埋めるとともに，議会の新たな役割を明記した議会基本条例が制定されている。

○自治体の二層制の変容

　縮小社会では，広域連携（一部事務組合・広域連合・定住自立圏・中枢都市圏など）や自治体内分権（地域協議会，指定都市の総合区）が制度化されている。ただし，行政の

論理で議論されることがほとんどである。住民統制や議会の関与が必要である。

○一般質問

　議員にとって，「一般質問は，最もはなやかで意義のある発言の場であり，また，住民からも重大な関心と期待を持たれる大事な議員活動の場」として位置づけられている（全国町村議会議長会）。そのために，質問重視の議会運営は議会が1つにまとまらない要因である。

○政策財務・政策法務

　地域経営を方向づける上での重要な手段として条例や予算・決算を位置づけることである。自治体に適合させるとともに，政策の体系性・一貫性が求められる。各省庁の意向をうのみにせず，法律解釈や財政を考えられる首長・職員，議員の育成が不可欠である。

○議会の政策法務

　議会の政策法務は，議会による政策法務（議員提案条例と議案審査）（本章で取り上げた分野）のほか，議会へ（について）の政策法務（住民自治を進めるための制度改革），議会からの政策法務（法律改正の提言）によって構成される。

第7章　首長と都市官僚制

礒　崎　初　仁

は じ め に

　都道府県や市町村の執行機関の長は「首長」（通称：くびちょう）といわれる。日本の自治体では，首長が住民の直接選挙によって選ばれる仕組みを採っている。そのため，住民は私たちの代表を選んだという参加意識を持ち，首長は住民に選ばれたという点に誇りと正統性（legitimacy）を持つことができる。これによって，首長はリーダーシップを発揮することができる。日本の地方自治は，首長の役割と貢献によって成長してきたといえる。

　この首長を支えるのが，自治体職員たちによる官僚制組織である。官僚制組織は，首長が示した方針と指示の下で，地域づくり・暮らしづくりを支えるための活動を行う。この専門家集団としての官僚制組織は，実務的な知識や経験によって首長を支える存在であるが，官僚制組織がいかに首長の方針を効果的に実行するか，いかに首長に提案したり直言するかによって，自治体の政策展開や組織運営は大きく異なることになる。

　日本の自治体（都道府県・市町村）を対象として，首長と官僚制組織が果たす役割とその特徴・限界について検討しよう。

1．首長が支える地方自治

＜二元代表制とは何か＞

　第2次世界大戦後に制定された現在の憲法では，自治体の首長が住民の直接

選挙で選ばれる二元代表制を採っている。「二元代表制」（首長制）とは，自治体の首長と議会が別個に住民の直接選挙によって選出され，それぞれが代表機関とされる仕組みである。「首長制」とも呼ばれ，一種の「大統領制」であるが，日本の自治体では，後述するように議院内閣制的な要素も組み入れられている。

　国は，国民に選ばれた国会（特に衆議院）が内閣総理大臣を指名し，総理大臣が各大臣を指名して行政権を有する内閣が形成される。国民の代表は国会であり，内閣は国会に対して責任を負う「議院内閣制」を採っている。いわば一元代表制である。これに対しては二元代表制は，首長と議会がともに住民の直接選挙で選任され，両者の「抑制と均衡」（チェック・アンド・バランス）の関係によって自治体が運営される仕組みである。

　この二元代表制が採用された理由は何だろうか。

　第1に，首長の直接公選によって住民意思を十分に反映し，民主的な自治体運営を図るためである。自治体全体の1人の代表を選挙で選ぶことによって，住民が自分たちの代表だという意識を持ち，自治体政治への関心を持つことができる。第2に，議会と首長に権限を分立させ，前述の「抑制と均衡」の関係によって権限の乱用や独走を防止するためである。特に首長には幅広い権限が認められるため，議会には（首長を支持する政党・会派が多くても）全体として野党的立場が求められる（こうした仕組みを機関対立主義という）。第3に，独任制の首長によって計画的・安定的な行政運営を行うためである。議院内閣制では，議会の支持・不支持によって内閣総理大臣の地位が左右されるが，二元代表制では首長は任期（4年間）中，幅広い権限を保障されるため，リーダーシップを発揮しやすい。

＜リーダーシップ型デモクラシーと熟議型デモクラシー＞

　首長と議会は，いずれも選挙で選ばれ，デモクラシーに基づく機関といえるが，そのデモクラシーのタイプに違いがあると考えられる。首長は，独任制の執行機関であり，多様な住民の意思を統合し，これに基づいてリーダーシップを発揮する「リーダーシップ型デモクラシー」を発揮することが期待されてい

図表 7-1　二元代表制のイメージ

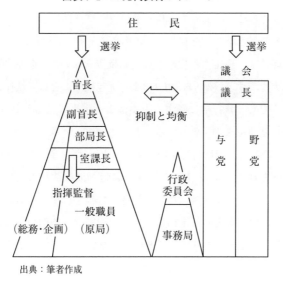

出典：筆者作成

る。これに対して議会は，合議制（ある機関が複数人の合議によって運営される仕組み）の議事機関であり，多様な住民の意思や利害をきめ細かく反映させ，オープンな討議によって合意形成を図る「熟議型デモクラシー」（deliberative democracy）を発揮することが期待されている。この２つのタイプの機関が車の両輪となって，住民自治に基づく円滑な自治体運営を実現することをめざすのが，二元代表制のポイントだと考えられる。

＜首長の地位と権限＞

　議会が議事機関とされるのに対して，首長は独任制の執行機関である。すなわち，議会が自治体の重要な事項を決定するのに対し，首長はその決定に基づいて具体的な事務を執行する。「独任制」とは，ある機関が１人の人間によって構成され，決定される仕組みであり，この点で後述する合議制の行政委員会と異なる。実際には首長の下には多くの職員が置かれ，様々な事務を執行しているが，これらは首長の補助機関とされ，首長の権限を補佐する存在にすぎない。

これらの職員については，本章の後半で官僚制組織として取り上げる。首長に権限を集中させることによって，リーダーシップを期待しているのである。

首長は，どのような権限を有しているのだろうか。

第1に，首長は，後述する行政委員会の権限を除いて，包括的な執行権（事務管理執行権）を有する（地方自治法148条）。「包括的」とは，法律に個別に定められていなくても，執行権に属する事項は広く担当できるという意味である。たとえば，① 法律や条例を執行すること，② 予算を調製し，執行すること，③ 地方税を賦課徴収し，使用料等を徴収すること，④ 財産を取得・管理・処分することが挙げられる（同149条参照）。実際には補助機関たる職員がこれらの実務を担当するが，首長は職員に対して指揮監督権を行使できる。

第2に，首長は，規則の制定権を有する。規則は，条例のように住民の権利を制限したり義務を課したりすることはできないが（同14条2項），法的効果を持つ規範（ルール）であり，自治立法の1つである（同15条1項）。首長は一種の立法権を有するのである。

第3に，首長は，補助機関たる職員の人事権を有する。首長は，特別職・一般職を問わず，職員の任命，昇進，異動，免職など幅広い権限を行使する。一般職の公務員については身分が保障され，首長も恣意的な処分はできないが，首長の裁量は広く，職員組織のあり方や雰囲気を左右するほどの影響力を持つ。また，特別職として，行政委員会の委員を（議会の同意を得て）任命するのも，審議会など（首長の附属機関）の委員を選任するのも，首長である。

第4に，首長は，首長部局の組織編成権を有する。自らが所管する局・部・課などの本庁組織や，地方事務所，支所・出張所等の出先機関を，設置したり廃止したりするのも首長である（一部は条例の根拠が必要）。

このように首長は，自治体の組織と運営に広汎な権限と責任を有している。しかし，実際に1人の人間が幅広い権限を円滑に行使することは困難であるため，多くの職員が補助機関として補佐している。この職員集団（官僚制組織）については3節と4節で取り上げる。

＜議会の地位と権限＞

　議会は，議事機関であり，自治体としての重要な事項を審議し，決定する合議制の機関である。ここで「合議制」とは，ある機関が複数人の合議によって運営される仕組みであり，首長などの独任制と対比される。

　議会の権限は，① 条例の制定・改廃，② 予算の議決，③ 決算の認定，④ 地方税や分担金，使用料等の賦課，⑤ 条例で定める契約締結など 15 項目について議決することとされている（同 96 条 1 項）。首長の執行権は包括的であるのに対して，議会の議決事件はこのように法定された事項に限定されているが（限定列挙方式），条例で追加できることとされており（同条 2 項），実際に多くの自治体が条例で総合計画（基本計画）の策定等を議決事件とし，議会の議決を必要としている。

　議会の権限で特に重要なのは，条例の制定権と予算の議決権である。条例は，当該自治体の事務に関して法令の範囲内で制定でき（同 14 条 1 項），条例案は他の議案と同様に議員も提案できる。これに対して，予算の編成・提案は首長の権限とされているため（同 112 条 1 項但書，149 条 2 号），議員は提案できないが，提案された後は，可決・否決のほか修正の議決も可能である（ただし，増額修正については首長の予算提出の権限を侵すことはできない。同 97 条 2 項）。

　また議会は，行政監視の権限と責任を有している。このため，行政に対する検査・調査等の権限を有するとともに，行政委員会委員に関する首長の任命に対する同意権を有している。さらに首長が職責を果たしていないと考える場合等は，不信任を議決することができる（議員の 3 分の 2 以上が出席し，4 分の 3 以上の賛成が必要。同 178 条）。この議決が成立した場合は，首長は後述のとおり議会を解散するか失職するかを迫られる。

＜首長と議会の関係──対立をどう調整するか＞

　首長と議会の意見が対立した場合は，どのように調整が図られるのだろうか。

　議会が首長等の執行機関に対する監視権を有していることは前述のとおりであるが，これに対して首長は議会に対して 3 つの対抗手段を有している。

　第1に，首長が議会の議決に異議があるときや，議決が法令に違反すると認めるとき等は，再議を求める権限と責任を有している（同176条，177条）。特に条例や予算に関する議決について再議請求があった場合，議会が再度の議決をするには出席議員の（過半数ではなく）3分の2以上の同意が必要になる（同176条3項）。

　第2に，議会が成立しない場合や議会を招集する時間的余裕がない場合等は，首長は議決事件を自ら処理すること（専決処分）ができる（同179条，180条）。専決処分をしたときは，次回の議会に事後承諾を求める必要があるが（同179条3項），承認されなくてもその効力に影響はない。

　第3に，議会が前述の不信任議決を行った場合，首長は議会を解散することができる（10日以内に解散しなければ自らが失職する。同178条）。言い換えれば，議会は解散される可能性を覚悟して不信任議決を行うのである。ただし，解散後の選挙で選ばれた議員たちが，再度，首長に対する不信任議決を行う場合は，過半数の同意で議決でき（同条3項），首長は今度は失職するしかない。

図表7-2　首長と議会の関係—「抑制と均衡」の仕組み

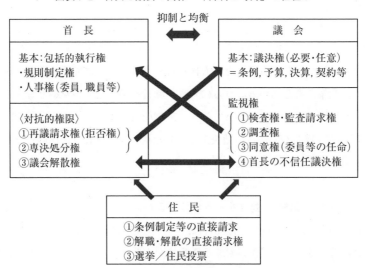

出典：筆者作成

このように議院内閣制に類似した相互の対応手段によって，「抑制と均衡」の関係を確保しようとしているのである。

それでも両者の対立が長期化する場合は，住民が首長か議員（または議会）の解職〈または解散〉を請求することができる（有権者の原則として3分の1以上の同意で請求し，住民の投票で過半数の賛成があれば解職または解散。同76条，80条，81条）。もちろんどちらの選挙があれば，選挙で意思を表明する。二元代表制の下で，2つの代表機関が対立し硬直化することはありうることであるが，最後は住民が決定する仕組みになっているのである。

<首長優位体制ってホント？>

以上の首長と議会の権限を比べて，どちらの権限が大きいと感じただろうか。専門家の間では，日本の自治体では首長の方により大きな権限が与えられており，「首長優位」の体制（これを「強市長制」ということもある）が採られていると指摘されることがある。

しかし，条例，予算の議決など自治体の重要事項は，ほとんど議会の決定権限となっているし，前述のとおり条例で総合計画等の決定にも議会の議決を必要とすることもできる。首長や他の執行機関が新しい政策を導入するため，有識者や住民の意見を聴いて政策案をまとめても，最後に議会が否決すれば政策は誕生しない。そこで，執行機関はあらかじめ議員の意見・意向を考慮して政策案を作成するのが通常である。

また議会は行政監視権を有しており，たとえば首長がある人物を副首長（副知事・副市町村長）や行政委員会の委員に任命したくても，議会の同意が必要となるため，首長は同意が得られるような人物を選任する必要がある。

このように議会は「拒否権プレーヤー」（ツェベリス 2009）として大きな存在感を発揮している。首長や執行機関の職員は，議員の意向に配慮し，特に主要会派の有力議員には大変気を遣うことが多い（そこから議員が許認可，補助金，職員人事等に介入する余地も生まれる）。

一方，議会が実際に政策の提案や立案に十分な役割を果たしているかといえ

ば，そうではない。議員の能力や経験の限界もあって，一般に議会による政策形成は活発でなく，議会は受け身の権力機関にとどまっており，今後は議会自身が政策形成機能を強化する必要がある。しかし，制度としては，首長と議会は対等の権限を保障されているとみるべきである。

＜行政委員会ってなに？＞

　自治体の執行機関として，包括的な執行権を持つ首長のほか，いくつかの行政委員会が置かれている。行政委員会は，首長から相対的に独立して特定の行政を処理する合議制の執行機関である。自治体の行政には，いくつかの理由から首長が実施することが望ましくない事務があるため，首長から独立した機関を設置して，その事務を担当させる仕組みとしたものである。このように，行政権限の一部を首長の部局から切り離し，専門の機関を設けてこれに分掌させる仕組み・考え方を「執行機関の多元主義」という。

　具体的には，図表7-3のとおり，教育行政については政治的中立性を確保するため教育委員会を設置しているし，監査については首長からの独立性と専門性を確保するため監査委員を設置しているし，人事行政については職員の権利を守るため人事委員会・公平委員会を設置している。

図表7-3　自治体の行政委員会の分類

設置理由	具体的な委員会
① 政治的中立性の確保	教育委員会，選挙管理委員会，公安委員会
② 当事者性の確保	農業委員会（認定農業者等で構成）
③ 技術的専門性の確保	監査委員，固定資産評価審査委員会，収用委員会
④ 利害調整・準司法的機能	人事（公平）委員会，労働委員会等

出典：筆者作成

2．首長の個性とリーダーシップ

＜首長の能力とバックグラウンド＞

首長には，前述の権限を生かして，次のような役割を果たすことが求められ
ている。

① 自治体の政策方針を決定し，その計画的な執行を管理し，実現する

② 住民の意見・意向を吸収し反映させるとともに，住民に対する説明責任
を果たす

③ 議会に報告・説明を行い，議会との緊張関係の下で合意を形成する

④ 職員組織（官僚制組織）を指揮監督し，効率的な行財政運営を図る

こうした幅広く重要な役割を果たすため，首長には，一般に，① 清廉さ・自
制心（権限の適正行使と腐敗に巻き込まれない自制心），② 政策力・改革力（新しい
政策を打ち出し，現状を変えていく力），③ 対話力・発信力（住民とのコミュニケー
ションと人を引き付ける魅力），④ 経営力・調整力（職員組織を動かし，関係者との
利害を調整する力）が求められるといえる。

もっとも，こうした能力・資質をすべて備えることは難しいため，自らの強
い点を伸ばしつつ，弱い点は副首長や幹部職員に補佐・代替してもらう必要が
ある。首長の自治体運営にもチームワークが重要なのであり，後述する「自治
体政権」としての総合力が問われるのである。

こうした首長の能力や個性に関係するのが，どういうバックグラウンドから
首長になったかという点である。都道府県知事と指定都市市長について出身分
野（就任直前職）の状況をみると，図表7-4のとおり，国会議員，国家公務員
（官僚）からの転身が合計34名と半数以上を占める。次に，副首長，地方議員
からの就任も各9名，7名と多く，他の首長からの就任も5名いるが，職員か
らの就任は3名と限られている。国の政治家・行政官からの転身が多いことが
特徴である。

図表7-4　出身分野（就任直前職）別の知事・指定都市市長の状況

区分	国会議員	国家公務員	副知事・副市長（副首長）	議員（都道府県・指定都市）	職員（都道府県・指定都市）	他の首長（知事・市町村長）	その他	合計
都道府県知事	12 （26%）	14 （30%）	7 （15%）	1 （2%）	2 （4%）	4 （9%）	7 （15%）	47 （100%）
指定都市市長	6 （30%）	2 （10%）	2 （10%）	※6 （30%）	1 （5%）	※1 （5%）	2 （10%）	20 （100%）
合　計	18 （27%）	16 （24%）	9 （13%）	7 （10%）	3 （4%）	5 （7%）	9 （13%）	67 （100%）

（注）2019年10月1日現在。※の「6名」は都道府県議会議員5名，市議会議員1名を，「1名」は
　　　知事1名を指す。
出典：礒崎・金井・伊藤（2020：71，伊藤）を一部改変

<首長選挙とマニフェスト>

　首長選挙については，3つの特徴を指摘しておこう。

　第1に，1980年代から「相乗り候補」が増加していることである。70年代まで
では，少なくとも都道府県や大都市の首長選挙では，保守政党と革新政党がそ
れぞれ支持する候補者が対決する選挙が多く，その中から革新政党が支持する
候補が当選し，新しい政策に取り組む「革新自治体」も生まれた。その後，革
新政党の退潮や政党の再編が進み，首長選挙における政党色は薄まり，国政に
おける主要政党がそろって支持する「相乗り候補」が増加した。その背景には，
選挙を支える地方議員たちがみんなで首長候補者を擁立すれば確実に「与党」
になれるという思惑もある。しかし，その結果，有権者にとっては実質的な選
択肢がなくなり，首長選挙に対する関心が薄れる結果となった。

　第2に，1990年代から有権者の政党離れが進み，首長選挙でも政党の支援を
受けない「無党派候補」が増加し，当選する者も増えた。それだけ政党の力が
衰えたことを意味しているが，同時に「無党派」の方がしがらみのなさをアピ

ールできること，後述するマニフェストなど自らの政策方針を打ち出しやすい
こと，就任後に議会の各会派との関係を良好に保てること等が，無党派候補増
加の原因になったと考えられる。他方，地域政治における政党・会派の存在意
義が一層薄れること，首長の政治姿勢が不明確になり，場当たり的な政策選択
が増える可能性があることも否定できない。

　第3に，2000年代に選挙公約として「マニフェスト」を掲げる候補者が登場
し，首長選挙が「政策選挙」に近づくとともに，当選後，その実現に向けて努
力する「マニフェスト首長」が増えた。「マニフェスト」とは，検証可能な政策
目標を掲げる選挙公約である。日本の選挙では，「誰もが安心して暮らせる福祉
社会をつくります」といった抽象的な公約が多く，当選後にどこまで実現でき
たかを検証できず，無責任な政治になっていた。そこで，2003年の統一地方選
挙に向けて北川正恭三重県知事（当時）によって，英国で一般化していたマニ
フェスト選挙が提唱され，その後，相当数の首長候補者がマニフェストを掲げ
て，当選後その実現に向けて改革を進めるという「マニフェスト・サイクル」
の実践が生まれた。

　この流れは国政にも及び，2009年の衆議院選挙では，民主党（当時）が大胆
なマニフェストを掲げて政権交代を実現し，マニフェストに注目が集まった。
ところが，その後，民主党政権がマニフェストを実現できず，国民の失望を招
いて2012年に政権を失うと，マニフェスト自体の評価も低落した。ただ，自治
体ではマニフェスト首長の活躍もあり，独任制の首長であれば，そのリーダー
シップを通じてマニフェストの実現も比較的容易であり，「マニフェスト・サイ
クル」が成立しやすいと考えられる。

＜首長のリーダーシップ──個性派首長の時代？＞

　1990年代後半以降，地方分権の動きもあって，自らの個性とリーダーシップ
を発揮する首長が増えている。概ね時系列に沿って，どのような首長が登場し
たか，みていこう（肩書はいずれも当時）。

　第1に，1990年代後半には，保守・革新の枠をこえて自治体経営のあり方を

見直す「改革派首長」が注目された。たとえば，前出の北川正恭三重県知事，増田寛也岩手県知事，片山善博鳥取県知事などが，国に先がけて行政評価の導入など「NPM改革」（new public management，新しい公共管理）を実践し，地方分権の主張など自治体政治の進展にも貢献した。

第2に，2000年代に入ると，知名度を生かしてマスメディアに頻繁に登場し，自治体改革や地方分権を主張する「劇場型首長」（メディア活用型首長）が注目された。たとえば東国原英夫宮崎県知事，橋下徹大阪府知事（後に大阪市長）がこれにあたる。従来もタレント出身の首長はいたが，「劇場型首長」はその発信力を生かして全国的なメディアに登場し，国に物申すという形で様々な主張を行い，国政にも一定の影響を与えた。反面，メディアへの「話題づくり」に追われ，後述のポピュリズムの危険もあるが，その役割は正当に評価すべきであろう。

第3に，2000年代半ばから，首長選挙で前述のマニフェストを掲げて当選し，その実現を通じてリーダーシップを発揮する「マニフェスト首長」が注目された。たとえば，増田寛也岩手県知事，松沢成文神奈川県知事，熊谷俊人千葉市長（後に千葉県知事）などが，選挙で具体的なマニフェストを掲げて当選し，有権者の信任を背景として様々な改革に取り組み，注目された。その後，前述の国政におけるマニフェスト政治の退潮とともに，マニフェスト首長も減少したが，マニフェストの意義は失われていないといえる。

第4に，2020年以降の新型コロナウイルス対策でも，知事の発信力とリーダーシップが注目されたため，仮に「コロナ対策首長」と呼んでおこう。たとえば鈴木直道北海道知事は，独自の緊急事態宣言を行うなど素早い対応が注目されたし，小池百合子東京都知事は，自粛要請や協力金支給など国に先がけた決断と発信力を示したし，吉村洋文大阪府知事は，緊急事態宣言の出口戦略における大阪モデルを提示した。国の対応がちぐはぐで，説明も遅れがちだったこともあって，首長たちのわかりやすい対応と説明は注目された。

このように個性的な首長が注目されてきたのは，独任の首長制の強みのほか，後述する官僚制組織の補佐によるところも大きいと考えられる。

＜自治体政権という考え方＞

　このように，首長を中心として自治体運営の中枢を担う人々やその権力のことを「自治体政権」と呼ぶことができる。国政において，自民党政権とか安倍政権というように政治行政の中枢を担う人々やその権力は「政権」と呼ばれるが，一定規模以上の自治体でも，首長個人の努力だけでなく，副首長，企画部長，秘書室長，特別秘書，首長ブレーンなど，首長を直接補佐する人々の役割が重要になる。これらの集団が首長の方針を職員組織に浸透させたり，首長に代わって議会と交渉したり，広報戦略を立てたりするのである。

　たとえば松沢成文神奈川県知事（2003〜2011年在任）の場合，議会の多数派は反知事であったが，副知事3名，知事室長，特別秘書1名，ブレーン延べ6名などが知事を支える体制を採り，受動喫煙防止条例をはじめ様々な政策を実現した。職員の補佐だけでなく，こうした集団がどう形成され，機能し，変容したかにも注目する必要がある（以上，礒崎2017：4-，412-）。

＜首長のポピュリズムにどう対応するか＞

　このように幅広い権力を持つ一方で，有権者の支持がなければそれを維持できない首長には，ポピュリズムの危険が伴う。「ポピュリズム」には様々な定義がありうるが，ここでは「問題を単純化し，大衆の感情に訴えて目的を達成しようとする政治スタイル」と定義しておこう。たとえば，前出の橋下徹大阪府知事は，2011年，既成の政治行政を批判し，「大阪都構想」を掲げて大阪ダブル選挙（知事・市長選挙）で勝利し，「維新の党」を率いて国政にも影響力を発揮した。その手法は，既存の地方政治家や公務員が改革を邪魔していると主張し，それらの「エリート」に対する大衆の反発感情を呼び起こして，自らの提案に支持を呼びかけるものであり，ポピュリズム的手法といえる。

　ポピュリズムは，しばしば「大衆迎合主義」「人気取り」として批判されるが，民主主義の政治では，多くの人々から支持を獲得してその思いを実現しようとすることは当然であり，政党・政治家の義務ともいえる。そこで，ポピュリズムを全否定するのではなく，その意義を理解したうえで，どのようにして

ポピュリズムを「飼いならすか」を考えるべきである（吉田2011：15）。ポピュリズム的手法をとる首長に対しても，「敵」を設定して「対立」を煽る傾向，問題を単純化して一時的支持を集める傾向には警鐘を鳴らしつつ，その問題提起や改革のエネルギーは評価するといった対応が求められよう。

＜首長の多選は問題か＞

　このように幅広い権限を持つ首長であるだけに，その在任が長くなるほど次のような問題点が生まれてくる。

① 首長の慢心・独善の拡大（周囲からおだてられ，自分はすぐれたリーダーだと思い込み，自分への批判や直言を排除し始めること）

② 人事の偏向と組織のマンネリ化（幹部職員が首長を喜ばせる競争を始め，「勝ち組」になった職員が側近化する一方で，それ以外の職員の士気が下がり，組織の活力が失われること）

③ 議会の有力議員とのなれ合い（議会の会派や有力議員が首長や側近とつながって，首長への監視・批判が弱くなること）

④ 利益団体等とのなれ合い（利益団体や企業などが自らの利益実現を求める代わりに，選挙で首長を支援するという相互依存関係ができあがること）

　一言でいえば，首長の多選（概ね3期12年をこえる連続当選）によって，相互依存の「もたれ合いの構造」が自治体の政策決定や組織運営をゆがめるのである。しばしば「多選は腐敗や不祥事を生みやすい」といわれるが，「護送船団」ができると選挙は安泰だから，無理な資金集めなど違法行為や不祥事は多くない。もちろん首長の個人的な資質の問題でもない。日々の適法行為の積み重ねの中に「ゆがみ」が生じる点に深刻さがあるのである。

　もちろん，首長の多選は選挙で有権者が選んだ結果だから，これを制度的に制限する必要はないという意見もある。しかし，上記のような「もたれ合い」は有権者には伝わらないため，米国の大統領や各州知事のように，最初から任期について何らかの制限が必要だと思われる。そして制限を行うとすれば，法律ではなく自治体ごとに住民の意見を聴きながら条例で定めることが望ましい。

2000 年代に首長多選の問題点が指摘され，いくつかの自治体で首長多選自粛条例がつくられたが，さらに実効性のある仕組みを検討すべきであろう。

3．自治体官僚制の仕組み

＜官僚制とはなにか＞

　首長が以上のような大きな権限を適切に行使するには，補助機関たる職員組織の補佐が不可欠である（地方自治法 161 条〜 175 条）。首長の政策展開や組織運営も，実際に具体化し実施するのは数多くの職員である。この職員組織は，官僚制の原則によって組織，運営されている。

　官僚制（bureaucracy）とは，行政機能を集団的に果たすための階統制組織（ヒエラルキー組織）またはその編成原理のことをいう。官僚制は，近代社会における複雑かつ多岐にわたる機能をトップの指示の下で組織的に処理するためにつくられた仕組みであり，階統型（ピラミッド型）の組織形態を採っている点に本質がある。自治体の職員組織も，首長の下に部局長級―課長級―係長級――一般職員が配置され，階統型の組織形態によって業務が進められるため，官僚制組織といえる。

＜官僚制は合理的か？＞

　M. ウェーバーは，近代官僚制について，① 規則による規律，② 明確な権限，③ 階層制（指揮命令の一元化），④ 官職専有の排除，⑤ 文書主義，⑥ 資格任用制など 12 の特徴によって理論づけた。これらの原則によって，官僚制は組織の機能を最も合理的に発揮することができる（ウェーバー 1987：53-）。彼は，官僚制を合理性の象徴であり，精密機械のイメージで描いたのであり，これが近代官僚制のモデルとなった。これらの原則は，情報化・デジタル化などによる変容を受けながらも，原理・原則としては今日まで継承されている。

　これに対して R. マートンは「官僚制の逆機能」の存在を指摘し，その内容として，① 規則万能主義，② 責任回避・自己保身，③ 秘密主義，④ 前例主義，

⑤権威主義，⑥繁文縟礼（規則が細かすぎて非能率的なこと），⑦セクショナリ
ズムを指摘した（マートン 1961：181-）。官僚制の諸原則が期待された機能では
なく，逆の役割・働きを生んでいると主張したのであり，これらは私たちが官
僚や官僚組織に抱いている問題点や弊害と合致している。

　この両者の理論は，一見対立しているようであるが，官僚制の機能と弊害と
いう両面を提示していると考えられる。ウェーバーが定式化した官僚制の合理
的なメカニズムは，現代の組織でも基礎になりうるものであるが，同時にマー
トンの指摘する逆機能も広くみられる問題点・病理であり，これを抑制・解決
しながら組織の運営や不断の改革を行う必要がある。自治体組織でも，多様な
業務を円滑に処理するために，官僚制の原則は必要であるが，これらの原則が
行き過ぎると，規則万能や前例踏襲のため住民のニーズを軽視したり，セクシ
ョナリズムに陥って総合的な発想が失われるなどの問題点が生じる。

　首長や幹部職員は，こうした問題点を認識して組織マネジメントを行うべき
であり，住民はこうした特徴を知ったうえで，参加や監視によって住民の役に
立つ「役所」に導く必要がある。前述の「NPM改革」も，民間経営の発想に
学びながら，こうした官僚制の問題点を是正する改革であったといえる。

＜軍隊型組織とネットワーク型組織＞
　階統制組織を採る官僚制では，トップを中心に指揮命令系統が一元化される
点に特徴がある。この指揮命令系統の一元化を徹底したのが「軍隊型組織」で
ある。軍隊では直属の上官の命令が絶対とされ，それ以外の情報に惑わされな
いことが求められるため，トップの指示が無駄なく末端にまで貫徹される（い
わゆる上意下達）。

　これに対して，研究機関やプロジェクトチームなどの「ネットワーク型組織」
は，指揮命令系統は存在するものの，それ以外の水平的・多元的な情報交換が
重視され，一元的な意思決定より個々の裁量や工夫が重視される。

　現実の行政組織は，この2つのタイプを両極端として結んだ線上のいずれか
に位置すると考えられる。すなわち，指揮命令系統の一元化を原則としつつ，

水平的な調整や情報共有が日常的に行われ，構成員の提案や自発的な行動が重視される。ICT 技術の発達がこの傾向を促進している。

　自治体組織も，上司の指示に従うことを強調する「軍隊型組織」に近い組織と，構成員の発意や工夫を重視する「ネットワーク型組織」に近い組織がありうる。自治体は，こうしたタイプの違いを意識しながら，両者の適切なバランスや両者を組み合わせた組織マネジメントを行うべきであろう。

＜自治体官僚制の特徴は？＞

　前述のとおり自治体組織も官僚制組織であるが，国の官僚制組織とは異なる点も多い。

　第1に，国は各省庁の自律性が高いが，自治体は前述のとおり首長制を採り，職員の採用・配転も一元的に行っているため，セクショナリズムの弊害は比較的少ない。部局間で対立する問題があっても，最後は首長が決定するため，全体の利益を考慮した判断が可能であり，職員（特に事務職）も複数の部局における勤務を経験するため，現在の所属部局の利害に縛られるわけではない。

　第2に，国の職員は採用時の総合職（幹部候補生）・一般職の区別があり，その後のキャリア形成に大きな差異を設けているが（いわゆるキャリア・システム），自治体は大卒程度・高卒程度といった試験区分はあるものの，スタート時には大きな差異を設けず，その後の勤務ぶりによって管理職等の選考が行われる「遅い昇進システム」（稲継 1996）が採られている（一部の自治体では課長試験等によって比較的早期に管理職を登用する制度を導入している）。そこで，上意下達の絶対性や権威主義は相対的に希薄であり，むしろ横並び主義，集団主義の傾向が強いといえる。

　第3に，自治体といっても都道府県・大都市・一般市町村という種類や，職員・財政等の規模の違いによって，職員組織のあり方が異なっている。一般に，都道府県・大都市など職員組織の規模が大きいと，職員組織の自律性が高く，官僚制の特質が現れやすいが，一般市町村は職員組織の規模が小さく，しかも住民との距離が短いため，官僚制の特質は希薄になりがちであり，むしろ首長

や副首長の個性に左右される面が強い。

これに関連して,「都市官僚制」という概念についても,「都市」と「農村」という区分によって職員組織を分ける意義は乏しいため,ここでは「自治体官僚制」と言い換えて使用している。都市化が進んだ現在,社会全体が都市型社会となり,伝統的な村落や人間関係は希薄化し,価値観の多様化や利害対立の問題を抱えている。地方圏の自治体も都市型社会に合った行政組織に変容し,都市官僚制の性格を帯びるようになった。むしろ,上述のように自治体組織の規模による差異が大きいと考えられるのである。

＜自治体組織の意思決定——トップダウンかボトムアップか＞

国の政治行政では,政治家・政党と官僚組織の関係,すなわち「政官関係」が論じられ,かつては「官僚主導」だったが,近年は「政治主導」になっているといわれる。民主主義の原理からすると,選挙で選ばれた政治家や政党が政治行政の主導権を持つのは当然のことであるが,政治家は当該分野の専門知識は不十分であるため,官僚の補佐や提案も重要である。

これに対して自治体の政治行政では,独任の首長制の下で,首長は4年間の任期が保障されており,職員の人事権も有しているため,官僚組織が首長の意向を軽視することは困難である。制度上「政治主導」が埋め込まれているといえる。もちろん首長の中には,強いリーダーシップを発揮しない「調整型」の首長もいるし,具体的な施策事業は官僚組織が立案や執行を担当することが通例であるが,首長が明確な方針を示して指示すれば,官僚組織はそれに従って対応を進める。

官僚制組織の意思決定は,「稟議制」(または決裁制度)といわれる方式を採る。稟議制は,図表7-5のように,下位の職員が原案を作成し(起案),中間者が順にそれを承認し(回議),最後に決定権限を有する職員が決定する(決裁)という意思決定の仕組みである。自治体の場合も,担当職員が原案を起案し,係長や課長がそれを点検・承認し,最後に首長が決裁することによって正式な決定となる(日常的な事項は部課長に決裁権を委任していることが多い)。この方式は,前

図表7-5　自治体組織の意思決定方式

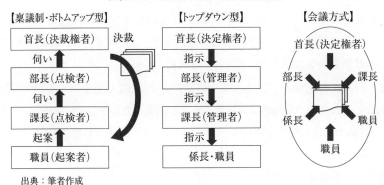

出典：筆者作成

述の指揮命令の一元化原則や文書主義の原則に適合したやり方といえる。「ボトムアップ型」の決定方式が基本とされているのである。

　しかし，実際には，図表7-5のとおり，首長や部局長が指示をして担当課・担当者がそれを具体化して実行する「トップダウン型」の決定も行われるし，首長や部局長を含む会議で協議・調整を行って決定する「会議方式」の決定も行われる。重要な意思決定や緊急の意思決定ほど，こうした方式が使われる。しかし，「トップダウン型」や「会議方式」で実質的な決定が行われた場合でも，その後に改めて起案書を作成して決裁をとって，正式な決定とすることが多い。この文書化によって決定の経緯，内容，責任者が明確にされるし，この文書を保存することによって，住民の情報公開請求に応じることができ，説明責任も果たせるのである。

4．自治体官僚制の実態

＜自治体職員を支える能力実証主義＞

　自治体職員の任用（採用や昇進）は，受験成績，人事評価その他の能力の実証に基づいて行わなければならない（地方公務員法15条）。この原則は能力実証主義（成績主義ともいう）と呼ばれ，公務員を支える重要な原則となっている。首

長や議員（特別職）は選挙によってその地位が与えられるが，公務員（一般職）は公務遂行の能力が証明されることによってその地位が保障される。そのため，職員の採用は原則として競争試験（例外的に選考）によって行われるし，管理職等への昇任も競争試験または選考によることとされている。

また，これらの試験や選考は，能力実証の手段として適切な制度に基づく必要があるし，公平かつ客観的に実施されることが重要であり，人間関係（いわゆるコネ）に基づく判断や恣意的な決定が行われないようにする必要がある。

＜職員の身分保障と義務＞

自治体職員（一般職）については，公務員法に基づいてその身分が保障される一方，いくつかの義務が課せられている。

身分保障に関しては，地方公務員は法律等で定める事由によらなければ，降任・免職などの不利益処分を受けることはないと定められている（同27条）。人事権を持つ首長であっても，正当な理由がなければ不利益処分を行うことはできないとすることによって，公務の中立性・安定性を確保しようとしているのである。

その反面，職員にはいくつかの義務，権利制限も課されている。

第1に，職員については，一定の政治的行為が制限されている（同36条）。公務の政治的中立性への信頼を確保しようとするものであるが，このように勤務時間外の活動を広汎に制限することについて，学説では政治活動の自由の過大な制限であり，憲法違反のおそれがあるという指摘も多い。

第2に，職員については，同盟罷業，怠業その他の争議行為が禁止されている（同37条）。社会機能を維持するために，いわゆる労働三権のうち争議権が認められていないのである。

第3に，職員については，営利活動に従事することが制限されている。すなわち，職員は任命権者の許可を受けなければ，営利企業の役員を兼ねたり，報酬を得て事業等に従事してはならない（同38条）。公務に対する信用を確保するとともに，職務に専念させるための制約であるが，近年，公務員も多様な能力

を地域の活力に生かせるよう緩和すべきであるという議論もある。

＜自治体職員は遅い昇進システム＞

　職員の昇進は，「遅い昇進システム」とされている。これは採用後，長期間にわたり一律的で緩慢な昇進が行われる仕組みで，民間を含めた日本型人事管理の特徴である。この方式は，職員のモチベーションを長期間維持できる点で合理的な側面があるが（以上，稲継1996：10-），すぐれた幹部職員を養成・登用することや，職員のチャレンジ精神や自己研鑽を促すためには，管理職の早期登用も重要であり，複線型の人事システムへの転換等も必要になっている。

　職員の異動（配置転換）は，3～4年ごとの短期間での異動が基本になっているが，専門性の育成や公務の継続性から，もう少し長い期間を確保することも考えるべきであり，ここでも個人の能力や個性に合った多様な仕組みが必要になっている。

＜大部屋主義で働く自治体職員＞

　自治体職員は，大部屋主義と呼ばれる組織形態の中で仕事をしている。「大部屋主義」とは，業務の遂行を部や課という集団に委ね，その構成員が協力して遂行する組織形態であり，日本型組織の特徴とされる。図表7-6のように，実際に1つの執務スペースに職員のデスクを並べて業務を行うスタイルが多い。これに対して「個室主義」は，業務や権限を明確に区分して個人に委ね，個人が独立して業務を遂行する組織形態であり，欧米の組織はこの形態を採ることが多いとされる。実際に一定の権限を有する職員ごとに個室で業務を行うスタイルが多い（以上，大森1995：137-）。

　大部屋主義のメリットとしては，① 職員間の協力によって柔軟な対応が可能であること，② 職員間で情報を共有化しやすいこと，③ 人間関係が良好であれば，職員のモチベーションが高まること等が挙げられる。デメリットは，① 業務の責任が不明確であり，個人の人事評価が難しいこと，② 職員の個性や能力を生かしにくく，過剰同調になりがちであること，③ 職場の雰囲気がぬるま

図表7-6　個室主義と大部屋主義

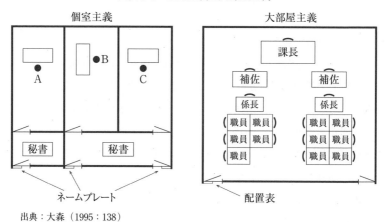

出典：大森（1995：138）

湯的になりがちであること等が指摘できる。

　今後は，大部屋主義を基本としつつ，職員の業務目標を明確にすることや，職員の個性や能力を引き出す運営を行うことが求められよう。

＜自治体職員の働き方・生き方＞

　自治体職員の仕事は，ルーティンワーク（定型な事務処理）が多いが，ルーティンワークの中にこそ地域の問題が潜んでいる。職員には，それを感じ取る力と，解決・改善にもっていく姿勢が求められる。そうした試みによって，仕事に自分らしさを込めることも可能になる（ルーティンワーク・アイデンティティ）。

　そうした職員の中から，与えられた仕事と職場の枠をこえて，自主研究グループをつくって地域の問題を考えたり，全国規模の学会や研究会に参加し，他流試合の中で刺激と情報を得て，自らを磨く者も現れている。

　こうした職員は，最初は少数派であるが，少しずつ職場の雰囲気を変え，首長や幹部職員の思いと呼応して組織を変え，いずれ地域も変えていく。自治体職員の醍醐味の1つである。

お わ り に

　自治体の運営において，首長のリーダーシップが重要である。私たち住民は，すぐれた人材を首長に押し上げ，その取り組みを応援し，監視していく必要がある。同時に自治体の運営は，自治体職員という官僚制組織によって底支えされている。この官僚制組織は，官僚制の病理という問題点も抱えるが，首長の指揮と議会の監視の下で，住民の参加・協働も得て地域の課題解決に大きな成果を挙げることもある。

　本章では，住民の役割については十分に論じられなかったが，首長と自治体官僚制を機能させ，豊かな自治を実現するうえで，住民の参加・協力・監視が欠かせないのである。

参 考 文 献

礒崎初仁（2017）『知事と権力―神奈川から拓く自治体政権の可能性』東信堂
礒崎初仁・金井利之・伊藤正次（2020）『ホーンブック地方自治（新版）』北樹出版
稲継裕昭（1996）『日本の官僚人事システム』東洋経済新報社
ウェーバー，マックス（1987）『官僚制』（阿閉吉男・脇圭平訳）恒星社厚生閣
大森彌（1995）『現代日本の地方自治』放送大学教育振興会
北村亘・青木栄一・平野淳一（2017）『地方自治論―2つの自律性のはざまで』有斐閣
柴田直子・松井望編著（2012）『地方自治論入門』ミネルヴァ書房
ツェベリス，ジョージ（2009）『拒否権プレイヤー―政治制度はいかに作動するか』（眞柄秀子・井戸正伸訳）早稲田大学出版部
マートン，ロバート（1961）『社会理論と社会構造』（森東吾・森好夫・金沢実・中島竜太郎訳）みすず書房
吉田徹（2011）『ポピュリズムを考える―民主主義への再入門』NHK 出版

【用語解説】

〇二元代表制（首長制）
　自治体の首長と議会が別個に住民の直接選挙によって選出され，それぞれが代表機関とされる仕組み。両者の「抑制と均衡」（チェック・アンド・バランス）によって，互い

の独走や専横を防止するというねらいがある。

○行政委員会

首長から相対的に独立して特定の行政を処理する合議制の執行機関。このように行政権限の一部を首長から切り離し，専門の機関に分掌させる仕組みを「執行機関の多元主義」という。

○官僚制

行政機能を集団的に果たすための階統制組織（ヒエラルキー組織）またはその編成原理のこと。官僚制は課題を処理するための合理的な仕組みだが，逆機能を有する。

○稟議制

下位の職員が原案を作成し（起案），中間者が順にそれを承認し（回議），最後に決定権限を有する職員が決定する（決裁）というボトムアップ型の意思決定の仕組み。

○遅い昇進システム

採用後，長期間にわたり一律的で緩慢な昇進が行われる仕組み。職員のモチベーションを長期間維持できるというメリットがあるが，人材養成等の点で課題もある。

○大部屋主義

業務の遂行を部や課という集団に委ね，その構成員が協力して遂行する組織形態。欧米の「個室主義」に対置され，日本型組織の特徴とされる。

第 8 章　都市政治と公共政策

秋　吉　貴　雄

は じ め に

　環境問題から交通問題，教育問題まで，社会は様々な「問題」を抱えている。
そのような問題に対処していくために政府を中心に「公共政策」が策定され，
実施されている。例えば，国が抱える様々な環境問題に対応していくために環
境省が設置され，汚染防止のための規制といった「環境政策」が国会での議論
を経て策定され，環境省を中心に実施されている。都市においても同様に様々
な「問題」を抱えており，国と同様に様々な政策が策定され，行政を中心に実
施されている。

　本章では，公共政策学での様々な知見をもとに，都市政治の特性を踏まえた
上で，都市における公共政策の特性について検討していくための様々な視座を
説明していく。

1．公共政策の基本構造

＜公共政策と政策問題＞

　「公共政策（public policy）」とは何か？「教育政策」や「環境政策」といった
個別の政策に対し，「公共政策」は具体像が掴みづらいかもしれない。実際に，
公共政策には様々な定義が存在しているが，本章では，「公共的問題（政策問題）
を解決するための，解決の方向性と手段」（秋吉・伊藤・北山 2020：4）という定
義を手がかりに，公共政策について検討していく。

　この公共政策の定義においてまず重要なのが，「公共的問題（政策問題）」という部分である。「公共的問題（政策問題）」とは，端的には，「個人」ではなく，「社会」で解決すべき問題として，広く認識された問題である。

　われわれは日々様々な問題を抱えながら生活している。大学生であれば，定期試験をどのように乗り切るかといった問題から，公的な奨学金が受給しづらい問題まで多様な問題があるかもしれない。前者のような問題であれば，「私的な」問題として，個人での解決が求められるであろう。それに対して後者のような問題はどうだろうか。奨学金制度の整備は個人での解決は困難である。そうすると，「社会で解決すべき」問題と認識され，「公共的問題」としてその解決が図られるのである。

　もっとも，ここで気をつけなければいけないのが，社会で解決すべきと「認識」されるということである。前述した公的奨学金の問題についても，「奨学金が受給できず，進学できない学生が多数いる」という状態が存在していることが誰かによって「発見」されなければ，奨学金の問題が議論されることはない。さらに，「奨学金が受給できず，進学できない学生が多数いる」という状態が「公的奨学金制度が不十分な問題」として「定義」され，「社会で解決すべき」問題として「認識」されなければ，政策問題とはならない。反対に，「奨学金が受給できず，進学できない学生が多数いる」という状態を「自己責任」の問題と「定義」されると，「個人で解決すべき」問題として「認識」されるのである。

　このように，「公共的問題」，すなわち「政策問題」は，誰がどのように「定義」し，「認識」されるかによって，対応が大きく異なってくる。その問題を取り上げられることで都合が悪い人は，「自己責任」といったような形でわざと「個人で解決すべき」問題とするかもしれない。すなわち，「政策問題」には「政治性」があることを見落としてはいけないのである。

＜公共政策の体系＞
　公共政策の定義（「公共的問題を解決するための，解決の方向性と手段」）において，次に重要になるのが，「解決の方向性と手段」という部分である。

　公共的問題の解決を検討するということになると，一般には具体的な解決策を巡っての議論が行われるであろう。例えば，駅前の商店街がシャッター商店街化しているとなれば，商店街を活性化するために，新規出店者への支援だったり，集客イベントの実施であったり，様々な解決策が議論の対象となる。しかし，ここで忘れてはいけないのが，「どのような商店街にするか」というビジョン，すなわち「方向性」である。駅前の商店街をかつての賑わいを取り戻すように，いわゆる「Ｖ字回復」するように活性化するのか，それとも，商店街をこれ以上悪化させずに「持続可能」な形にするように活性化するのか，方向性が異なれば当然のことながら具体的な手段も異なってくるのである。

　このように，公共政策には，政策問題の解決の方向性から具体的な手段までが含まれるものとなっている。そこでは「政策体系」と称されるように，「政策」―「施策」―「事業」と称される階層構造となっている（図表8-1）。さらに，そこには「目的手段関係」があり，施策は政策を実現するための手段であり，事業は施策を実現するための手段となっている。都市政策では長期計画として「総合計画」が策定されるが，そこでもこの政策体系と同様に体系化が行われている。

　まず，「政策」とは，特定の課題に対応するための「将来像や基本的方針」である。例えば，都市の生活環境整備では，当該都市でどのような生活環境を実現していくかという，環境整備で目指す方向性であり，「安心で良好な生活環境の整備」といった基本方針が設定される。

図表8-1　政 策 体 系

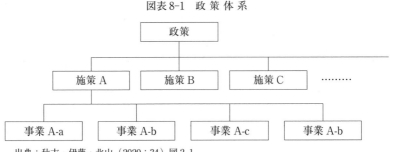

出典：秋吉・伊藤・北山（2020：34）図2-1

　次に、「施策」とは、政策で提示された将来像や基本的方針を実現するための「具体的方針や対策」である。都市基盤整備であれば、政策で掲げられた「安心で良好な生活環境の整備」を実現するために「良好な住環境の整備」や「防災体制の整備」といった具体的方針が定められる。

　最後に、「事業」とは、施策で提示された具体的方策や対策を実現するための「具体的な手段や活動」である。都市基盤整備であれば、施策で掲げられた「良好な住環境の整備」を実現するために「生活道路の整備」や「公園の整備」といった活動が行われる。

＜公共政策の手段＞

　公共政策では、公共的問題（政策問題）を解決するための方向性が検討され、それをもとに具体的な手段が策定される。

　そこでは、公共政策によってどのような状態を目指すのかという「政策目的」が検討され、その政策目的を具体化したものとして「政策目標」が設定される。例えば、駅前商店街の活性化であれば、商店街のかつての賑わいを取り戻すことを「政策目的」にすると、それを具体化した「空き店舗率減少」といった「政策目標」が設定される。近年では、さらにその「政策目標」は数値化され、測定可能な「数値目標」が設定されるようになっている。

　そして、この「政策目的」を実現し、「政策目標」を達成するための具体的な行動案が検討され、これが「政策手段」となるが、大きく、① 直接供給、② 直接規制、③ 経済的インセンティブ、④ 情報提供、といった4つの手段があることが指摘されている（秋吉・伊藤・北山 2020）。

　第1の「直接供給」とは、行政が特定の財やサービスを住民に供給するという手段である。社会において必要な財やサービスが市場で供給されない場合、行政が直接供給するということになる。例えば、教育サービスについては、民間だけで全てを提供することは困難であるため、行政によって学校が設置され、サービスが直接供給されている。

　第2の「直接規制」とは、行政が企業や個人の自由な活動を制限するという

手段である。直接規制には，市場への参入（事業の開始）や市場での価格設定といった自由な経済的活動を制限する「経済的規制」と，社会の安全の確保といった社会秩序を維持するために自由な活動を制限するという「社会的規制」とがあるとされる。例えば，企業の工場から排出される様々な物質が自然環境を汚染する場合，行政が排出基準を設定し，企業の生産活動が制限されることになる。

　第 3 の「経済的インセンティブ」とは，政府が主に金銭によって企業や個人の行動を特定の方向に誘導するという手段である。「アメと鞭」とも称されるように，金銭の付与によって特定の行動を取らせるように誘導することもあれば，金銭の徴収によって特定の行動を取らせないようにすることもある。例えば，省エネルギーのための新技術の開発に取り組んでもらうように，行政は企業に対して補助金や助成金を給付する。反対に，環境汚染につながる行動を取らないように，政府は企業に対して汚染賦課金を設定するのである。

　第 4 の「情報提供」とは，行政が企業や個人に対して情報を提供し，特定の方向に誘導することである。例えば，人権問題が生じた地域であれば，行政は講演会やリーフレットによって情報を提供し，住民の人権意識を啓発する。また，近年では，ナッジ手法として，この情報提供が用いられることがある。例えば，住民税の納付が遅れている住民に対して，通知書に現在の住民全体の納付状況に関する情報を掲載して，税の納付を促すといったことが行われたりしているのである。

2.　都市政策問題の特性

＜「厄介な問題」としての都市政策問題＞

　前節で示したように，公共政策とは，政策問題（公共的問題）と認識された問題の解決の方向性と具体的な手段である。

　公共政策を「問題の解決の方向性と具体的な手段」とすると，その方向性と手段とをどのように開発し，最適なものを選択するということに焦点が当てら

れるかもしれない。しかし，政策問題（公共的問題）は，何が問題かということから不明確であり，問題の構造も日々変化し，問題の解決策も多様であるといったように，「厄介な問題（wicked problem）」となっている。そのため，問題を解決するためには，いきなり解決の方向性と手段について検討するのではなく，問題そのものについて検討しなければならない。

　後述するように，政策問題には，①複雑性，②悪構造性，という特性があり，都市が抱える様々な政策問題にもこの特性は当てはまり，都市の政策問題も「厄介な問題」となっている。

　都市の政策問題を「厄介な問題」とするのが，都市における，①アクターの多様性，②不確実性，という2つの特性である。

　前者に関しては，都市においても多様なアクターが政策問題に関与していることが指摘される。議員や行政職員といったアクターだけでなく，当該問題に関する専門家から当事者，さらには住民まで多様なアクターが関与している。例えば，都市の中心市街地の活性化といった問題は，多くの人々が関与していることは明確である。さらに，住民といったアクターについては，都市では多様な背景を持った人達で構成されており，問題の捉え方も多様なものになってくるのである。

　後者に関しては，政策問題を取り巻く様々な環境に不確実性があることが指摘される。前述したように政策問題は時間とともに変化するが，問題に影響を及ぼす社会経済状況が大きく変化するものである。例えば，都市の中心市街地の活性化については，都市圏の人口が影響してくるが，それが将来どのように変化するかということは不確実である。そして，このことは後述するように，政策問題の解決案がどのような結果を将来もたらすかということにも影響してくるものであり，この不確実性が問題への対応を困難にしてくるのである。

＜問題の複雑性＞

　政策問題の特性の1つである「複雑性」には，①全体性，②相反性，③主観性，④動態性，といった4つの要因があることが指摘されている（秋吉・伊

藤・北山 2020）。

　第 1 の全体性とは，政策問題が他の政策問題と密接に関連していたり，政策
問題が複数の問題から構成されたりしているということである。例えば，都市
では慢性的な道路渋滞という政策問題があるが，これは公共交通が十分に整備
されていない問題や，商業地域や住宅地域の区分といった問題と密接に関連し
ている。また，保育所待機児童の問題は，保育所不足の問題，保育士不足の問
題，育児休業制度の問題といった複数の問題から形成されている。

　政策問題の全体性という特性から，政策問題は一種の「システム」としてそ
の構造を捉える必要があり，総合的に問題を解決しなければならないというこ
とが指摘されている。先ほどの道路渋滞の問題も，道路の拡幅やバイパスの整
備だけではなく，公共交通の整備といったように総合的な対応が必要になって
くるのである。

　第 2 の相反性とは，ある政策問題の改善が，他の問題の悪化につながってし
まうこともあるということである。全体性という特性で示したように，政策問
題は相互に密接に関連しており，特定の政策問題の改善策が，他の領域で悪影
響を及ぼしてしまう可能性は十分にある。経済開発と環境保全の問題は代表的
な例であり，都市の土地利用における商業開発と住環境の確保といったように，
都市の政策問題においても相反性は存在している。

　そのため，全体性における対応と同様に，システムとして影響関係を考慮す
ることが重要であり，特に他の領域においてどのような副作用を生じさせてし
まうのか，検討する必要があるのである。

　第 3 の主観性とは，政策問題に関わるアクターごとに，「問題」と認識される
ものが異なるということである。前述したように，社会において不都合な状況
が問題状況として認識されるが，どのようにその問題状況を解釈し，どのよう
な問題として定義するかということは，アクターの立場によって大きく異なっ
てくるのである。例えば，「子供が産まれない」という問題に関しても，その状
況を共通に認識したとしても，それが「世帯収入が少ないために子供が産めな
い」問題と捉えるのか，「育児の負担が大きすぎて子供が産めない」問題と捉え

るのかは，アクターの立場によって大きく異なってくる。

　また，アクター間で問題の定義が異なった場合，「誰の定義が採用されるのか」ということは非常に政治的である。その問題状況を取り上げてほしくないアクターにとっては，問題を「自己責任」であるとしたり，場合によっては問題自体を取り上げないようにしたりすることもあるのである。

　第四の動態性とは，政策問題は時間とともにその構造と要因が大きく変化してくるということである。社会構造が常に変化するように，政策問題の様相も時代によって大きく異なってくる。そして，問題の動態性ということから，当然のことながら問題への対策，すなわち政策も時間の経過とともに効果が低下してくる。例えば，都市においても，かつては都市の発展のために，都市の拡大（そのための開発）が求められていたが，現在ではコンパクトシティや環境保全が求められている。そのため，問題の構造がどのように変化しているのかということは，常に留意しなければならないのである。

＜問題の悪構造性＞

　政策問題には先述した「複雑性」とあわせて，「悪構造性」といった特性があることも指摘されている。政策問題を解決するために意思決定が行われ，公共政策が策定されるが，その際にはこの悪構造性が大きく影響を及ぼしてくる。

　図表8-2に示されるように，政策問題の構造には「良構造（well-structured）」と「悪構造（ill-structured）」との両極があり，対照的な形になっている。

　良構造の問題の例として，家庭ゴミ輸送ルート選択問題といった技術的問題が挙げられるが，① 明確かつ合意された目的が所与のものとして存在（「輸送コストの最小化」という明確かつ合意された目的），② 問題の解決案となる代替案の範囲が限定的（ゴミ輸送のルートは限定的），③ 各代替案がもたらす結果が予測可能（ルート毎にコストは計算可能），といった特性が指摘される。

　このような良構造の問題では，与えられた目的からもっとも適切な代替案を選択するだけであり，意思決定はさほど困難なものにはならない。

　それに対し，悪構造の問題は，中心市街地活性化といった都市が抱える政策

図表 8-2 政策問題の構造

問題の要素	問題の構造		
	良 ◀	▶ 悪	
	良構造	（半構造）	悪構造
意思決定者	1人・少数		多数
代替案	少数・限定的 明確		多数・無限定的 不明確
目標・価値	明確・単一 コンセンサスあり		不明確・複数 コンフリクトあり
結　果	確実		不確実
確　率	計算可能・既知		計算不可能・未知

出所：宮川（1994：216）表 7-1 を筆者一部省略

問題の大半であり，大きく，① 目的は不明確かつ合意が困難（中心市街地をどのように活性化させるかということへの合意は困難），② 問題の解決案となる代替案の範囲は無限定的（中心市街地をどのように活性化させるかという方策は多種多様），③ 各代替案がもたらす結果が予測不可能（中心市街地の活性化方策がそれぞれ将来どのような結果を社会にもたらすかは計算不可能），といった特性が指摘される。

　このような悪構造の問題では，何らかの意思決定を行うことは非常に困難である。そもそも目的が不明確で，かつ何らかの目的を仮に設定しても社会的な合意を得ることは難しい。もし，多数決という形で強引に目的を設定したとしても，問題解決の方策（政策案）は多種多様であり，範囲を限定することは難しい（範囲を限定できなければ政策案を選ぶことはできない）。そして，極めつけとして，もし問題解決の方策（政策案）を限定したとしても，それぞれが将来どのような結果をもたらすかを計算することは不可能であり，良構造の問題のように「最適化」としての意思決定を行うことはできないのである。

3．都市政治における政策プロセス

＜アジェンダ設定＞

　都市政治における政策問題は複雑かつ悪構造であり，いわゆる「厄介な問題」である。その「厄介な問題」への対応を図る（政策案を形成し，政策案を選択・決定する）過程について示したのが「政策プロセス（policy process）」である。

　政策プロセスの段階モデルで第1段階として挙げられるが，「アジェンダ設定」である。アジェンダとは「課題」や「議題」と訳されるが，後者の方が議会での審議対象といったより公式度が高いものになる。

　アジェンダ設定では，社会において不都合な状況（問題状況）への注目が集まり，政策問題として認識されることが重要になる。問題状況への注目を集める要因としては，① 重大事件の発生，② 社会指標の変化，③ 専門家の分析，④ 司法判断，といった4つが指摘されている。そして，これらの要因によって当該問題が注目され，社会において問題解決に向けた関心が高まって「公衆アジェンダ（public agenda）」となったり，政府内部で問題解決に向けた関心が高まって「政策アジェンダ（policy agenda）」となったりする。

　この問題状況への注目に関しては，国の政治（以下，国政）ではメディアが果たす役割が非常に重要である。例えば，高齢者による自動車運転の問題については，高齢者の運転による痛ましい事故が，その背景も含めてメディアが連日報道したことによってアジェンダとして認識された。同様に，「空き家率」の悪化といった社会指標の変化についても，同様にメディアが大きく報道したことによって，「空き家問題」として認識されることとなった。

　都市政治においても，メディアは一定の役割は果たす。特に地方都市であれば，地方新聞や地方テレビ局といったメディアで問題状況が特集されることになると，行政としても対応策を検討しないわけにはいかなくなる。もっとも，例えば，後述する公共サービスの民営化といったように，政策の規模が比較的限定的な問題ではメディアでは取り上げられにくく，メディアの役割は限定的

になってくる。そのため，行政において当該政策問題を担当する部局において，先述した社会指標の変化等から，どのように問題が認識されるかということは非常に重要になってくるのである。

＜政策形成＞

　当該問題が公式のアジェンダとして認識されると，当該問題への対策案（政策案）を形成する段階となる。

　政策案の形成を担当するのは行政の担当部局である。前述したように担当部局は当該政策領域について様々な政策情報を収集しており，それらをもとに政策問題の状況を分析している。そして，担当部局は，前述した様々な政策手段（直接供給，直接規制，経済的インセンティブ，情報提供）をもとに政策案を形成していく。そこでは，1つの政策手段をもとに政策案が形成されることは稀であり，「ポリシーミックス」と称されるように，様々な手段が組み合わされる。例えば，都市部の環境政策であれば，汚染物質の排出基準といった直接規制のみではなく，環境保全技術開発のための補助金といった経済的インセンティブや，環境保全の意識啓発セミナーの実施といった情報提供といった手段を組み合わせながら政策案が形成される。

　都市政治での政策形成において注目される現象が，「相互参照」による「政策波及」である。同様の政策問題に直面した自治体間において政策が相互に参照され，同様の政策や制度が選択されるという現象である。国家間でも「政策移転」として同一の政策や制度が選択される現象は存在しているが，特に自治体間ではこの現象が顕著である。参照の方法については，いわゆる「先進自治体」と称される，注目される取り組みをしている自治体の政策・制度が参照・波及されるパターンや，近隣の自治体間で相互に参照し，政策・制度が波及されるという多様なパターンがあることが指摘されている。

　中央府省庁での政策形成と同様に，都市政治においても「審議会」といった機関への諮問が行われる場合がある。審議会は「第三者機関」とも称されるように，行政の外部の有識者（専門家）や利害関係者によって構成され，行政から

「諮問」された特定の政策課題に関して議論を行い，「答申」として審議会の意見を提出する。審議会においては，行政が作成する政策案の原案が議論の対象となり，議論の結果である答申が政策案に影響することとなる。

また，政策形成の段階では，担当部局は政策案を形成しながら，様々な主体との「調整」を行っていく。政策問題は多様な領域にまたがるものであることも少なくないため，行政内部において関係部局との調整が行われる。また，調整の対象は行政内部に限らず，外部のアクターとの調整も行われる。そこでは，市であれば国や県といった政府間での調整が行われたり，議会への条例提出ということになると議員との調整も行われたりする。また，政策を外部の主体と協働して行う場合はNPOや民間企業といったアクターとの調整が行われ，さらに，政策の対象者である住民への影響が大きくなる政策であれば，当然のことながら当該住民に対しても調整が行われるのである。

＜政策決定＞

政策プロセスの第3の段階が政策決定の段階である。担当部局によって政策が形成されるが，政策を実施する際に行政の権限を規定する必要がある場合は，議会で条例が制定されることになる。また，政策の実施において財源が必要になる場合は担当部局の予算が計上されるため，議会で予算案が検討される。

自治体の議会は，国会と同様に，本会議と委員会との構成になっており，政策領域ごとに常任委員会が編成されている。自治体の議会では，まず，本会議に行政から議案が提出され，質疑応答後，関係する委員会に付託される。例えば横浜市議会においては，常任委員会は8つの委員会があり（2022年7月現在），市営地下鉄の問題に関しては「水道・交通委員会」が担当することとなっている。

委員会での審議（審査）においては，地方自治法によって「公聴会」の開催や「参考人」の招致が認められており，当該政策問題に関する専門家や利害関係者から直接意見聴取することも可能になっている。

委員会での審議が終了すると，次に本会議において審議が行われる。委員会で実質的な議論が行われるため，国会と同様にいわゆる「セレモニー」となる

印象があることは否めない。もっとも，委員会審査での議論についての「討論」において，当該政策課題に対する行政の認識や，政策の基本姿勢が広く公的に示される場であるため，委員会での審議と同様に重要な場となるのである。

＜政策実施＞

　政策のプロセスの第 4 の段階が政策の実施である。公的に決定された政策は，その目的・目標を達成するために政策対象に対して「実施」される。政策の実施において中心となるのが当該政策問題の担当部局である。例えば，横浜市では，保育所の待機児童対策に関しては，「こども青少年局保育・教育部保育対策課」が担当し，2022 年度では，保育士を経済支援するための「保育士宿舎借り上げ支援事業」といった事業を実施している。

　もっとも，政策の実施は全て行政によって行われるわけではない。近年，「協働（パートナーシップ）」という言葉でよく知られるように，民間企業や NPO といった行政外部の組織がその一部を担当することがある。例えば，横浜市の放課後児童育成事業では，2022 年度は小学校に「放課後キッズクラブ」が設置され，民間企業，NPO，公益財団法人といった，行政外部の多様な主体によって運営されている。様々な主体が連携して政策を実施することから，政策形成の段階と同様に，担当部局によって様々な調整が行われるのである。

＜政策評価＞

　政策のプロセスの第 5 の段階が政策の実施である。政策は実施されたら終了ということにはならない。実施された政策が，政策の目的・目標を達成したのかということについて「評価」が行われる。自治体においては，国と同様に，政策の担当者自身によって行われる「内部評価」である。

　自治体で主に行われている政策評価（行政評価と称されることが多い）は，「業績測定（performance measurement）」という手法であり，1990 年代後半に三重県で導入されてから各地方自治体に波及した。そこでは，まず，政策に対して「業績指標」が設定される。業績指標には，大きく，① 行政がどのような活動

を行ったかという「活動指標」，② 行政の活動によってどのような結果が得られたかという「成果指標」とがある。例えば，福岡市の「まち歩き観光振興事業（2020年度）」では，活動指標として「観光案内ボランティアガイド登録者数」が設定され，成果指標として「観光案内ボランティアの案内人数」といった指標が設定されている。次に，業績指標にはそれぞれ「業績目標」として数値目標が設定され，その達成度が毎年度測定される。そして，目標値を達成できていないことが判明すれば，政策の見直しが図られるのである。

近年，この業績測定において導入されているのが「ロジック・モデル」である。ロジック・モデルとは，予算や人員といった政策に投入された資源によって，行政がどのような活動を行い，それによってどのようなサービスがもたらされ，その結果どのような成果が社会にもたらされるかという経路を示したものである。このロジック・モデルを組み合わせることによって，成果が達成できていないということが判明した場合，ロジックの経路のどこの段階に問題があるのか，例えば，資源の投入から活動の段階に問題があるといったことが判明すると，改善策の検討が可能になってくるのである。

4．公共政策の変容

＜社会経済環境の変容＞

ここまで見てきたように，都市政治における政策問題と政策のプロセスは国政と同様に複雑な構造となっている。近年，その複雑性を加速させているのが，社会経済環境の変化である。

社会が多様化していく中で，様々な要因が政策問題と公共政策に影響を及ぼしているが，その中でも特に様々な政策領域に影響を及ぼしているのが「少子高齢化」の進展である。

「高齢化」に関しては，人口全体に占める65歳以上の高齢者の割合（高齢化率）が高まっていることは早い段階から意識されていた。1970年に高齢化率が7％を超える「高齢化社会」となると，メディアは高齢化にともなう問題をクロ

ーズアップすることとなった。そして，1994 年に高齢化率が 14％を超える「高齢社会」，さらに 2007 年には高齢化率が 21％を超える「超高齢社会」となり，日本は先進国の中でも類を見ないスピードで社会の高齢化が加速してきた。

　さらに 1990 年代からは「少子化」の問題が併せてクローズアップされることになった。1 人の女性が一生の間に産む子どもの数に相当するとされる「合計特殊出生率」は 2 を下回ると現在の人口を将来的に維持することが困難になってくる。日本では 1975 年に合計特殊出生率は 2 を割り込み，長期的に低下傾向にあった。そして，1989 年の合計特殊出生率が，丙午の迷信から最低の値となっていた 1966 年よりも低い「1.57」となったことが翌年の 1990 年に判明すると一気に「少子化問題」としてクローズアップされることになった。

　この「少子高齢化」は，将来的に高齢者の増加に対して，15 歳以上 65 歳未満の生産年齢人口が減少することになるため，生産力の低下や国内消費の低下といったように，日本経済全体にとっては大きな打撃を受けることになる。そのようなマクロの経済縮小は都市の公共政策にとっても重大な問題であるが，その基盤となる財政収支の悪化が深刻な問題としてのしかかってきた。財政は，端的には収入と支出によって構成される。少子高齢化が進展すると，生産者がゆるやかに減少していくために市税を始めとした収入の伸びを期待することは困難である。それに対して，高齢者が増加することから医療や介護といった福祉関連の費用といった支出が大幅に増加することになる。とりわけ，2000 年から介護保険制度が開始され，保険者が市町村と特別区となったことから，（国や都道府県も一定の負担をしているものの）都市の財政は一段と悪化していくこととなった。

＜政治状況の変容＞

　社会経済環境の変化と同時に，都市の公共政策に大きな影響を及ぼすことになったのが，「政治」の変容である。

　都市においては，国の「一元代表制」とは大きく異なる「二元代表制」という政治制度が採用されている。住民は自分たちの代表である地方議会議員とは

別に，行政のトップである市長を選挙で選ぶことになる。そのため，都市政治においては，当該都市が抱える政策問題や政治問題によって，国政とは大きく異なる政治体制になることもある。1960年代には横浜市や東京都において日本社会党や日本共産党といった革新勢力が推す候補者が首長に当選し，「革新自治体」として注目された。

　1980年代からは自民党の保守勢力と革新勢力とが「保革相乗り」したいわゆる「オール与党体制」として都市政治の運営が行われてきた。しかし，1990年代後半から地方分権が本格化し，既成政党への不信・不満が高まっていったこともあり，政治状況が大きく変容することとなった。1999年には東京都知事選挙で国や既成政党を批判して当選した石原慎太郎が，当選後もディーゼル車排気ガス規制を始めとした東京都独自の施策を展開し，「モノ言う知事」として数々の言動が注目され，多くの有権者に支持されると，多くの「改革派首長」が誕生することとなった。

　石原都政と併せて注目されたのが，大阪での政治状況の変化であった。2008年1月の大阪府知事選挙において，弁護士でテレビタレントとしても活動していた橋下徹が当選した。審議会委員といった行政活動の経験もなかった橋下であったが，「民意」を掲げ，就任早々政治手腕を発揮して府政改革に取り組んだ。そして，自身の改革に賛同する松井一郎大阪府議会議員らとともに，2010年には政治団体「大阪維新の会」を結成し，多くの現職議員を取り込んでいった。さらに，橋下は大阪府・大阪市・堺市を統合する「大阪都構想」を掲げて2011年11月の大阪市長選に立候補し，当選した。同日行われた大阪府知事選挙では大阪維新の会の松井一郎が当選したことから，橋下は松井とともに大阪都構想へ向けた改革に取り組んでいく中で，大阪市政の改革も進めていった。大阪都構想は住民投票で否決されたものの，石原と同様に橋下の言動は注目され，多くの有権者に支持されることとなった。

＜改革の進展＞

　このような少子高齢化の進展と改革派首長の誕生は，都市における公共政策

を大きく変容させることになった。特に，重要な影響を及ぼしたのが公共サービスの領域である。

　前述したように，都市の財政は著しく悪化し，地方分権に向けて財政力の強化が重要な課題であったため，自治省（現総務省）は 1990 年代前半から地方行財政の改革に取り組んでいた（秋吉 2018）。自治省は 1994 年 10 月に地方自治体に対して「地方公共団体における行政改革推進のための指針」という通達を行い，さらに，地方分権推進委員会の第 2 次勧告に基づき，1997 年 11 月に「地方自治・新時代に対応した地方公共団体の行政改革推進のための指針」（以下，地方行革推進指針）という通達を行った。地方行革推進指針では，「行政改革大綱の見直しと内容の充実，各年度の取組内容を具体的に示した実施計画の策定」が地方自治体に求められた。そして，行政改革推進上の主要事項の 1 つとして，事務・事業に関して「民間委託等の推進（積極的・計画的推進）」が掲げられた。

　政策手段の 1 つである「直接供給」として，第 1 節で述べたように，民間のみでは不足するサービスに関して行政によって様々なサービスが提供されてきた。しかし，財政状況が逼迫してくる中で，それらのサービスは改革の対象となり，「行政による供給」が見直されることとなった。そして，NPM（New Public Management）の理論や欧米での NPM に基づいた改革が日本でも紹介されてきたこともあり，1990 年代後半から，公立図書館から公立保育所まで多様なサービスにおいて，① 廃止，② 民営化，③ 法人化（エージェンシー化，PFI），④ 包括的委託（管理委託，市場化テスト），⑤ 業務委託（民間委託），⑥ 直営（職員制度の多様化），といった多様な改革が行われることになった。

　このような状況をさらに加速させたのが改革派首長であった。前述したように，改革派首長は既存政党への住民の不満を背景に台頭してきたが，そこには行政への住民の不満も含まれていることが少なくない。そのため，選挙においては，行財政改革が争点の 1 つとなり，都市の「危機的状況」として「改革」が掲げられ，その中で公共政策，特に公共サービスの見直しが叫ばれたのであった。

　公共サービスの改革，特にその供給形態の改革のあり方については，住民に

とっても生活に直結するサービスであるため，しばしば「政治化」して様々な議論が行われてきた。近年でも水道事業の民営化（民間委託）や保育サービスの民営化については，その是非が激しく議論されており，今後も様々な検討が必要になってくるものと思われる。

お わ り に

「公共的問題（政策問題）を解決するための，解決の方向性と手段」である公共政策は，問題解決のために政策体系と称される階層性を有しており，その具体的な手段については，① 直接供給，② 直接規制，③ 経済的インセンティブ，④ 情報提供，と多様な手段が存在している。公共政策を検討していく上では，政策問題の複雑性や悪構造性といった特性から，政策問題そのものに関する考察が必要である。さらに，公共政策のプロセスとして，① アジェンダ設定，② 政策形成，③ 政策決定，④ 政策実施，⑤ 政策評価という段階が存在しており，それぞれの段階の特性に関する考察が必要になってくる。

近年では，都市政治における社会経済環境と政治状況とが変容し，公共政策，特に公共サービスのあり方が大きく変容することとなった。公共サービスの一連の改革については多様な結果がもたらされており，現在もそのあり方が検討されている。

参 考 文 献

秋吉貴雄（2016）「橋下改革における民営化の失敗—ポピュリスム的政治戦略の限界」『レヴァイアサン』59 号，35-58 頁

秋吉貴雄（2017）『入門公共政策学—社会問題を解決する「新しい知」』中公新書

秋吉貴雄（2018）「公立保育所民営化政策形成過程における政策学習—東京都国立市を事例として」『公共選択の研究』69 号，40-59 頁

秋吉貴雄・伊藤修一郎・北山俊哉（2020）『公共政策学の基礎 第3版』有斐閣

伊藤修一郎（2006）『自治体発の政策革新—景観条例から景観法へ』木鐸社

今井照（2006）『自治体のアウトソーシング』学陽書房

松井望（2012a）「政策体系と政策過程」柴田直子・松井望編著『地方自治論入門』ミネ

ルヴァ書房，199-218頁

松井望（2012b）「政策設計と政策実施・政策評価」柴田直子・松井望編著『地方自治論入門』ミネルヴァ書房，219-238頁

宮川公男（1994）『政策科学の基礎』東洋経済新報社

龍慶昭・佐々木亮（2000）『「政策評価」の理論と技法』多賀出版

【用語解説】

○ナッジ

　行動経済学の知見を応用し，選択の際のデフォルト（初期設定）の変更や損失の強調や他人との比較情報の提供といった，一定の仕掛けによって住民の行動を変化させる政策手法である。

○総合計画

　地方自治体の全ての計画の基本かつ上位に位置づけられる計画であり，自治体の将来像と目標を示した「基本構想」，基本構想の実現のための「基本計画」，基本計画の実現のための「実施計画」という構成になっている。

○段階モデル（stage model）

　政策プロセスを，①アジェンダ設定，②政策形成，③政策決定，④政策実施，⑤評価，といった段階（stage）に区分し，各段階の特性について分析するモデルである。

○ロジック・モデル

　政策を実施するために投入された予算や人員をもとに，行政がどのような活動を行って，どのようなサービスを産出し，どのような成果がもたらされたのかという，政策の成果が出るまでの経路を図式化したモデルである。

○ NPM（New Public Management）

　政府部門の運営や公共サービスの供給に関して，民間企業の経営手法や市場原理を導入し，効率化を図る手法。近年では NPG（New Public Governance）としてより政府や地域のガバナンスのあり方が重視されている。

第9章　グローバリゼーションとエスニシティ

日 野 原 　 由 未

は じ め に

　グローバリゼーションとは，狭義にはヒト，モノ，カネ，情報が国境を越えて活発に移動する状況を示し，より広義にはさらに，政治や文化，アイデアなど社会のあらゆる面において各地域や国家間の相互の結びつきが世界規模に拡大することを示す。イギリスの政治学者のデヴィッド・ヘルドは，過去2000年の間の世界的宗教の展開，発見の時代，諸帝国の拡大などを例に挙げてグローバリゼーションが新しい現象ではないことに言及したうえで，現代のグローバリゼーションには，経済，政治，法，情報，環境という人びとの活動に，いろいろな変化が一体となって広く及んでいるという点で新しさがあることを指摘する。都市における人びとの生活にグローバリゼーションが及ぼす影響も，こうした現代のグローバリゼーションの現れの1つといえるであろう。

　グローバリゼーションによって，多様な人びとが暮らす都市が誕生するなかで，エスニシティをめぐる格差や差別，分断という課題が生じている。本章では，第1にグローバリゼーションが都市にもたらす変化を説明する。第2にグローバルな都市の諸相を探る。第3に再分配と承認からエスニシティをめぐる政治を考察する。第4にエスニシティをめぐる分断を乗り越える手段を検討する。最後にグローバルな都市の今後の展望を示す。

1．グローバリゼーションに伴う都市の変化

＜人の国際移動＞

　人の国際移動は，エスニシティの面で都市の人口構成に変化をもたらす。エスニシティとは，言語や文化，人種，宗教，さらには歴史を共有する民族集団の主観的な帰属意識を表し，民族性とも訳される。図表 9-1 が示すように，この 50 年ほどの期間に，母国以外の国に移住した国際移民の数は 3 倍以上に増加しており，世界人口に占めるその割合も緩やかに増加している。

　人びとはなぜ国際移動するのだろうか。移民研究は，経済学や歴史社会学などの理論を用いながら，人の国際移動の要因の解明に取り組んできた。たとえば新古典派経済学は，母国を離れるプッシュ要因と移住先の国が移民を引き寄せるプル要因からなる，プッシュ・プル理論によって人の国際移動を説明する。母国における人口増加や低い生活水準，雇用機会の不足や政治的抑圧はプッシュ要因となり，移住先における労働需要やより良い生活水準，政治的自由はプル要因となる。したがってプッシュ・プル理論は，人の国際移動を合理的な個

図表 9-1　国際移民数と割合の推移（1970 ～ 2019 年）

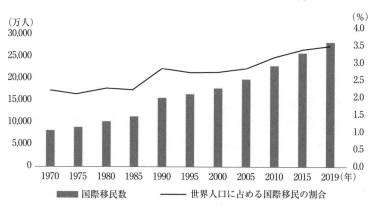

出典：International Organization for Migration（2021）*World Migration Report 2020*, p. 21

人の意思決定の帰結としてとらえる。

　経済学ではこのほか，合理的な意思決定の帰結としての人の国際移動を，個人的なものからその個人が属する社会集団によるものへと拡大し，移民の家族や属する社会集団の利益を踏まえたものとしてとらえる労働移民の新経済学も，人の国際移動の論理を説明する。たとえば，移民による母国の家族への海外送金は，母国に残る家族や親族の豊かな生活を叶える手段となるし，それが地域や国という規模であれば，その地域や国の経済発展にもつながる。また，送金による短期的な利益だけでなく，移住によって築かれる移住先の国との間の人的ネットワークの構築がその社会集団にもたらす，いわば長期的な利益によって人の国際移動を説明するのも，労働移民の新経済学のアプローチの事例である。

　一方，マルクス主義の影響を受けた従属理論と世界システム論に基づく歴史社会学によるアプローチでは，特定の国での大規模な労働移民の受け入れに着目し，それを植民地主義の遺産や戦争，地域間の経済格差によって説明する。従属理論は，資本主義的な世界経済の下で，発展する先進国に対して開発が遅れる途上国の存在を指摘する。前者の発展が後者の搾取の下に進む構造を明らかにし，この構造を生み出す資本主義的な世界経済の仕組みを批判的にとらえる。そして，この従属関係を理解するうえで，世界全体を単一の社会システムとしてとらえるのが世界システム論である。アメリカの歴史社会学者のイマニュエル・ウォーラーステインは，従属理論が示す搾取の構造が個別の国や社会で起きるのではなく，発展する中心の先進国とそれに従属する周辺的な途上国を包含する世界システムのダイナミズムの下で起きることから，世界システムというマクロの視点で分析することの必要性を指摘する。たとえば，アルジェリアからフランスへの大規模な移民や，インドからイギリスへの大規模な移民は，従属理論と世界システム論によって，植民地主義，帝国主義の観点から説明される。

　経済学と歴史社会学のアプローチに沿って人の国際移動の要因を整理したが，現代の人の国際移動はこれらの複合要因や，あるいは別の学問領域によって説明されるアプローチとも関係しながら，より複雑な背景から生じているという

実態もある。しかしながら，グローバリゼーションが進行するなかで人びとは四方八方に移動するのではなく，国際移民が集まるグローバルな国や都市が目に留まる。経済学アプローチが示す個人や社会集団にとっての経済合理性や，歴史社会学アプローチが示す歴史構造的な背景は，人の国際移動のパターンを理解するにあたり，有益な示唆を与えてくれる。

　ところで，現在日本に在留する外国人は，どのような経緯でやってきたのだろうか。日本に合法的に暮らす外国人は，出入国在留管理庁によって，「出入国管理及び難民認定法（入管法）」上の法的な資格である在留資格を付与されて入国が許可された人びとである。2022年現在，在留資格は入管法が定める29種類と，1991年に施行した「日本国との平和条約に基づき日本の国籍を離脱した者等の出入国管理に関する特例法（入管特例法）」が定める特別永住者であるが，

図表9-2　在留外国人の在留資格別割合（2021年6月末時点）

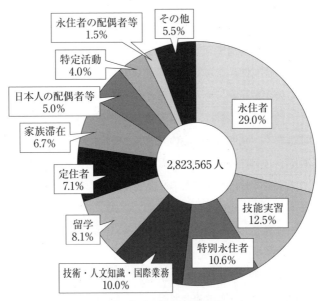

（注）「その他」には，グラフに記載のない在留資格がすべて含まれる。
出典：出入国在留管理庁「在留外国人の構成比（在留資格別）」

ここでは図表9-2に沿って，在留外国人の主な在留資格のうち割合の高い項目について説明する。

　もっとも高い割合を占める永住者は，法務大臣から永住許可を受けた者であり，身分・地位に基づく在留資格である。在留資格「永住者」の取得は，原則10年以上の継続した在留歴が求められることから，永住者は別の在留資格を経て付与される在留資格である。つぎに，技能実習である。技能実習は途上国への技術移転を通じた国際貢献を目的とした在留資格であるため，就労は可能であるが就業場所の変更は認められず，従事する業務も限定されている。3番目に多いのが，特別永住者である。特別永住者も，永住者同様に身分・地位に基づく在留資格である。特別永住者は，1952年のサンフランシスコ平和条約発効に伴い，日本国籍を離脱して外国人登録法の下で管理される外国人となった，韓国・朝鮮・台湾籍者とその子孫に付与される在留資格である。特別永住者の存在は，既述の歴史社会学のアプローチによって説明される人の国際移動のパターンを示しているといえるであろう。

<少子高齢化>
　少子高齢化は，一見するとグローバリゼーションとは無関係な各国の個別の国内社会状況の現れと思われるが，後述するように，国境を越えて移動する人びとを受け入れる環境を生み出す要因となっている。

　少子高齢化は，少子化と高齢化が同時に進行する状況を指すことから，まずは少子化と高齢化の定義について確認しよう。人口学では，少子化を「合計特殊出生率が，人口を維持するのに必要な水準（人口置換水準）を相当期間下回っている状況」として定義する。日本の人口置換水準は2.07程度とされているが，2021年の合計特殊出生率は1.30であり，また，1974年に2.05となって以来，50年近くにわたって人口置換水準を下回る状況が続いていることから，少子化社会といえる。

　つぎに，高齢化についてである。ある社会の高齢化の程度は，高齢化社会，高齢社会，超高齢社会という言葉で表す。それぞれ，人口に占める65歳以上の

高齢者の割合が7%以上，14%以上，21%以上の社会を表す。日本の高齢化率は2007年に21%を超え，その後も上昇が続き2021年には28.9%に至っている。この数字は世界各国と比べても突出して高く，日本は国際的にも顕著な超高齢社会である。

日本をはじめ，先進国の多くは少子高齢化に直面している。少子高齢化に付随して，生産年齢人口と呼ばれる15歳～64歳までの世代の減少に直面しており，そして，継続する少子化によって14歳以下の年少人口が激減していることから，将来にわたって生産年齢人口の減少が見込まれている。各国における生産年齢人口の現状と将来予測を示した図表9-3にも，この傾向が示される。なかでも，日本における生産年齢人口の減少は，諸外国と比べて突出している。

少子高齢化は，現状では日本を除けば欧米先進国に顕著な人口動態であるが，合計特殊出生率の顕著な低下はアジア各国でもすでに見られる。たとえば，2021

図表9-3　各国における生産年齢人口の割合の推移と将来予測（1980 ～ 2050 年）

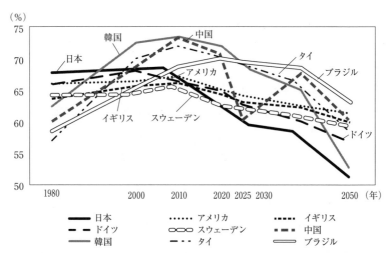

（注）2020 年以降の数値は合計特殊出生率・死亡率とも中位で推移した場合の予測値。
出典：労働政策研究・研修機構（2022）『データブック国際労働比較2022』63 頁をもとに筆者作成

年のシンガポールの合計特殊出生率は1.12，韓国では過去最低の0.81を記録し，いずれも日本よりも低い状況であり，将来的な高齢化率の上昇と生産年齢人口の減少は不可避である。生産年齢人口の減少によって，各国は労働力不足という課題に直面している。既述のとおり，国際移動する人はこの50年ほどの間に激増しており，海外から労働者を受け入れることでこうした課題に対応する国も多い。

　日本における技能実習制度の導入もその一例といえるであろう。日本は，1990年に施行した改正入管法の下で，実務を伴わない研修用の在留資格「研修」を設けた。その後，1993年に技能実習制度を導入し，在留資格「研修」で1年間の研修を終えた者について，引き続き1年間，在留資格「特定活動」の下で実務を伴う技能実習を行うことを認めた。さらに，2010年に施行した改正入管法における在留資格「技能実習」の新設，2017年の「外国人の技能実習の適正な実施及び技能実習生の保護に関する法律（技能実習法）」の施行によって，在留資格「技能実習」の下での最長5年の在留が可能な仕組みの構築と，技能実習の適正化を図った。研修や技能実習は，途上国への技術移転という国際貢献を目的とするが，とくに在留資格「技能実習」の導入以降，この在留資格の下で在留する外国人が，少子高齢化を背景に労働力が不足する日本の労働市場において貴重な労働力とみなされていることは否定できない。1節で見たように，技能実習はいまでは2番目に多い在留資格となっている。外国人を受け入れる国には，人手不足を外国人労働者によって補うことの需要があり，その背景には少子高齢化という，現状では先進国が共通に直面する課題がある。

<脱工業化>

　現代のグローバリゼーションは，20世紀後半から現在にかけて加速の一途をたどってきたが，その背景の1つに挙げられるのが脱工業化である。脱工業化について理解するうえで，まずはその前段階となる工業化について説明しよう。

　工業化とは，主たる産業が工業（製造業）であることを示す。日本は戦後，通産省の産業政策によって工業化を推進し，とくに1950年代半ばから1970年代

にかけて，自動車産業をはじめ，産業政策の下で新たに育成振興政策の対象となった合成繊維・合成樹脂・石油精製・石油化学・電子工業などの成長産業の発展によって，高度経済成長を迎えた。歴史社会学者の小熊英二は，工業化社会を，大量生産大量消費のサイクルの下で，男性労働者に安定した雇用と賃金が保障されるとともに女性の専業主婦化が進んだ社会であり，このような安定雇用と高賃金から得られる税収と積立金によって，労働政党が中心になって福祉制度が整えられる社会として説明する。日本の製造業の就業者数のピークは1603万人を記録した1992年のことであったが，その後は減少が続き，2012年には1000万人を割り込み998万人にまで落ち込んだ。こうして，主たる産業として製造業が衰退するなかで訪れたのが脱工業化社会である。新たに主たる産業となったのがサービス産業であり，これを支えたのが情報化であった。

　アメリカの社会学者のダニエル・ベルは，先進国の工業社会を支えた製造業が成熟し，新たな産業の隆盛へと産業構造が転換した社会を，脱工業化社会と呼んだ。ベルは，人間と機械との関係を中心とし，自然環境を技術的環境に変えるためのエネルギーを使用するという「つくられた自然に対するゲーム」を構図とする工業化社会に対して，脱工業化社会は，情報に基づく知的技術が機械技術と並んで登場するという「人間相互間のゲーム」を構図とすると説明する。そして，そこで中心をなす人間は専門職であるという。機械化による工業化社会が，「つくられた自然に対するゲーム」による社会だったのに対して，脱工業化社会では，情報社会化とサービス産業化によって，IT技術を生かして知識や情報を他者と交換する能力や，対人的なコミュニケーション能力をもつ専門職が中核となったことを指して，「人間相互間のゲーム」を構図とする社会と表現したのである。

　一方で小熊は，脱工業化社会について，工業化社会との対比として，情報技術の進歩によって熟練工の必要性が低下するとともに，単純作業を担う短期雇用の非正規労働者の需要が高まることや，グローバリゼーションが進むことで，海外の安い工場への発注が進むことを指摘する。そのうえで，脱工業化社会では，安定した雇用と賃金が保障された働き方から，不安定な非正規労働へと働

き方が変化することで，福祉のための税収や積立金なども減少し，労働組合と
労働政党の弱体化によって福祉の切り下げが起こり，格差が激しくなることを
指摘する。

2．グローバルな都市の諸相

＜多国籍化・多民族化＞

　人の国際移動の活発化による外国人住民の増加に伴い，都市の多国籍化・多
民族化が進行する。日本ではどのような変化が見られるだろうか。図表 9-4 が
示すように，在留外国人数は増加し続けている。また，図表 9-5 が示すように，
在留外国人の国籍は，1974 〜 1990 年には韓国・朝鮮が大半を占めるとともに，
人数の多い上位 5 ヵ国が 90％以上を占めてきたが，2000 年以降は 50％以上を
占める国は無くなり，上位 5 ヵ国を合わせた割合も緩やかに減少している。図
表 9-4 と図表 9-5 が示す推移から，日本社会における外国人住民の増加と，在
留する外国人の国籍の多様化が窺える。

図表 9-4　在留外国人数と割合の推移（1974 〜 2020 年）

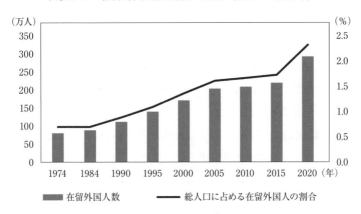

（注）1974 〜 2010 年は「登録外国人統計」に基づく外国人登録者数，2015 年と 2020 年は「在
　　　留外国人統計」に基づく在留外国人数。
出典：出入国在留管理庁「登録外国人統計」ならびに「在留外国人統計」をもとに筆者作成

図表9-5　在留外国人数上位5ヵ国が占める割合の推移（1974～2020年）

（単位：%）

		1974年		1984年		1990年		2000年		2010年		2020年	
上位5ヵ国が全体に占める割合		95.8		95.0		91.4		84.0		81.9		74.2	
在留外国人数上位5ヵ国と全体に占めるその割合	1	韓国・朝鮮	85.3	韓国・朝鮮	81.7	韓国・朝鮮	64.0	韓国・朝鮮	37.7	中国	32.2	中国	27.0
	2	中国	6.3	中国	8.1	中国	14.0	中国	19.9	韓国・朝鮮	26.5	ベトナム	15.5
	3	アメリカ	3.3	アメリカ	3.3	ブラジル	5.2	ブラジル	15.1	ブラジル	10.8	韓国	14.8
	4	イギリス	0.5	フィリピン	1.1	フィリピン	4.6	フィリピン	8.6	フィリピン	9.8	フィリピン	9.7
	5	フィリピン	0.4	イギリス	0.8	アメリカ	3.6	アメリカ	2.7	ペルー	2.6	ブラジル	7.2

（注）　1.　1974～2010年は「登録外国人統計」に基づく外国人登録者数，2020年は「在留外国人統計」に基づく在留外国人数。
　　　　2.　「登録外国人統計」は，中国に台湾を含めて集計し，「在留外国人統計」は在留カード等の「国籍・地域」欄に基づき中国と台湾を分けて集計している。
　　　　3.　「在留外国人統計」は，在留カード等の「国籍・地域」欄に基づき，韓国と朝鮮を分けて集計している。
　　　　4.　数値は小数点第2位を四捨五入している。
出典：出入国在留管理庁「登録外国人統計」ならびに「在留外国人統計」をもとに筆者作成

　日本に住む外国人は，仕事を求めて三大都市圏に集住するとともに，その居住地選択にはエスニック・ネットワークが活用されることも多く，特定のエスニシティが集住する地域もある。たとえば，ブラジル人コミュニティが形成される群馬県邑楽郡大泉町や，クルド人が集住し，ワラビスタンとも呼ばれる埼玉県蕨市および川口市がその例である。そして，各地の自治体が運営する公営団地や，独立行政法人都市再生機構（UR都市機構）が運営するUR賃貸住宅も，外国人住民の集住拠点となっている。

　神奈川県横浜市と大和市にまたがる地域に位置する神奈川県営いちょう団地は，かつて付近にインドシナ難民の定住促進センターがあったことから，ベトナム人を中心に多くの外国人住民が暮らしており，入居世帯の20～25％を外国人が占める。団地内にはベトナム料理店やベトナム食材店もあり，エスニック・ビジネスの展開も見られる。一方，愛知県豊田市にあるUR賃貸住宅の保見団地では，入居世帯のおよそ半数が外国人で，その大部分がブラジル人であ

る。自動車産業で働く日系ブラジル人住民の生活拠点となっている。

　公営住宅の入居にはかつて国籍要件が課せられており，入居者は日本人に限定されていたが，1979年に日本が国際人権規約を批准したことにより，住宅金融公庫法（独立行政法人住宅金融支援機構法へ移行），公営住宅法，日本住宅公団法（独立行政法人都市再生機構法へ移行），地方住宅供給公社法における国籍要件を撤廃したことで外国人住民の入居が開始した。公営団地やUR賃貸住宅での外国人住民の集住には，いくつかの理由がある。たとえば公営団地の場合，生活や住宅に係る困窮の要件を満たしていれば，国籍を問わず借りることができ，UR賃貸住宅では，賃貸契約時に保証人が不要であり，日本で保証人の確保が難しい外国人の借りやすさにつながっている。

＜家族の個人化・脱ジェンダー化・再ジェンダー化＞

　1節で示したように，先進国の多くは少子高齢化に直面している。こうした人口構成は世帯にも変化をもたらしている。日本では，三世代世帯ばかりか核家族世帯の減少も見られ，2020年には世帯人員が1人の単独世帯が全体の38％であり，最多を占める。世帯の変化が家族のあり方にも変化をもたらすとともに，個人化の進行が指摘される。

　社会学者のウルリッヒ・ベックは，個人化を，社会制度および個人の社会に対する関係性の，構造的・社会学的変容を指す概念と示したうえで，個人化が，さまざまな方法で人びとを伝統的役割や拘束から自由にすることを指摘する。個人化によって，ときに失敗も伴う自分独自の人生を自ら選択して送ることが，すべての人に要求されるようになり，個人を前提とした社会制度の構築も個人化の進行を促した。社会学者のエリーザベト・ベック＝ゲルンスハイムは，個人化に伴って人びとが伝統的役割や拘束から自由になることの例として，女性が義務的な家事労働や夫による扶養といった地位の運命に拘束されなくなることを指摘する。このように，伝統的役割に規定されず，個人の選択によって家族が形成されることを，家族社会学者の目黒依子は家族の個人化として説明する。目黒は，個人の選択によって創られた，個人と個人の結びつき自体に意味

のある生活体としての家族をもたらす家族の個人化に，個人の生き方を情緒的
に支援する家族像をとらえた。

　家族の個人化によって，伝統的役割として家庭で主に女性が担ってきた，介
護や子育てというケアや家事の有償労働化が進む。このような，家事を含むケ
アの経済活動をケアエコノミーと呼ぶ。ケアエコノミーは，ケアの社会化に伴
う脱ジェンダー化をもたらすと考えられた。

　他方で，脱ジェンダー化されたケアには，グローバリゼーションを背景とし
た再ジェンダー化も窺われる。その実態を示すのが，社会学者のアーリー・ラ
ッセル・ホックシールドが指摘する「グローバル・ケア・チェーン（GCC）」，
すなわち，グローバルなケアの連鎖である。GCC は，主として先進国の都市部
の労働市場で働く女性がケアの担い手として途上国の都市部の女性を雇用し，
さらにその女性が自国に残した家族のケアを自国の地方の女性に頼る構図を示
す用語である。まさに，女性たちを媒介したグローバルなケアの連鎖である。
たとえば，シンガポールでは 1978 年から外国人家事労働者を受け入れるビザを
導入し，インドネシア，マレーシア，フィリピン，タイ，バングラデシュ，ス
リランカなどから家事労働者を受け入れている。その規模は，シンガポールの
外国人労働者のおよそ 20% を占め，シンガポール女性の労働市場参加を支える
存在となっている。

　GCC は主に女性を媒介して行われることから，グローバルに展開されるケア
の再ジェンダー化ともいえよう。ケア人材の国際移動は，国際移動の女性化を
象徴する現象であり，従来の男性労働者中心の国際移動に対して，新たな国際
移動の姿として指摘される。

　日本も GCC と無縁ではない。2015 年 9 月に，「国家戦略特別区域法及び構造
改革特別区域法の一部を改正する法律」が施行された。改正法の下では，女性
の活躍促進と家事支援ニーズへの対応，経済成長の観点から，原則制限されて
きた外国人による家事労働について，国家戦略特区として指定する一部地域に
限定して規制を緩和した。2022 年現在，東京都，神奈川県，大阪府，兵庫県，
愛知県，千葉市を特区として，1 年以上の家事労働経験があり，日本語能力の

条件を満たしたフィリピン出身の女性を家事支援外国人として受け入れている。

　家事労働をめぐっては，家庭という閉じた環境での労働がゆえに，労働者の人権保障に関わる課題が指摘される。国際労働機関（ILO）では，「家事労働者のディーセント・ワークに関する条約（第189号）」を2011年に採択し，2013年に発効した。この条約は，雇用形態の特殊性から労働法・社会保障法の対象から除外されてきた家事労働者に労働者としての基本的権利を保障することを目指しており，労働時間や賃金という雇用条件の開示や休暇制度の整備，結社の自由や団体交渉権などを含み，ディーセント・ワークとしての家事労働の実現を目指す国際基準である。こうした国際基準に沿った働き方の保障が求められるが，2022年現在，同条約の批准国は35ヵ国であり，家事労働に従事する外国人を受け入れているシンガポールや日本は批准に至っていない。

＜労働市場のデュアリズム＞

　労働市場のデュアリズムとは，労働市場において，景気変動時に雇用調整がしやすいパートやアルバイト，派遣労働などの非正規雇用の労働者を増やすことを示す。これにより，労働市場では正規雇用と非正規雇用というかたちの二極化が進む。1節でベルと小熊による指摘をとりあげたように，脱工業化社会では，専門職の台頭と非正規労働の拡大が起こる。起業家や投資家，金融業界の専門職，研究職など，知識・技術集約型のサービス産業に従事して国際的に活躍するグローバルエリートが生まれる一方で，彼らの日常生活を支えるケアエコノミーに従事する労働者や，非正規の単純労働者など，低賃金かつ不安定な労働の従事者も増加する。したがって，中間層の減少とともにデュアリズムの現象が見られる。

　この点は，グローバルな都市を分析した研究も指摘している。グローバリゼーションの下での都市の姿を，世界都市として提示した地理学者のジョン・フリードマンは，「世界都市の形成の結果，産業資本主義の主要な矛盾，なかでも空間的・階級的分極化に焦点が集まる。」という仮説を，世界都市仮説の1つとして示した。これは，世界都市が，グローバルエリートと不安定就業層という

二極化した階層を生み出すことを示している。また，フリードマンの世界都市仮説を発展させてグローバル都市論を提示した都市社会学者のサスキア・サッセンも，製造業が空洞化し中間層が減少するなかで，グローバル都市には高技能・高賃金の専門職や管理職部門の労働者が集まる一方で，不安定就業層も増加することを指摘する。

　グローバリゼーションが進行するなかで，エスニシティによる労働市場のデュアリズムも指摘される。アメリカの経済学者，マイケル・ジョセフ・ピオレは，安定した雇用と社会保障を備えた第1次労働市場と，不況時に解雇の対象となる不安定な第2次労働市場という分断された2つの労働市場の存在を二重労働市場論によって提示し，第2次労働市場には外国人やエスニック・マイノリティが包摂されやすいことを指摘し，労働市場がエスニシティによって固定化される状況を明らかにした。同様の指摘を，ウォーラーステインは，職業や報償が，皮膚の色などの遺伝的基準または，信仰する宗教や文化的様式，使用する言語などの社会的基準によって階層化されるという，労働力のエスニック化として説明する。たとえば，GCCのなかでケアを担う女性も，エスニシティによる労働市場のデュアリズムを象徴する存在といえるであろう。グローバリゼーションは，国籍やエスニシティという概念を消失させるのではなく，グローバルな都市の労働市場では，むしろ国籍やエスニシティに基づいて格差が再生産されている。

3．エスニシティをめぐる政治

<エスニシティと再分配の政治>

　再分配とは，狭義には租税制度や社会保障制度によって富裕層と貧困層の格差を是正することで，より広義には，貧困層あるいはすべての国民や住民を対象とした医療や住宅，教育や就労支援などのサービスを提供することである。こうした再分配の機能を果たすのが福祉国家である。したがって再分配の政治とは，福祉国家による生活保障を肯定的にとらえ，社会的，経済的な不平等に

よる格差の是正を目指す運動である。福祉国家は従来，国民国家の下での連帯を前提に発展を遂げており，再分配に伴う恩恵と負担は国民の権利と義務として理解されてきた。

　日本の再分配政策も，国民国家を前提に行われてきた。1950 年に施行した現行生活保護法の第 1 条は，「この法律は，日本国憲法第 25 条に規定する理念に基づき，国が生活に困窮するすべての国民に対し，その困窮の程度に応じ，必要な保護を行い，その最低限度の生活を保障するとともに，その自立を助長することを目的とする。」として，受給対象を国民とした。ただし，1954 年の厚生省による通知『生活に困窮する外国人に対する生活保護の措置について』において，「生活保護法（以下単に「法」という。）第 1 条により，外国人は法の適用対象とならないのであるが，当分の間，生活に困窮する外国人に対しては一般国民に対する生活保護の決定実施の取扱に準じて左の手続により必要と認める保護を行うこと。」として，一部の外国人に対する生活保護法の適用を認めた。この通知で「生活に困窮する外国人」として想定されたのは現在の特別永住者に該当する人びとであった。生活保護法ではこのほか，日本人の配偶者，永住者，定住者，永住者の配偶者と難民認定を受けた人について，適用を認めている。

　また，国民年金と税財源で現金給付を行う社会手当である児童手当・児童扶養手当・特別児童扶養手当の国籍要件は 1982 年に撤廃され，国民健康保険の国籍要件は 1986 年に撤廃された。これらの国籍要件の撤廃は，日本が 1979 年に国際人権規約を批准し，1981 年に「難民の地位に関する条約（難民条約）」に加入したことを背景としている。

　外国人住民に対する再分配のあり方は国によって異なる。ここではイギリスの例を紹介しよう。イギリスでは現在，2013 年に誕生したユニバーサル・クレジットという制度の下で公的扶助制度を一元化している。ユニバーサル・クレジットは基本的には国民を対象とした制度であり，外国人の受給については日本の生活保護制度同様に，永住者や難民認定を受けた人など一部に限定している。一方で，医療は日本とは異なり，かつての普遍的な保障制度から対象を選

別する制度への転換が見られる。

　社会保険制度を採用する日本とは異なり，イギリスの医療制度のNHSは，税収を主財源とする国営の制度である。医療サービスの利用は概ね無料であり，無料での利用は当初，国籍を問わずイギリスに6ヵ月以上滞在する資格を得たすべての住民を対象としていた。しかし，税財源で運営するNHSは絶えず財源不足とそれに伴うサービスの質の低下という問題に直面しており，2015年に外国人住民に対しては「イミグレーション・ヘルス・サーチャージ」という課金を導入した。課金額は入国時のビザによって異なるが，たとえば5年間の滞在ビザであれば，ビザを申請する時点で5年分の課金額として3120ポンドの支払いが必要となる。

　既述のとおり，再分配の政治は福祉国家による生活保障を推進する政治である。NHSにおける外国人住民に対する課金の導入に見られるように，再分配の財源をめぐって対象の選別が行われる時，再分配の政治は国籍に基づく排他性を肯定する側面をもつ。

＜承認の政治とその実践＞

　カナダの政治哲学者のチャールズ・テイラーは，ある人が何者であるかについての理解を示すアイデンティティの一部が，他者による承認によって形成されると説明する。そして，エスニック・マイノリティや女性を例に，マイノリティや従属的な立場に置かれる集団に対する不承認や歪められた承認は，抑圧の1つの形態となるとともに，社会的・経済的な不平等を生むことを指摘する。承認の政治とは，こうした抑圧や不平等に対して，マイノリティや従属的な立場に置かれる集団が，自らや集団のアイデンティティの適切な承認を要求する運動のことを示す。

　エスニック・マイノリティの承認の政治の実践といえるのが，多文化主義政策である。多文化主義とは，複数の文化間の違いを積極的にとらえ，異なる文化の共存を目指す理念を示す。旧フランス領ケベック州の存在を背景に英語とフランス語の二言語を公用語としてきたカナダは，1971年に世界で初めて多文

化主義を連邦政府の公式政策として採用した。多文化主義政策の導入以降，国内におよそ 200 あるとされる多様なエスニック・マイノリティの文化の保障を目的とした政策を実施してきた。

　日本では，外国人住民の増加に伴い多文化共生の理念に沿った制度の整備や政策が求められている。総務省では，2006 年の『多文化共生の推進に関する研究会報告書』において，多文化共生を「国籍や民族などが異なる人びとが，互いの文化的ちがいを認め合い，対等な関係を築こうとしながら，地域社会の構成員として共に生きていくこと」と定義づける。日本に暮らす外国人住民は，1970 年代半ば頃までは韓国・朝鮮・台湾にルーツをもつ，オールドカマーと呼ばれる現在の特別永住者に該当する人びとが中心であった。その後，インドシナ難民や東南アジアから国際結婚で来日した女性，1985 年のプラザ合意を背景とした円高とバブル景気のなかで就労を目的に来日した男性など，オールドカマーとは入国の経緯が異なる新たな外国人としてのニューカマーが増加した。

　2006 年に総務省が自治体による多文化共生推進の方針を示す「地域における多文化共生推進プラン」を策定したことに伴い，地域の実情に照らした多文化共生の推進に係る指針・計画の策定が進められてきた。同プランは，外国人住民の増加・多国籍化，在留資格「特定技能」の創設，多様性・包摂性のある社会実現の動き，デジタル化の進展，気象災害の激甚化といった社会経済情勢の変化を踏まえて，2020 年に改訂された。新たなプランでは，ICT を積極的に活用した行政・生活情報の多言語化の推進や，災害発生・感染症拡大に備えた情報発信・相談対応の体制の整備，外国人住民による主体的な地域社会参画への支援などが示されている。

　言語と宗教への配慮は，多文化共生政策の要である。多言語による情報伝達の必要性は，1995 年 1 月に起きた阪神・淡路大震災をきっかけに認識され，いまでは災害時に限らず，防疫や防犯などの緊急性の高い情報や生活情報の多言語化を進める自治体も増えている。一方で，すべてのニーズを満たす多言語化には限界もあり，そこで誕生したのがやさしい日本語である。

　やさしい日本語とは，通常の日本語を外国人にもわかりやすい簡単な表現に

言い換えた日本語であり，阪神・淡路大震災の際に，多言語化の必要性ととも
にその限界が認識されたことで，社会言語学者らが開発した。現在では，災害
時だけでなく，日常のさまざまな場面においても，やさしい日本語をツールと
した情報伝達が行われている。情報伝達の点ではこのほか，視覚記号であるピ
クトグラムの活用も有効であろう。やさしい日本語やピクトグラムは，年齢，
性別，国籍，個人の能力にかかわらず，利用者の視点に立ち，できるだけ多く
の人が利用可能で快適な環境をデザインするという，ユニバーサルデザインと
も合致するツールである。

宗教への配慮も，多文化共生政策のなかで模索されている。たとえば，鉄道
駅や空港，医療機関や教育機関，商業施設では，ムスリムの住民や訪日客に向
けた礼拝室の設置が進められており，ムスリムの従業員に向けて社内に礼拝室
を設ける企業も見られる。

＜再分配と承認をめぐるジレンマ＞

グローバリゼーションが進行するなかで，再分配と承認の双方の視点で外国
人住民と共生する社会のあり方を示すことが求められているが，再分配と承認
の両立の難しさも指摘される。

アメリカの政治哲学者のナンシー・フレイザーは，再分配と承認をそれぞれ
別の次元で分離してとらえるべき概念であるとして，パースペクティブ的二元
論を主張した。フレイザーが再分配の政治と承認の政治の双方を必要とする二
次元性の事例としてとりあげたのは，ジェンダーや人種，セクシュアリティ，
階級をめぐる問題である。パースペクティブ的二元論では，再分配と承認は別
次元としてとらえることから，双方の間で生じるジレンマについても指摘する。
このジレンマは，再分配の次元では，集団の差異を承認するのではなく解消す
るように努力すべきである一方で，承認の次元では，集団の差異を消去するの
ではなく肯定すべきであることから生じる。既述のとおり，再分配政策に取り
組む福祉国家は従来，国民国家の下での連帯に基づいて発展しており，再分配
の次元で集団の差異を解消するように努力すべきとは，このことを示している。

同様の見解は，政治経済学の実証研究も示す。政治経済学者のアルベルト・ア
レジナと経済学者のエドワード・グレーザーは，欧米諸国の社会支出水準の違
いを人種の多様性の差異から考察し，多様な人種からなる社会における再分配
政策への支持の低さを指摘し，人種の多様性と社会支出との負の相関関係を明
らかにした。

　フレイザーによるパースペクティブ的二元論は，再分配と承認のジレンマを
指摘しつつも，どちらか一方ではなく，再分配と承認の双方から，多様な他者
との共生のあり方を模索することの必要性を示している。他方で，グローバリ
ゼーションが進行するなかで，実態としては外国人を排除する言説の台頭も見
られる。

　従来，再分配の政治への批判は，リバタリアン（自由至上主義者）によって福
祉国家そのものへの批判として展開されてきた。しかし，グローバリゼーショ
ンの進行のなかで，再分配の政治は，外国人住民への再分配を問う議論へと再
編されている。そこで登場したのが，福祉ショービニズムである。福祉ショー
ビニズムは，福祉国家の下での再分配政策は維持しつつも，外国人を福祉国家
に貢献しない存在としてみなすことで，彼らを福祉国家の下での再分配政策か
ら排除することを主張する。ヨーロッパでは，とくに2000年代以降，福祉ショ
ービニズムを掲げる政党や政治家の台頭が見られる。厳しい財政状況を背景に，
福祉国家の再分配を問う議論は，エスニシティをめぐる議論として先鋭化して
いる。

4．エスニシティをめぐる分断を乗り越える

＜排外主義への政策対応＞

　日本では，外国人住民を排除しようとする差別的な言動の問題が浮上してい
る。国際的には，国際連合が1965年に採択し，1969年に発効した「あらゆる
形態の人種差別の撤廃に関する国際条約（人種差別撤廃条約）」が，人種・皮膚の
色・血統・民族・部族などの違いによる差別をなくすために，必要な政策や措

置を遅滞なく行うことを締約国に義務づけた。日本は1995年にこの条約に加入したが，後述するヘイトスピーチ解消法の制定まで，これに対応した法整備が行われなかった。

諸外国ではたとえば，ドイツは1960年に，ユダヤ人迫害への法的措置として刑法130条に民衆扇動罪を設けており，フランスは1972年に，当時の司法大臣の名前から通称プレヴァン法として知られる人種差別禁止法を制定し，出身や民族，人種や宗教を理由とした差別を禁じた。イギリスは1965年に人種関係法を制定し，その後同法を改正しながら人種差別の解消に取り組んできた。そしてイギリスでは，2010年に人種関係法を含む9つの既存の差別禁止法を統合した平等法が成立し，年齢，障害，性別適合，婚姻と事実婚，妊娠と出産，人種，宗教と信条，性別，性的指向を保護特性とみなし，これらの保護特性を根拠とした，サービスや公的機関，雇用，教育における差別を禁じている。

日本では，2016年6月に「本邦外出身者に対する不当な差別的言動の解消に向けた取組の推進に関する法律（ヘイトスピーチ解消法）」が施行された。同法第2条は，「この法律において「本邦外出身者に対する不当な差別的言動」とは，専ら本邦の域外にある国若しくは地域の出身である者又はその子孫であって適法に居住する者に対する差別的意識を助長し又は誘発する目的で公然とその生命，身体，自由，名誉若しくは財産に危害を加える旨を告知し又は本邦外出身者を著しく侮辱するなど，本邦の域外にある国又は地域の出身であることを理由として，本邦外出身者を地域社会から排除することを煽動する不当な差別的言動をいう。」として，ヘイトスピーチへの対策に乗り出した。

ただし，同法はヘイトスピーチに対する罰則や禁止規定を設けない理念法であり，ヘイトスピーチの抑止や解消は自治体の努力義務となっている。各地の自治体は，条例やガイドラインの施行によって対応を図っている。自治体における条例の施行は，2016年の大阪市を皮切りに進められているが，各地の自治体が定める条例の多くも，刑事罰規定を含んでいない。こうしたなかで，神奈川県川崎市では2019年12月に全国で初めて，刑事罰を盛り込んだヘイトスピーチ禁止条例が成立した。市の勧告や命令に従わず，日本以外の国・地域に対

する差別的な言動を3度繰り返した場合，最大50万円の罰金を科す。インターネット上でも，市内在住の国外出身者に対して不当な差別言動があれば拡散防止のためにその事実を公表するとしている。

＜複雑化する差別と分断＞

　排外主義的な言動に対しては，法制度による対応以外にも，社会的な抑止による是正という動きもある。ポリティカル・コレクトネスは，特定の言葉や所作に，人種やエスニシティ，宗教，ジェンダー，セクシュアリティ，障害，職業，年齢，婚姻の有無などによる差別的な意味や誤解が含まれないように，政治的に適切な用語や政策を推奨する態度である。たとえば，看護婦ではなく看護師と表記することは，職業におけるジェンダーステレオタイプの解消を目的としたポリティカル・コレクトネスの一例であり，Black（黒人）ではなく，African American（アフリカ系アメリカ人）と表記することもポリティカル・コレクトネスの一例である。また，英語圏の国で年末の挨拶として「メリークリスマス」ではなく，「ハッピーホリデーズ」を用いる傾向も，キリスト教の宗教行事であるクリスマスに限定せず，多様な宗教に配慮したポリティカル・コレクトネスの一環である。ポリティカル・コレクトネスを意識した対応は，外国人住民を含め，多様な人びとが共生する公正社会の実現の手段の1つといえるであろう。

　さらに，意図的ではない差別や偏見に対しては，マイクロアグレッションという概念を理解することも有効である。マイクロアグレッションは，1970年代にアメリカの精神科医のチェスター・ミドルブルック・ピアースが提唱した，無意識の偏見や差別，無理解やステレオタイプによって意図せずに相手を傷つける言動を示す。マイクロアグレッションの難しさは，悪意や意図をもたない言動によってもたらされるという点にある。本人に悪意はなく，ケースによっては，むしろ相手を称賛する意図による言動が，差別や分断を生むことが指摘される。マイクロアグレッションを防ぐためには，自分とは異なる他者への理解を深め，尊重する態度が求められる。

　他方で，ポリティカル・コレクトネスやマイクロアグレッションに対する批判もある。たとえば，表現の自由を阻害するという批判や，ポリティカル・コレクトネスに反した言動やマイクロアグレッションを含んだ言動を取る人に対する過度な批判が，結果的に差別や分断を再生産するという懸念である。アメリカでは，ポリティカル・コレクトネスに反する発言をした著名人が仕事を失うなどの社会的制裁を受ける動きを指す，キャンセル・カルチャーやコールアウト・カルチャーという言葉も社会に浸透している。

　また，アメリカの社会学者のブラッドリー・キャンベルとジェイソン・マニングは，マイクロアグレッションが被害者意識を助長させることで，当事者が自ら問題を解決する力を低下させ，被害者と加害者の道徳的な対立を生み出すことに懸念を示す。マイクロアグレッションが両者に分断を生み，当事者間の対話による問題解決が回避されるという課題を指摘する。

＜再編するシティズンシップ＞
　分断を乗り越えて外国人住民との共生を進めるうえで鍵となるのが，グローバリゼーションを背景としたシティズンシップの再編である。イギリスの社会学者T.H.マーシャルは，シティズンシップを，ある共同社会の完全な成員である人びとに与えられた地位身分として定義づけし，この地位身分をもっているすべての人びとは，その地位身分に付与された権利と義務において平等であると説明する。マーシャルが提示した権利とは，具体的には18世紀に確立した自由権や財産権からなる市民的権利，19世紀に確立した政治的権利，20世紀に確立した社会的権利である。マーシャルのシティズンシップ論が，共同社会の完全な成員に与えられた地位身分を意味したように，国籍と同義の用法でも用いられるシティズンシップは元来，内部に対する包摂性と外部への排他性を備えると考えられた。

　他方で，グローバリゼーションを背景として，シティズンシップに備わる外部への排他性を乗り越えようとするアイデアも生まれている。スウェーデンの政治学者，トーマス・ハンマーが提唱するのが，デニズンシップである。シテ

ィズンシップが国籍を根拠に国民に対して諸権利を保障してきたのに対し，デニズンシップは居住を根拠に外国人に対しても諸権利を保障しようというアイデアである。既述のとおり，日本ではかつて，国民年金，社会手当，国民健康保険，さらには公営住宅の入居に国籍要件が課されており，後にこの要件が撤廃されたが，これを居住を根拠とした権利保障であるデニズンシップの一例として理解することもできるであろう。

　エスニシティのアイデンティティの保障への要求を，シティズンシップとして認めることを提唱するアイデアも登場している。カナダの政治哲学者のウィル・キムリッカが提唱する多文化主義的シティズンシップである。キムリッカは，先住民やエスニック・マイノリティの集団的アイデンティティ保障や文化保障への要求をシティズンシップの1つとして認めることを提唱する。具体的には，マイノリティ集団が独自の言語を使用する権利や，独自の教育を行う権利を保障することによって，シティズンシップとしてのアイデンティティ保障を目指す。

　さらに，社会学者のクリスチャン・ヨプケは，人びとの地位，権利，アイデンティティを強力に規定してきたシティズンシップが，より普遍的な「軽いシティズンシップ」へと再編されるという展望を，シティズンシップのリベラル化として提示する。ヨプケは，二重国籍取得の広がりや，定住する外国人に保障される社会権が国民とほぼ同程度であるケースに，シティズンシップのリベラル化を見出す。グローバリゼーションが進行するなかで，シティズンシップは実態に即して，国民の地位や権利，義務を示すものから，外国人住民の存在も踏まえた概念へと刷新が求められている。

おわりに

　グローバリゼーションを背景に，住民のエスニシティの多様化が進むなかで，共生のあり方が問われている。一方で，労働市場や生活の場において，エスニシティをめぐる格差や差別，分断も生じている。こうした課題に対して，まず

は制度や政策を実態に照らして刷新することが必要である。居住という実態に沿って権利を保障し義務を課すことや，サービスを運用することは，その第一歩となる。さらに，私たち一人ひとりが，グローバルな社会を生きる一員として，自分とは異なる他者の存在を知り，違いに対する理解を深め，尊重する姿勢をもつことが求められている。

参 考 文 献

ウォーラーステイン，イマニュエル（1981）『近代世界システムⅠ―農業資本主義と「ヨーロッパ世界経済」の成立』（川北稔訳）岩波書店

ウォーラーステイン，イマニュエル（1997）「資本主義のイデオロギー的緊張―普遍主義対人種主義・性差別主義」（バリバール，エティエンヌ・ウォーラーステイン，イマニュエル著）『人種・国民・階級―揺らぐアイデンティティ（新装版）』（若森章孝ほか訳）大村書店

小熊英二（2012）『社会を変えるには』講談社

キムリッカ，ウィル（2012）『土着語の政治―ナショナリズム・多文化主義・シティズンシップ』（岡﨑晴輝・施光恒・竹島博之監訳）法政大学出版局

サッセン，サスキア（2008）『グローバル・シティ―ニューヨーク・ロンドン・東京から世界を読む』（伊豫谷登士翁監訳）筑摩書房

出入国在留管理庁「在留外国人統計」

出入国在留管理庁「在留外国人の構成比（在留資格別）」

出入国在留管理庁「登録外国人統計」

テイラー，チャールズ（1996）「承認をめぐる政治」（テイラー，チャールズほか著）『マルチカルチュラリズム』（佐々木毅ほか訳）岩波書店

ハンマー，トーマス（1999）『永住市民（デニズン）と国民国家―定住外国人の政治参加』（近藤敦監訳）明石書店

フリードマン，ジョン（2012）「世界都市仮説」（町村敬志編）『都市の政治経済学』（町村敬志訳）日本評論社

ブルーベイカー，ロジャース（2005）『フランスとドイツの国籍とネーション―国籍形成の比較歴史社会学』（佐藤成基・佐々木てる監訳）明石書店

フレイザー，ナンシー（2012）「アイデンティティ・ポリティクスの時代の社会正義―再配分・承認・参加」（フレイザー，ナンシー・ホネット，アクセル著）『再配分か承認か？―政治・哲学論争』（加藤泰史監訳）法政大学出版局

ベック，ウルリッヒ・ベック＝ゲルンスハイム，エリーザベト（2022）『個人化の社会学』（中村好孝ほか訳）ミネルヴァ書房

ベル，ダニエル（1975）『脱工業社会の到来（上）―社会予測の一つの試み』（内田忠夫ほか訳）ダイヤモンド社

ヘルド，デヴィッド編（2002）『グローバル化とは何か―文化・経済・政治』（中谷義和監訳）法律文化社

マーシャル，T. H.・ボットモア，トム（1993）『シティズンシップと社会的階級―近現代を総括するマニフェスト』（岩崎信彦・中村健吾訳）法律文化社

目黒依子（1987）『個人化する家族』勁草書房

ヨプケ，クリスチャン（2013）『軽いシティズンシップ―市民，外国人，リベラリズムのゆくえ』（遠藤乾ほか訳）岩波書店

労働政策研究・研修機構（2022）『データブック国際労働比較 2022』

Alesina, A. and E. L. Glaeser（2004）*Fighting Poverty in the US and Europe: A World of Difference*, Oxford University Press

Campbell, B. and J. Manning（2018）*The Rise of Victimhood Culture: Microaggressions, Safe Spaces, and the New Culture Wars*, Palgrave Macmillan

Hochschild, A. R.（2000）'Global Care Chains and Emotional Surplus Value', Hutton, W. and Giddens, A.（eds.）*On the Edge: Living with Global Capitalism*, Jonathan Cape

International Organization for Migration（2021）*World Migration Report* 2020

Pierce, C. M.（1974）'Psychiatric Problems of the Black Minority', Arieti, S.（ed.）*American Handbook of Psychiatry*, Basic Books

Piore, M. J.（1979）*Birds of Passage: Migrant Labor and Industrial Societies*, Cambridge University Press

【用語解説】

○合計特殊出生率

　15歳～49歳までの女性の年齢別出生率を合計したもので，年次比較，国際比較，地域比較には，15歳～49歳の女性の1年間の出生率を合計した期間合計特殊出生率が用いられる。

○インドシナ難民

　1975年に社会主義体制へと移行したインドシナ三国（ベトナム，ラオス，カンボジア）において，拷問や迫害を受ける恐れから国外に脱出した人びと。日本は，彼らの上陸をきっかけに，1981年に難民条約に加入した。

○グローバル・ケア・チェーン（GCC）

　途上国の地方出身の女性が，単身でその国の都市部の家庭におけるケア労働に従事し，

その家庭の女性は単身で国境を越え，先進国の家庭でケア労働に就くことで，女性を媒介して国境を越えてケアが連鎖すること。

○多文化共生

　国籍や民族などの異なる人びとが，互いの文化的ちがいを認め合い，対等な関係を築こうとしながら，地域社会の構成員として共に生きていくこと。日本独自の外国人の社会統合の概念。

○福祉ショービニズム

　福祉国家の下での再分配政策の維持を擁護したうえで，再分配政策の対象を国民に限定し，移民など，その国の国籍をもたない外国人住民の排除を主張する運動や言説。

○エスニック・ビジネス

　エスニック・マイノリティが営むビジネスの総称。エスニック食品店やレストランなど，エスニシティに由来するものだけでなく，一般市場や同胞向け市場でエスニシティと無関係な財やサービスを提供するものも含む。

第10章　都市の貧困と社会包摂

武　智　秀　之

は じ め に

　本章は都市の貧困の問題に焦点を当て，その実態と課題について論じる。第1に都市の貧困について概念的な理解を深める。第2に路上生活者の貧困について考察する。第3に子どもと女性の貧困実態について説明する。第4に格差と貧困を解決するアプローチについて検討し，その課題について分析する。

　都市の貧困は産業化と都市化という近代化の所産である。労働者人口は農林水産業の第1次産業から工業の第2次産業へ移動し，さらに商業の第3次産業へ移動した。その産業人口の移動は都市における居住人口の増加をもたらした。しかしながら，かつては親族や近隣という基本的な社会集団が貧困に陥った人たちを救済していたが，産業化と都市化は家族とコミュニティの機能を低下させ，貧困を解決する手段として家族やコミュニティは十分な機能を果たすことはできない。

　このような産業化と都市化に伴うリスクの拡大は，仕事を失い，家族やコミュニティから孤立した人びとを増加させている。このような人たちをいかに支援していくかが，都市における大きな課題となっている。本章においては路上生活者の貧困，女性の貧困，子どもの貧困という問題を対象として，都市の政治がどのような解決策を示すことができるかを明らかにする。

1. 都市の貧困

＜貧困とは何か＞

　ラウントリーが1899年に行った貧困調査では，第1次的貧困をその総収入が単なる肉体的能率を保持するために必要な最低限度にも足りぬ家庭の生活水準とし，第2次的貧困を外部観察・報告から判断して貧困家庭であることは間違いないが，総収入が単なる肉体的能率を保持するにたる家庭の生活水準とした。ラウントリーは貧困に至る原因として，第1次的貧困では主たる賃金獲得者の死亡，災害・病気・老齢による労働不能，失業，慢性的な不規則労働，家族数の多さ，低賃金をあげ，第2次的貧困では飲酒・賭博，家計上の無知や不注意，計画性のない支出をあげている。

　このように貧困は従来，食費や家賃などの最低生活費が確保できない状態として考えられてきた。それが絶対的な存在から相対的な存在，排除されるものではなく包摂されるべきものとして，貧困は対象を拡大して理解されてきた。所得が向上し，貧困の問題状況が複雑化・多様化するにつれて，貧困の概念も大きく変化してきたのである。

　絶対的貧困とは，国が異なっても貧困は同じものを意味するということであり，国際連合によると，食料，安全な飲み水，衛生設備，健康，住居，教育，情報という人間の基本的必要が著しく剥奪されている状況をさす。国際労働機関（ILO）によると，個人や家族の生活程度は所得や消費に基づいて測定され，それが特定の水準を下回ったとき，貧困とみなされる。

　また相対的貧困とは，国が異なれば貧困は違ったものを意味するという考えであり，貧困が発生する社会的文脈のもとで理解される。そこで重視される文脈は資源との距離である。資源とは富や所得だけでなく，家族，友人，コミュニティなども含み，物質レベル，文化レベル，社会レベルの資源を含んで考えられる。

　排除とはある人びとが置き去りにされること，社会的ネットワークの所属を

保証されていないことを意味する。失業，低技能，低所得，貧弱な住居，高い犯罪率，劣悪な健康，家族崩壊という問題が個人やコミュニティに生じている状態をいう。つまり，排除という概念は不利，剥奪，社会的に望ましくない境遇などにかかわった様々な状況にある人びとに適用され，そこで貧困とは個人，家族，集団の資源が容認できる最低限の生活の仕方から排除されている制約された状況を意味している。そのため排除の状態を改善し，社会包摂されるべきであると主張されるのである。

　一般的に貧困の指標として用いられているのは，ジニ係数である。ジニ係数とは不平等さを分析するための客観的な指標であり，厚生労働省の所得分配調査などでも用いられている。0 から 1 の値で係数の値が用いられ，係数の値が 1 に近ければ近いほど格差が大きく，0 に近ければ近いほど平等であることを示している。当初所得ジニ係数は税金の支払いや社会福祉の給付などを差し引く前の給与から計算し，獲得金額での所得格差を示す。再分配所得ジニ係数は税金の支払いや社会福祉の給付などによる所得再分配の後の収入で計算し，実際に手元に残る金の格差である。2017 年の厚生労働省の再分配調査によると，当初所得ジニ係数は 0.5594，再分配所得ジニ係数は 0.3721 である。当初所得ジニ係数は 1980 年代以降高くなる傾向にあるが，再分配所得ジニ係数は 1990 年代に高くなり，2000 年代から横ばいとなっている。

　単純に所得を基準にして貧困を測定していた時代と異なり，貧困を包括的に理解しようとする試みは現実の変化に対応した試みである。しかしながら絶対的な貧困がなくなったわけではないし，概念が拡大すれば測定が難しくなるという課題も生じる。現在において国連開発計画（UNDP）が用いている人間開発指標（HDI）では，貧困を「寿命」「教育」「生活水準」「ジェンダー不平等」「長期失業」の項目で数値化している。

　厚生労働省の「国民生活基礎調査」（2012 年）によると，図表 10-1 のように，年間収入が 150 万円未満の世帯割合は 12.8％である。図表 10-2 によると，日本の相対的貧困率は 16.1％となっており，OECD 諸国の中でも貧困率が高い水準で推移している。図表 10-3 によると，65 歳以上の高齢者，単身世帯・ひとり

図表 10-1　両調査の所得分布の比較

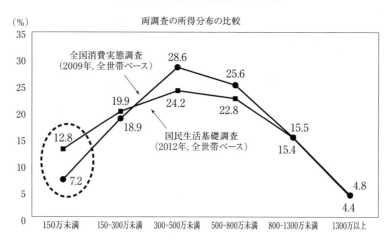

両調査の所得分布の比較

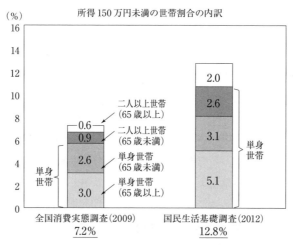

○両調査の所得分布を比較すると，所得 150 万円未満の世帯割合は，国民生活基礎調査で
　は 12.8％，全国消費実態調査では 7.2％。

（備考）1．両調査の所得分布は，両調査の個票を用いて内閣府が独自に集計したもの。
　　　　2．両調査の所得は，ともに世帯の年収ベース（年金等も含む）。

出典：内閣府・総務省・厚生労働省「相対的貧困率等に関する調査分析結果について」（平
　　　成 27 年 12 月 18 日）　https://www.mhlw.go.jp/seisakunitsuite/soshiki/toukei/dl/
　　　tp151218-01_1.pdf（閲覧日：2022 年 8 月 15 日）

図表 10-2　相対的貧困率の現状

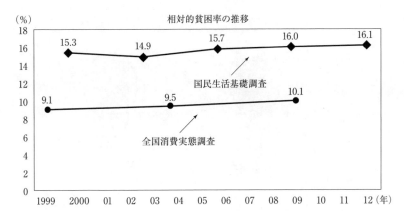

		全国消費実態調査	国民生活基礎調査
世帯主年齢別	30 歳未満	15.6 （15.2）	27.8 （27.8）
	30 〜 49 歳	7.7 （7.1）	14.4 （11.8）
	50 〜 64 歳	9.6 （7.7）	14.2 （12.9）
	65 歳以上	13.7 （15.0）	18.0 （20.9）
世帯類型別	単身	21.6 （21.5）	34.7 （36.2）
	大人 1 人と子ども	62.0 （62.7）	54.6 （58.3）
	2 人以上の大人のみ	8.3 （7.2）	13.7 （14.0）
	大人 2 人以上と子ども	7.5 （7.5）	12.3 （12.2）
総数		10.1 （9.1）	16.1 （15.3）

（備考）1. 相対的貧困率とは，一定基準（貧困線）を下回る等価可処分所得しか得ていない者の割
　　　　合をいう。なお，貧困線とは，等価可処分所得（※）の中央値の半分の額をいう。
　　　　（※）等価可処分所得とは，世帯の可処分所得（収入から税金・社会保険料等を除いたい
　　　　　　わゆる手取り収入）を世帯人員の平方根で割って調整した所得をいう。
　　　2. 属性別の相対的貧困率は，世帯人員ベース。全国消費実態調査の貧困線は 135 万円（2009
　　　　年），国民生活基礎調査の貧困線は 122 万円（2012 年）。
　　　3. 全国消費実態調査の属性別の相対的貧困率は，結果表の数値を加工して算出。国民生活
　　　　基礎調査の属性別の相対的貧困率は，全国消費実態調査との比較のため，通常厚生労働
　　　　省が公表している集計とは異なった区分を用いている。
　　　4. 世帯類型の区分について，18 歳未満の子どもに限って「子ども」と定義している。
　　　5. 括弧内の数値について，全国消費実態調査は 1999 年，国民生活基礎調査は 2000 年の相
　　　　対的貧困率。
出典：内閣府・総務省・厚生労働省「相対的貧困率等に関する調査分析結果について」（平成 27 年
　　　12 月 18 日）　https://www.mhlw.go.jp/seisakunitsuite/soshiki/toukei/dl/tp151218-01_1.pdf
　　　（閲覧日：2022 年 8 月 15 日）

図表 10-3　相対的貧困率の上昇要因

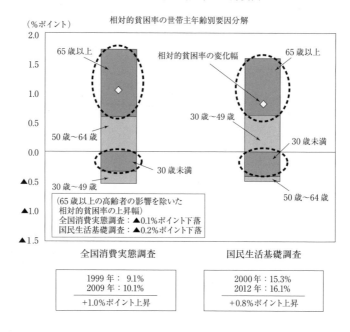

相対的貧困率の世帯主年齢別要因分解

全国消費実態調査
1999 年： 9.1%
2009 年：10.1%
+1.0%ポイント上昇

国民生活基礎調査
2000 年：15.3%
2012 年：16.1%
+0.8%ポイント上昇

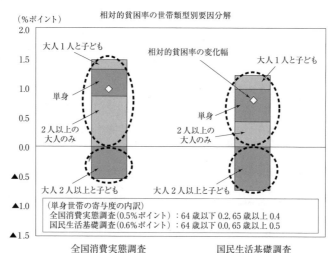

相対的貧困率の世帯類型別要因分解

全国消費実態調査　　　　　　国民生活基礎調査

（備考）1. 相対的貧困率の要因分解において用いている属性別の相対的貧困率は，世帯人員ベース。
　　　　2. 全国消費実態調査の属性別の相対的貧困率は，結果表の数値を加工して算出。国民生活
　　　　　　基礎調査の属性別の相対的貧困率は，全国消費実態調査との比較のため，通常厚生労働
　　　　　　省が公表している集計とは異なった区分を用いている。
　　　　3. 世帯類型の区分について，18 歳未満の子どもに限って「子ども」と定義している。
　　　　4. 交絡項が存在するため，寄与度の合計は相対的貧困率の変化幅と厳密には一致しない。
　　　　5. 2 人以上の大人のみの世帯に含まれる「夫婦のみの世帯」をみると，両調査ともに「世
　　　　　　帯主年齢が 65 歳以上の夫婦のみ世帯」の全世帯に占めるシェアが増加している。
　　　　　　［全国消費実態調査：13.8%（9.9%），国民生活基礎調査：15.0%（11.6%）※（　）内は
　　　　　　10 年前］
　　出典：内閣府・総務省・厚生労働省「相対的貧困率等に関する調査分析結果について」（平成 27 年
　　12 月 18 日）　https://www.mhlw.go.jp/seisakunitsuite/soshiki/toukei/dl/tp151218-01_1.pdf
　　（閲覧日：2022 年 8 月 15 日）

　親世帯が貧困率を押し上げている実態がある。また，詳しくは後に述べるが，内閣府の「子供の生活状況調査の分析　報告書」（2021 年）によると，ひとり親世帯の 50.2%，母子世帯の 54.4% が貧困層となっている。親の学歴と貧困との相関がみられ，貧困の連鎖構造，再生産構造が存在する。

＜貧困の要因＞

　それでは，貧困はなぜ生じるのか。ここでは個人・家族，社会，政府の 3 つのレベルに区分して説明しておく。もちろん，この 3 つのレベルは明確に区分できず，貧困を理解するための便宜上のものにすぎない。

　第 1 は個人や家族のレベルから貧困の要因を説明することである。貧困は個人の怠惰の帰結であるという考えは，過去から現在に至るまで根強い考え方である。貧困に陥るから栄養がとれずに病気となり，病気になるから働くことができずに貧困に陥る。この貧困と疾病の悪循環構造も貧困の典型的な説明である。目先のことしか考えられない性格，計画立てて生活をしない慣習，健康状態が悪いために仕事をすることができずに収入を確保しにくい環境，継続的な就業行動ができない状況などが貧困を起こす要因の 1 つである。

　ギャンブルやアルコール依存の性質を強調する論者も存在する。親の低い所得や教育水準，子どもに仕事を強要する家庭環境，離婚家庭などの家族構成も

貧困要因としてあげられる。親の所得と子どもの社会的地位達成とは正の相関がある。教育は投資として大きな影響が存在するためである。

　第2は社会のレベルである。この考え方によると，社会の構造や編成，社会集団の文化・態度・行動，社会から調達可能な資源などによって貧困の要因が説明される。人種的マイノリティであるために，言語のハンディを負ったり差別を受けたりして，就業や教育の機会を失うことがある。スラム街に居住するために，劣悪な住宅環境や犯罪リスクに直面し，低い生活水準に甘んじていることも多い。アンダークラスであるために，自分や家族が調達できる近隣資源が十分ではないこともある。所得の低い人びとはその収入の多くを食料費に充てることが多く，文化，教育，スポーツ，娯楽，個人的嗜好などに収入を用いる余裕はない。そのことは自分や家族への教育投資につながらず，貧困の世代間再生産を生むことにもなる。

　タウンゼントは，現金所得，家屋や貯金などの資本的資産，保健・教育・住宅など現物的な公的社会サービスの価値，自給や贈与など個人的現物資産を生活資源としてとりあげている。生活様式としては，娯楽や外食の慣行，耐久消費財や室内設備の所有等の有無をあげている。個人，家族，諸集団はその所属する社会で慣習となっている，あるいは少なくとも広く推奨または是認されている種類の食事をとったり，社会的諸制度に参加したり，生活の必要諸条件や快適さを維持するために必要な生活資源が存在する。それらの生活資源を欠いているとき，貧困の状態にあるという。

　第3は政府レベルである。政府の貧困対策の政策は所得保障，医療保障，社会福祉，労働，住宅，教育，税制など多岐にわたるが，それらが十分ではない場合，十分でも効果が上がらない場合，それは政策の失敗として評価される。社会的不平等の克服は社会的地位達成による業績主義の実現に不可欠であり，不平等の固定化は，努力した者や能力ある者が社会に貢献する度合いに応じて報われる資本主義の精神に反することになり，活力ある社会にも阻害要因となる。

　もちろん貧困対策は社会保障政策だけでなく，経済成長に伴う所得分配が高所得者だけでなく低所得者にも恩恵を与える。それでも単身世帯，ひとり親世

帯，母子世帯における所得分配の程度は高くなく，社会保障や税制に基づく所得再分配の役割は重要である。

＜依存・スティグマ・投資＞

　貧困はスティグマをもたらすことがある。スティグマとは犯罪者や奴隷などに刻印されたしるしを起源とし，現在では負の烙印の意味で用いられる差別・偏見である。路上生活者は「気ままな自由人である」「意欲のない怠け者である」という偏った見方や，「虐待を受けた人は虐待を繰り返す」という事実と異なる言説がそれである。貧困の依存に関するこのような偏見や差別は誤った政策立案や社会対応を招き，地域住民の政治的支持を困難にする。そのため，このような差別と偏見を生み出すスティグマを排除するために，対象者を孤立させることなく支援し，対象者の置かれた状況を正しい事実に基づいて判断し，行動することが求められる。

　また，貧困に関してはパターナリズム（介入主義・後見主義）と依存の継続的な関係を排除し，自立を促す姿勢が重要である。パターナリズムは国民の財政負担を拡大するだけでなく，対象者の自立の意欲を削ぐことになりかねない。もちろん納税者の立場から効率的な行政運営を求めることは健全である。たしかに，税金の課せられた低所得者よりも税金の課せられない福祉給付対象者の方が生活水準が高い「貧困の罠」も起こりうる。しかし，重度のアルコール依存患者のように自立できない人に自立を強要することは難しい。そのため，個別の状況に応じた柔軟な対応が求められる。

　従来から社会保障はコストとして理解されてきた。そのため，コストとしての社会保障は公共支出を拡大する要因であり，経済活動の阻害要因となるという考えである。たしかに社会保障は公共支出の大きな比率を占めているが，社会保障をフローだけでなくストック整備まで含めて考えれば，経済パフォーマンスの基盤となる社会保障制度を整備することはコスト以上の意味がある。子どもや若年層に対する教育・福祉を考えれば，それは短期的な視点からコストとして考えるよりも，長期的視点から社会的な投資として考えることも可能で

ある。

　一見両立しにくい経済と福祉の関係を両立させようとする志向性は重要である。かつて馬場啓之助は経済と福祉の相反関係を補完関係として成立させる重要性を指摘した。「福祉社会は業績主義と連帯主義という2つの社会倫理の相互補完の関係にたって形成された複合社会である。業績主義と連帯主義とは機会の平等と結果の不平等との関係をみれば明らかなように，本来たがいに相反関係にある。この相反関係を補完関係に転換させて，2つの社会倫理のあいだに『相反と補完の二重の関係』をつくりださなくては，複合社会たる福祉社会は成立しない」。この相反と補完の二重関係を成立させることこそ，政治の力である。

2．路上生活者と貧困

＜個人責任と社会責任＞

　路上生活者とは，都市公園，河川敷，道路，駅舎などの施設を居住の場所とし，継続的に住宅ではない場所で日常生活を営んでいる人をいう。路上生活者がなぜ発生するのかについては，様々な要因が考えられる。ここでも個人責任なのか社会責任なのかを線引きすることは難しい。

　個人責任としては，怠惰な生活習慣，継続的な仕事ができない資質，精神疾患など慢性的な疾患（病気），アルコール依存症，多額な借金を抱えた多重債務などの問題があげられるだろう。また社会責任としては，経済状況，産業構造の転換，麻薬問題，医療施設の統廃合などがあげられる。

　他の国では精神病院が廃止になり患者の受け皿がコミュニティになく路上生活者になるパターンや，スラム街での犯罪発生が路上生活者の増加につながるパターンなど，社会病理の問題が背景に存在することも多い。それに対して日本の場合，雇用・失業という経済要因が路上生活者の主たる発生原因である。

　日本において，従来は建設現場で日雇い労働者として働いていた人が職を失い，収入と住居も同時に失って路上生活者となるパターンが多かった。近年は派遣切りや雇い止めによる失業で路上生活者となるパターンも増えてきた。こ

のような労働や所得の政策課題を解決するのは，政府レベルにおいては主として国の責任であって，都道府県や市区町村の直接的な責任ではない。

＜福祉の磁石と自治体間移動＞

貧困者は資産や住宅をもたない人であり，職業や居住に制約を受けないために移動しやすい特性をもつ。貧困者が高い貧困給付を求めて州政府間を移動する姿を，アメリカの政治学者ピーターソンとロムは，「福祉の磁石」と呼んだ。開発政策と異なり再分配政策の場合，高い福祉給付の磁石に貧困者が吸い寄せられるため，給付水準を引き下げる負の競争が州政府間で生じ，このような都市レベルの限界には全国政府が介入するしかないというのである。

日本においても路上生活者は大都市に多い。東京都 23 区，横浜市，川崎市，大阪市，名古屋市などの大都市が路上生活者の多い自治体である。たしかに日本の場合，自治体の福祉適用や施設入所が積極的に行われているかどうかで自治体の裁量の差がある。ただし，サービス水準が高いから路上生活者が移動するだけではなく，大都市は仕事や食料を得る機会が多いために路上生活者が集まるのである。このような住民移動は，保育，障害児福祉，高齢者福祉，住宅政策（家賃補助・公営住宅）で見られる現象である。

このような住民移動を理論的に公式化したのが財政学者ティボーの「足による投票仮説」である。足による投票とは，住民が自治体間を移動すること，つまり住民が自治体を選好することが，投票（政治）に代わるメカニズムとして作用し，住民を得るための自治体間の競争（市場）が最適な自治体サービスを生むという理論仮説である。住民を消費者・投票者と仮定し，住民獲得の自治体間競争で市場のような最適な資源配分メカニズムが生まれるとしたものである。公共財の理論は政府を非効率，市場を効率とする二分論的な理解をしたが，ティボーの足による投票仮説はこの考え方を理論的に批判した意義をもつ。

しかしながら，再分配政策にも「人気政策」と「不人気政策」の違いはある。保育や乳幼児医療費助成政策のような「人気政策」を地方自治体の目玉政策として新住民を獲得しようとしている自治体は存在する。逆に，自治体は路上生

活者を積極的に獲得しようとしているわけではなく，むしろ路上生活者の増大
は公共支出の拡大，納税者の批判，政治的支持の喪失を招きかねない。高齢者
の増大は地方自治体の財政負担を拡大する要因である。そのため，自治体にと
って貧困者や高齢者を呼び寄せる「不人気政策」を積極的に行うインセンティ
ブは少なく，貧困者や高齢者は歓迎する住民とはいえないのが実状なのである。

＜政策の分権と集権＞

　貧困対策は所得と雇用の状態を改善する政策を基軸とし，福祉・保健・医療・
住宅・教育・司法を横断する複合的なものである。それは国の所得再分配政策
が基本的な対応となる。平等性を重視する政策ならば，国が責任をもって対応
するのが一般的である。スウェーデンのエーデル改革においても，国レベルは
年金，広域自治体は医療，基礎自治体は社会福祉という責任分担となった。こ
れは他国も同様に一般的な機能分担である。

　財政学者のオーツは，中央政府が画一的なサービスを提供するよりも地方政
府が地域の個別の事情に応じて対応した方が，効率的なサービス提供ができる
ことを指摘している。いわゆるオーツの「分権化定理」である。「総人口のうち
の地域的部分集合のみが消費し，供給費用がいずれの産出量水準においても国
および各地方団体においてすべて等しいような公共財については，地方政府が
それぞれの地域に対してパレート効率的な産出量水準を供給する方が，中央政
府がすべての地方政府に対して一様にある一定の水準を供給するよりも，必ず
効率的になる（少なくとも同程度には効率的になる）」。

　たしかに，自治体間較差が生じて，地方自治体の間で給付水準にバラツキが
あっても，住民による是正が可能ならば自治の名のもとに許容されるかもしれ
ない。しかし貧困対策は難しい。なぜなら，路上生活者対策へ熱心に取り組め
ば取り組むほど，路上生活者が増加し，一般納税者からの支持は減少する，と
いう現象が起きるためである。貧困対策は自治体にとって「不人気政策」であ
り，他の政策と性質が異なる。

　国レベルは所得保障，労働・失業対策，大規模な実態調査，対象者特性の把

握，法律など法的枠組みの提示，施設整備での補助金・負担金の提供という役割が期待される。広域自治体も条例の制定や NPO 支援，施設整備，施設を通じたサービス提供などが責務として重要である。しかしながら，それでも機能は明確には区分できない。路上生活者は隅田川など 1 級河川の河川敷に居住することがあるが，その河川敷の指定区間の管理は都道府県の役割である。東京では上野公園に路上生活者が居住するが，上野公園は都立公園であるために東京都が管理主体である。新宿の中央公園は新宿区の区立公園であるので，その管理は新宿区の責任で行われている。このように責任を明確化できず，発生原因における複雑な構造をもつゆえに，施設，公園，図書館の政策領域で行われているように，広域自治体と基礎自治体の共同設置で施設運営を行うこともある。

3. 子どもと女性の貧困

<経済格差と貧困>

　日本において，女性の就業率は 70％を超えているが，そのうち半数以上が非正規労働者である。また母子家庭の 54％は貧困層である。図表 10-4 で明らかなように，2018 年の段階で日本の子どもの貧困率は 14.0％であり，7 人に 1 人が貧困の状態にある。所得再分配政策によって子どもの貧困が削減された割合は，2017 年の段階で OECD 平均は 37.5％であるのに対し，日本は 18％にすぎない。子どもへの社会投資が先進諸国の中では著しく低い水準にある。貧困の現象が女性に集中する実態を「貧困の女性化」というが，日本の場合は女性と子どもの両方への対策が必要である。

　内閣府の「子供の生活状況調査の分析」によると，世帯収入の水準や親子の状況によって，子どもの学習・生活・心理などへ影響が出ており，とくに低所得世帯やひとり親世帯が親子ともに多くの困難に直面している。図表 10-5 によると，生活状況が「苦しい」「大変苦しい」と回答した割合は低所得世帯が 51.8％，ひとり親世帯が 53.3％を占めている。食料が買えなかった経験，衣服が買えなかった経験，電気・ガス・水道の公共料金が未払いの状況が，低所得世帯

図表 10-4　貧困率の年次推移

	1985 (S50)	1988 (63)	1991 (H3)	1994 (6)	1997 (9)	2000 (12)	2003 (15)	2006 (18)	2009 (21)	2012 (24)	2015 (27)	2018(30)年	
													新基準
相対的貧困率（%）	12.0	13.2	13.5	13.8	14.6	15.3	14.9	15.7	16.0	16.1	15.7	15.4	15.7
子どもの貧困率（%）	10.9	12.9	12.8	12.2	13.4	14.4	13.7	14.2	15.7	16.3	13.9	13.5	14.0
子どもがいる現役世帯	10.3	11.9	11.6	11.3	12.2	13.0	12.5	12.2	14.6	15.1	12.9	12.6	13.1
大人が1人	54.5	51.4	50.1	53.5	63.1	58.2	58.7	54.3	50.8	54.6	50.8	48.1	48.3
大人が2人以上	9.6	11.1	10.7	10.2	10.8	11.5	10.5	10.2	12.7	12.4	10.7	10.7	11.2
中央値(a)（万円）	216	227	270	289	297	274	260	254	250	244	244	253	248
貧困線(a/2)（万円）	108	114	135	144	149	137	130	127	125	122	122	127	124

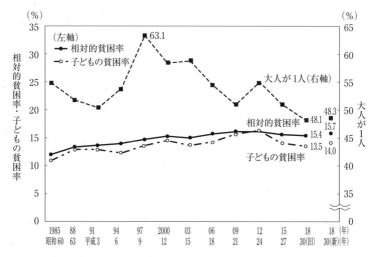

（注）1. 1994（平成6）年の数値は，兵庫県を除いたものである。

2. 2015（平成27）年の数値は，熊本県を除いたものである。

3. 2018（平成30）年の「新基準」は，2015年に改定されたOECDの所得定義の新たな基準で，従来の可処分所得から更に「自動車税・軽自動車税・自動車重量税」，「企業年金の掛金」及び「仕送り額」を差し引いたものである。

4. 貧困率は，OECDの作成基準に基づいて算出している。

5. 大人とは18歳以上の者，子どもとは17歳以下の者をいい，現役世帯とは世帯主が18歳以上65歳未満の世帯をいう。

6. 等価可処分所得金額不詳の世帯員は除く。

出典：厚生労働省「2019年　国民生活基礎調査の概況」 https://www.mhlw.go.jp/toukei/saikin/hw/k-tyosa/k-tyosa19/03.pdf（閲覧日：2022年8月15日）

図表 10-5　現在の暮らしの状況

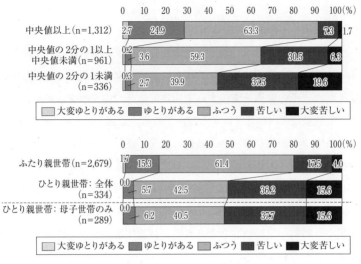

出典：内閣府「子供の生活状況調査の分析　報告書」（令和 3 年）　https://www8.cao.
go.jp/kodomonohinkon/chousa/r03/pdf-index.html（閲覧日：2022 年 8 月 15 日）

やひとり親世帯に生じている。親の学歴の違いや就労状況の違いが収入と関連
しており，働いていない理由は病気や障害のためである。このことは子どもと
のかかわり方や学校とのかかわり・参加が希薄になる原因となっている。

　このような状況を改善する方法は 3 つある。1 つは民法上のアプローチであ
り，離婚家庭に対する養育費の支払いによって多くの母子家庭の所得補填を行
うことができる。しかしながら養育費の支払い率は高くなく，母子世帯を除く
ひとり親世帯や婚姻状態にある低所得世帯への支援とはならない。第 2 は貧困
者自身の就労による収入拡大である。ただし女性就労の半数以上が非正規労働
であり，子どものケアや自分の病気などの問題も抱えている世帯が多く，就労
機会を改善させるための職業訓練・技能付与などの総合的な支援が必要である。
第 3 は社会保障によるアプローチであり，児童扶養手当や生活保護などがそれ
に該当する。ただし，その給付やサービスは十分ではなく，福祉・保健・医療・
雇用・教育・住宅の包括的なサービス提供を子どもと親の両方に行うことによ

って，経済格差の是正，貧困再生産の抑制が求められている。

<家族への投資——2つの家族政策>

　家族政策とは結婚・出産・育児・介護という個人の選択に行政が関与する政策である。かつての家族に比べて，現在における家族の規模は縮小し，その機能も低下した。その家族を支援する家族政策は2つのタイプに類型化される。

　第1は家族機能の内部化をはかる方法である。家族そのものの機能を強化し，ボランティアなどの擬制家族の組織化と育成により，内部的な所得移転メカニズムの強化をはかる方法がある。家族の問題は家族それ自体により直接解決する方が望ましいと考える思考は，保守の立場に属するといえるかもしれない。家族の介護を家族自体が行う際に介護手当を給付する方法，職場を一定期間離れて育児や介護に一定期間専念する育児・介護休業制度，配偶者控除の税制上の優遇策などがそれである。

　第2は家族機能の外部化をはかる方法である。家族機能を外部化し，従来家族の機能であったものを政府が代替・支援する公共政策である。保育政策，児童手当，介護サービスなどがそれである。これは仕事と家庭との同時機能を成立させることが望ましいと考える考えを支持する制度であり，リベラルの立場に属する考えといえるかもしれない。

　実際の運営としてこの2つは代替的ではなく，同時に選択できることが一般的である。共に育児や介護を社会的コストとして考え，そのコストを個人や家族の負担にするのではなく社会全体で支援していこうとする考えに基づいている。

　この時，政府が家族に介入する根拠を見出すことは難しい。なぜなら，結婚・出産・育児・介護という選択は極めてプライベートな事項に関わることだからである。「社会的コミットメントとしての自由」（セン）という考え方がある。どのような選択をするのも自由であるが，その自由な選択を阻害するものがあるならば，それは取り除くことが望ましい。結婚したいが制約があってできない，出産したいがコストがかかりすぎて不可能だ，という障壁を取り除くことこそ政府介入の根拠となりうる。結婚・出産・保育・教育・住宅の高いハードルを

低くすることに否定的な考えをする人はいないだろう。個人の選択の自由を広げるために政府が介入するという考え方が家族政策の基本基軸である。

＜自治体の専門・連携・介入＞

このような政策を実施するうえで，問題は 3 つある。

第 1 は自治体の専門性である。地方自治体は一部の都道府県・政令市を除いて福祉職の採用をほとんど行っていない。規模の大きな都道府県，政令指定都市，一部の中核市以外には，児童や女性の福祉専門家が採用人事で専門家として雇用されているわけではないのである。そのため，ジェネラリスト志向の地方公務員制度の中で，児童福祉司などの専門的な教育訓練を行っていかなければならない。

また，地方自治体の職員は従来ならば採用されてからの経験の豊かな職員が福祉の専門的な現場へ配置されていたが，公務員の採用抑制が続く中で中間層の職員が少なくなり，メンターが少ない状況の中で経験の浅い職員が福祉の現場へ配置される状況もおきている。法の修得と複雑な家族構造を理解するためには熟練と経験が必要であるが，そのような技能蓄積のないまま現場の課題をこなしていかなければならない厳しい状況が存在している。

第 2 は機関間の連携である。貧困対策の現場では問題が関連する多数の機関の間で協議しながら問題解決することが望まれる。福祉，保健，医療，教育，雇用，住宅，司法などの連携が求められる。児童虐待の問題では，児童相談所など行政機関と学校，警察，病院，児童福祉施設の間で情報を共有し，問題を解決していくことが理想である。

連携の難しさを生じさせている背景の 1 つは個人情報保護の問題である。家族の問題は個人情報の塊であるが，このような個人情報をどこまで公開し，共有できるのか，守秘義務をどの機関まで遵守して対応するのかは，大きな課題である。

第 3 は介入の難しさである。家族の問題は自分たちで決めたい，というのが当事者の基本的な考えである。しかし子どもの公益と親の利益が一致するとは

限らない。しばしばそれが対立することもありうる。そのため，介入のタイミングとその判断は極めて難しいのが実情である。介入することの法的根拠の確保と，緊急に介入する必要性の判断とはしばしば同時に行わなければならないためである。

　児童福祉法の改正で，家族への介入に家庭裁判所の手続きが必要となった。逆にいえば，法的な手続きによって介入可能となったのである。問題の所在はどこにあり，当事者の意向はどのようなものであり，子どもの状況はどのようになっているのかを冷静かつ迅速に決定しなければならない。

4．貧困と政治

＜エンパワメントと政治的リーダーシップ＞

　貧困は自由の侵害であり，権利の欠如である。貧困者は自分の人生を自分で決めることができず，資源獲得の権力に欠いている。貧困が女性，障がい者，少数者，低所得者に不利を与えており，権利を保証すること，いわゆるエンパワメント（権利付与）の実現が政治的リーダーシップの役割である。民主政治は権原を保証する制度だからである。

　貧困対策は残余的福祉であり，マジョリティである納税者・有権者へ首長や議員など政治的指導者は説明が必要とされる。そこでは，貧困対策の特殊性を理解しなければならない。西尾勝は生活が侵害される際の市民の危険性について指摘している。「低所得者の利益への配慮を欠いたもの，あるいは標準的な多数者の利益のために特殊な少数者の利益を犠牲にするものに発展する」。つまり，貧困対策は選挙の際の票に結び付きにくいため，政治的支持を得るための「人気政策」とはなりにくい。逆にいえば，それだからこそ政治指導者のステイツマンシップとしてのリーダーシップが必要なのである。

　政治の重要な役割は価値判断を行い，優先づけを行うことである。地方財政の状況が悪化している中で何を削減し，何を現状維持するのかの判断は，政治の重要な役割である。路上生活者のための大規模施設を建設する場合，地域住

民は建設に反対することが多い。保守的行動をとるコミュニティの特質がよく
あらわれている。この場合でも，住民と合意形成を重ねることが重要である。
大衆に迎合することなく，最善の方法を模索することこそ政治指導者に求めら
れている。

　貧困対策は前述したように，福祉，保健，医療，教育，住宅，雇用，司法に
またがる横断的な政策分野である。そのため部局の割拠主義（セクショナリズム）
に陥りやすい。現場での調整には限界も多い。このような割拠主義を打破する
トップマネジメントの力も政治に求められている。

＜地方自治体間の較差＞

　保育，乳幼児等医療費援助事業，障害者・障害児対策，生活困窮者自立支援
事業などは自治体間較差の大きいプログラムである。地方自治体の事業は，高
齢化率，小学校への入学予定児童数など経済社会の条件に基づき，サービスの
必要性を予測して決定される。それでも地方自治体の間でサービスの量と質に
較差が生じる。較差が生じる理由は高齢化率や子どもの数などの社会経済的条
件，前述した政治的リーダーシップの違い，地方自治体における財政力の違い
である。図表10-6は大阪府の市町村における乳幼児等医療費援助の実施状況を
示したものである。他の府県に比べて大阪府は基礎自治体間の較差が大きい傾
向にあるが，とくに通院の対象年齢制限の違いは著しい。

　財政状況の悪い自治体の中には，福祉の給付に厳格な対応をとる自治体も出
てくる。サービスの低下や住民負担の増加を求める自治体もあるだろう。自治
とは自由を意味するので，地方自治体が削減を行う自由も当然に存在するので
ある。自治の名のもとに自治体で責任をもつという考え方を尊重すれば，国や
都道府県が関与する必要はない。しかしながら，地方自治体でのサービスの違
いが平等性に反するという考え方もあり，また自治体だけでは水準の改善が期
待されないという考えもあるだろう。負担の公平性から考えれば，サービスの
自治体間の著しい較差は望ましくなく，地方自治体や住民の力で改善が見込ま
れないならば，国の関与を強める方法もある。このような事業に対しては国の

図表 10-6　市町村における乳幼児等医療費援助の実施状況

市区町村名		対象年齢		所得制限		一部負担	
		入院	通院	有	無	有	無
大阪府							
1	大阪市	15歳年度末	15歳年度末	○		○	
2	堺市	15歳年度末	15歳年度末		○	○	
3	岸和田市	15歳年度末	7歳年度末		○	○	
4	豊中市	12歳年度末	就学前	○		○	
5	池田市	15歳年度末	9歳年度末		○	○	
6	吹田市	15歳年度末	15歳年度末	○		○	
7	泉大津市	12歳年度末	8歳年度末		○	○	
8	高槻市	12歳年度末	12歳年度末		○	○	
9	貝塚市	15歳年度末	就学前		○	○	
10	守口市	15歳年度末	就学前	○		○	
11	枚方市	12歳年度末	就学前		○	○	
12	茨木市	12歳年度末	12歳年度末	○		○	
13	八尾市	15歳年度末	就学前	○		○	
14	泉佐野市	15歳年度末	就学前		○	○	
15	富田林市	15歳年度末	12歳年度末		○	○	
16	寝屋川市	12歳年度末	12歳年度末		○	○	
17	河内長野市	15歳年度末	12歳年度末		○	○	
18	松原市	12歳年度末	就学前		○	○	
19	大東市	15歳年度末	15歳年度末		○	○	
20	和泉市	15歳年度末	9歳年度末		○	○	
21	箕面市	15歳年度末	15歳年度末		○	○	
22	柏原市	15歳年度末	就学前		○	○	
23	羽曳野市	12歳年度末	就学前		○	○	
24	門真市	12歳年度末	9歳年度末		○	○	
25	摂津市	15歳年度末	就学前		○	○	
26	高石市	12歳年度末	就学前		○	○	
27	藤井寺市	15歳年度末	就学前		○	○	
28	東大阪市	15歳年度末	就学前		○	○	
29	泉南市	15歳年度末	就学前		○	○	
30	四條畷市	9歳年度末	9歳年度末		○	○	
31	交野市	12歳年度末	就学前		○	○	
32	大阪狭山市	15歳年度末	12歳年度末		○	○	
33	阪南市	15歳年度末	就学前		○	○	
34	島本町	12歳年度末	就学前		○	○	
35	豊能町	15歳年度末	就学前	○		○	
36	能勢町	15歳年度末	15歳年度末	○		○	
37	忠岡町	12歳年度末	就学前		○	○	
38	熊取町	15歳年度末	就学前		○	○	
39	田尻町	15歳年度末	15歳年度末		○	○	
40	岬町	15歳年度末	就学前		○	○	
41	太子町	15歳年度末	15歳年度末		○	○	
42	河南町	15歳年度末	15歳年度末		○	○	
43	千早赤阪村	15歳年度末	15歳年度末		○	○	

出典：平成26年度「乳幼児等に係る医療費の援助についての調査」　https://www.mhlw.go.jp/file/04
-Houdouhappyou-11908000-Koyoukintoujidoukateikyoku-Boshihokenka/bessi3.pdf
（閲覧日：2022年8月15日）

補助金・負担金を高率に引き上げる方法が1つの選択肢である。

　もう1つの方法は地方自治体間の広域連携を志向することである。規模や範囲を拡大することで効率的な運営を試みることが可能である。市区町村間だけでなく，都道府県と市区町村間の連携も含めることが可能である。これは単なるサービスの問題だけでなく，専門職員の調達可能性という点でもメリットがある。広域化することは調整のコストが生じることにもなるが，規模の小さな基礎自治体にとっては人的余裕を確保する大きな課題を解決してくれる方法ともなりうる。

＜社会関係資本と社会ネットワーク＞

　貧困対策に関しては行政の役割だけでなく，民間の役割も重要である。ここでは3つの事例を紹介しながら，社会関係資本や社会ネットワークの重要性を理解していきたい。

　第1は路上生活者支援である。路上生活者に対しては，炊き出し，就労支援，健康相談などの活動がNPOによって行われてきた。居住を確保してそこに住民票をおき，生活保護の申請に同行するボランティア活動も行われている。路上生活者へアパートなどの居住を確保するのは，生活保護の申請で福祉事務所から居住要件が求められるからである。このような積極的なアウトリーチの活動は行政活動ではあまり行われていない。また，ボランティアを行う人たちは最底辺の実態をみるとともに，行政が実施していない領域に貴重な公共活動が存在することも知ることができる。

　第2は子ども食堂の例である。子ども食堂とは週に1回または月に1〜2回，定期的な曜日・時間と場所で行われている市民活動である。食事の提供をうける家庭にとっては，食費を節約する経済効果がある。食材を提供する農家や企業にとっては，フードロスを減らす経済効果が見こまれる。料理の手伝いを行うボランティアスタッフにとっては，対象者とのふれあいを可能にする貴重な場所となる。行政機関にとっては，どのようなニーズが存在するのかを得る貴重な情報源となる。

　子ども食堂は単なる食事の機会を提供するだけにとどまらない価値を生み出している。ボランティア活動がボランティアの担い手自身を救済することもありうる。ただ単に食事を提供することだけでなく，コミュニティを媒介にして対象者と対象者，対象者と地域住民，対象者と支援者・企業，対象者と行政をつなぐ重要な役割を子ども食堂は果たしている。コミュニティにおけるネットワークの結節点といってもよい。

　第3は教育支援の例である。教育機会に恵まれず，塾や親に学習を見てもらう機会がなく1人で学習している子どもにとって，大学生・元教師・塾講師などの教育ボランティアの支援は貴重な教育機会となっている。ただ単に小学生・中学生・高校生へ教育情報を提供するだけでなく，子どもたちに関心をもっている人たちから支援されることで愛情提供機能が果たされ，子どもにとっては貴重な居場所となる。また，様々な世代がボランティアに集うことで担い手の間で刺激があり，様々な価値観の集合，つまり集合的価値がコミュニティで相乗効果をもつ。

　これら3つの事例は人びとが孤立せずに互いにつながり，貧困者を社会全体で支え合う社会包摂の役割を果たすことを示している。連携の難しさ，関係者間の主導権争い，個人情報保護と問題共有のディレンマなどの課題もあるが，このような市民活動の蓄積がコミュニティに存在し，社会関係資本と社会ネットワークの蓄積が貧困対策を作動させる重要な鍵となっている。

おわりに

　本章では都市の貧困について概念的な理解を深め，貧困をめぐる課題を指摘した。そして路上生活者と子ども・女性の貧困について論じてきた。そして最後に貧困をめぐる政治としてエンパワメントと政治的リーダーシップ，地方自治体間の較差，社会関係資本と社会ネットワークについて議論してきた。

　都市の貧困対策は多数派によって支持されない「不人気政策」という特性をもつが，逆にいえば都市政治の力が試されている興味深い事例である。その意

味で都市の貧困事例は都市政治論にとって重要な研究対象を提供している。

　小田切徳美は地域づくりに必要なこととして，「主体」「場」「条件」の3要素の組み立てが地域づくりに重要であると述べている。各地域の中でこの3つの要素がどのように成立しているのか，そしてどのような政治環境のもとで構造化されているのか，これからも注視していかなければならない。

参 考 文 献

阿藤誠・西岡八郎・津谷典子・福田亘孝編（2011）『少子化時代の家族変容—パートナーシップと出生行動』東京大学出版会

阿部彩（2008）『子どもの貧困—日本の不公平を考える』岩波書店（岩波新書）

岩田正美（2000）『ホームレス／現代社会／福祉国家—「生きていく場所」をめぐって』明石書店

岩田正美（2007）『現代の貧困—ワーキングプア／ホームレス／生活保護』筑摩書房（ちくま新書）

岩田正美（2017）『貧困の戦後史—貧困の「かたち」はどう変わったのか』筑摩書房

遠藤久夫・野田正人・藤間公太監修／国立社会保障・人口問題研究所編（2020）『児童相談所の役割と課題—ケース記録から読み解く支援・連携・協働』東京大学出版会

遠藤久夫・西村幸満監修／国立社会保障・人口問題研究所編（2018）『地域で担う生活支援—自治体の役割と連携』東京大学出版会

オーツ，W. E.（1997）『地方分権の財政理論』（米原淳七郎・岸昌三・長峯純一訳）第一法規

小田切徳美（2022）「新しい農村を展望する」小田切徳美編『新しい地域をつくる—持続的農村発展論』岩波書店

落合恵美子編（2021）『どうする日本の家族政策』ミネルヴァ書房

小山進次郎（1975）『生活保護法の解釈と運用　改訂増補』全国社会福祉協議会

庄司洋子・杉村宏・藤村正之編（1997）『貧困・不平等と社会福祉　《これからの社会福祉②》』有斐閣

スピッカー，ポール（2008）『貧困の概念—理論と応答のために』（圷洋一監訳）世界書院

セン，アマルティア（1991）「社会的コミットメントとしての個人の自由」（川本隆史訳）『みすず』1991 年 10 月号

セン，アマルティア（2017）『貧困と飢饉』（黒崎卓・山崎幸治訳）岩波書店（岩波現代文庫）

西尾勝（1973）「市民と都市政策」伊東光晴ほか編『岩波講座　現代都市政策Ⅱ　市民参加』岩波書店

日本都市センター編（2011）『児童相談行政における業務と専門性』日本都市センター

馬場啓之助（1980）『福祉社会の日本的形態』東洋経済新報社

樋口美緒・府川哲夫編（2011）『ワーク・ライフ・バランスと家族形成—少子社会を変える働き方』東京大学出版会

宮本太郎（2021）『貧困・介護・育児の政治—ベーシックアセットの福祉国家へ』朝日新聞出版

末冨芳（2017）『子どもの貧困対策と教育支援—より良い政策・連携・協働のために』明石書店

ラウントリー，B. S（1975）『貧乏研究』（長沼弘毅訳）千城

Peterson, P. E. (1981) *City Limits*, University of Chicago Press

Peterson, P. E. and Rom, M. C. (2010) *Welfare Magnets*, Brookings Institution Press

Tiebout, Charles M. (1956) "A pure theory of local expenditures". *Journal of Political Economy* 64 (5), pp. 416-424

Townsend, P. (1979) *Poverty in the United Kingdam*, Harmondsworth

【用語解説】

○福祉の磁石

　貧困者が資産や住宅を持たず，高い福祉給付を求めて州の間を移動する姿を，アメリカの政治学者ピーターソンとロムは，「福祉の磁石」と呼んだ。高い福祉給付の磁石に貧困者が吸い寄せられるというのである。

○貧困の罠

　税金の課せられた低所得者よりも税金の課せられない福祉給付対象者の方が生活水準の実態が高い状態。

○スティグマ

　犯罪者や奴隷などに刻印されたしるしを起源とし，負の烙印の意味で用いられる差別・偏見。差別と偏見を生み出すスティグマを排除するため，対象者を孤立させることなく支援し，正しい事実に基づいて状況を判断し，行動することが求められる。

○子どもの貧困

　日本において子どもの貧困率は14%。子どもの7人に1人が貧困状態にあり，子どもへの社会投資が著しく低い。親の学歴の違いや就労状況の違いが収入と関連しており，働いていない理由は病気や障害のためである。このことは子どもの学習状況にも影響して

いる。

○貧困の女性化

　日本の相対的貧困率は 15.7％であり，OECD 諸国の中でも貧困率が高い水準で推移している。母子世帯の半数が貧困層であり，このような貧困の現象が女性に集中する実態を「貧困の女性化」という。

第 11 章　都市とまちづくり

工　藤　裕　子

は じ め に

　都市の重要性は古くから認識されていたが，近代化とともにその重要性は増してきた。産業の集積により人口が増加し，経済活動がさかんになることでさらに人口が集中し，富が集約する。さらに文化や政治などの機能や活動が集中し，その存在はますます重要性を増した。同時に都市には，社会システムからこぼれた人々を吸収する性質があり，インフォーマルな経済を支える非正規労働力が共存することになる。都市にしばしばスラム街が形成される理由は，過剰な人口の社会流入に伴い，正規に労働をすることのできない人々が，それゆえに公共サービスを享受することもできず，本来は居住が認められていない場所に集積して居住するためであるが，経済的基盤のみならず公衆衛生を含め生活そのものの基盤が脆弱なこれらの人々の存在は，自然災害時に大規模な被害が発生するなど，都市そのものを脆弱にしてきた。新型コロナウイルス感染症が都市部で蔓延したのは，人口の集中とさかんな経済活動に加え，脆弱な人々が都市に集中していたからであった。

　世界的に都市は古代に誕生し，中世には現在の多くの都市の骨格が既に出来上がっていた。古代から続く都市として知られるローマの場合，紀元前 7 世紀頃には都市国家としての整備が進み，排水路が設けられ，公共施設が作られた。共和政ローマ期にはその首都としてますます発展し，人口増加に対応して家屋や道路の整備も行われた。紀元前 312 年からはローマ街道の敷設，また同じ頃から水需要の増加に対応するためローマ水道の建設が進められた。このように都市は，人口の増加や経済活動の活発化とともに新たに必要となるさまざまな

社会基盤を建設，整備し，また公共サービスを供給し続けてきた。

　国によって起源や発展の経緯は異なるが，経済活動と人口の集積，それに伴って政治や文化が生まれ，一方で必要な社会基盤や公共サービスが供給されるようになったのが都市である。日本において戦国時代に建設された城下町は，城の防衛施設としての機能，さらに行政都市，商業都市としての機能を持つものであった。商工業の発達を活発にすることで城下町は政治や行政のみならず，経済活動の集積地となっていった。今日の人口 10 万人以上の都市の半分以上は城下町を起源としているといわれる。近代化とともに都市の規模は拡大し，人口も急速に増加し，さらなる都市基盤の整備と公共サービスの供給が必要となっていった。世界の多くの都市は，古い起源を持ちながらも，特に第 2 次世界大戦後に大きな発展を遂げた。高度経済成長や技術の発達に伴い，現代的な社会基盤が整備され，活動や機能の集中がさらに進んだ。都市に必要な基盤は道路や水道のみならず電気やガス，公共交通網，さらには通信網などを含むようになり，公共サービスも拡大し続けてきた。

　ここでは都市が現在，どのような課題に直面しているのか，そしてその課題を解決するために講じられている諸政策について理解する。

1．都市の新たな課題

　人口動態の変化が特に都市化の進んでいた先進諸国において顕著になるにつれ，都市をめぐる諸条件は大きく変化し，今日の都市の大きな課題となっている。1990 年代以降，先進諸国においては高齢化が進み，人口の減少が始まった。

＜人口減少と高齢化＞

　日本では，人口動態統計によると，2005 年には，出生数よりも死亡数が上回り，人口動態統計が現在の形式で調査を開始した 1899 年以降，統計の得られていない 1944 年から 1946 年を除き，初めて人口の自然減となった。さらに，2008 年が人口減少社会元年とされており，実際，その後の人口動態を月別にみると，いず

れの月においても人口は前年に比べて減少しており，しかも，減少率は徐々に大きくなっている。また，生産年齢人口は既に 1995 年をピークに減少している。

　最新の国勢調査である 2020 年国勢調査によると，日本の人口は 1 億 2614 万 6000 人となっており，2015 年調査時に比べ，94 万 9000 人減少した。最も人口が多かったのは東京都で 1404 万 8000 人と，全国の 11.1％を占めた。次いで神奈川県（923 万 7000 人），大阪府（883 万 8000 人），愛知県（754 万 2000 人），埼玉県（734 万 5000 人），千葉県（628 万 4000 人），兵庫県（546 万 5000 人），北海道（522 万 5000 人）などとなっている。人口上位 8 都道府県で 6398 万 4000 人となり，全国の 5 割以上（50.7％）を占める。また，東京圏（東京都，神奈川県，埼玉県，千葉県）の人口は 3691 万 4000 人で，全国の約 3 割（29.3％）を占めており，2015 年に比べ，78 万 3000 人増加している。以上から，全国的には人口減少が続いているにもかかわらず，大都市圏，特に東京圏における人口の増加は進んでおり，都市への集中が顕著なことが明らかである。

　前回調査の 2015 年からの人口増加数を都道府県別にみると，東京都が 53 万 2000 人と最も大きく，次いで神奈川県（11 万 1000 人），埼玉県（7 万 8000 人）などとなっており，8 都県で増加となった。また人口増加率は，東京都が 3.9％と最も高く，次いで沖縄県（2.4％），神奈川県（1.2％）などとなっている。増加率を前回調査と比べると，東京都（2.7％から 3.9％へ 1.2 ポイント拡大），千葉県（0.1％から 1.0％へ 0.9 ポイント拡大），神奈川県（0.9％から 1.2％へ 0.4 ポイント拡大），福岡県（0.6％から 0.7％へ 0.1 ポイント拡大），埼玉県（1.0％から 1.1％へ 0.1 ポイント拡大）の 5 都県で増加幅が拡大した。つまり，全国的な人口減にもかかわらず，特定の大都市の人口増加は加速しているということになる。

　一方，人口減少数は，北海道が 15 万 7000 人と最も大きく，次いで新潟県（10 万 3000 人），福島県（8 万 1000 人）などとなっており，39 道府県で減少した。また人口減少率は，秋田県が 6.2％と最も高く，次いで岩手県（5.4％），青森県（5.4％）などとなっている。一方，人口減少率をみると，岩手県（3.8％から 5.4％へ 1.6 ポイント拡大），新潟県（3.0％から 4.5％へ 1.5 ポイント拡大），山口県（3.2％から 4.5％へ 1.2 ポイント拡大），長崎県（3.5％から 4.7％へ 1.2 ポイント拡大），大分県（2.5

％から3.6％へ1.1ポイント拡大）など33道府県で減少幅が拡大している。これは，自然減に加えて，多くの都道府県から大都市圏に含まれる一部の都道府県への移動が顕著であることを示している。

　全国1719市町村を人口階級別に前回調査と比較すると，人口5万未満の市は272市から291市に増加，人口5000未満の町村は267町村から290町村に増加し，市町村の人口規模は小さくなっていることがわかる。人口が増加したのは298市町村で，全体の17.3％，一方，人口が減少したのは1419市町村で，全体の82.5％を占める。特に5％以上人口が減少した市町村は全体の51.3％を占め，半数を超えた。人口増加数が最も大きい市町村は，東京都特別区部の46万1000人で，次いで福岡県福岡市（7万4000人），神奈川県川崎市（6万3000人）などとなっており，一部地域への集中の加速が明らかである。

　総人口に占める65歳以上人口の割合は26.6％から28.6％に上昇した。65歳以上人口の割合の推移をみると，1950年以前は5％前後で推移していたが，その後は上昇が続き，1985年には10％を，2005年には20％を超え，2020年は28.6％まで上昇した。日本は，イタリア（23.3％）およびドイツ（21.7％）よりも高く，世界で最も高い水準となっている。総人口に占める65歳以上人口の割合を都道府県別にみると，秋田県が37.5％と最も高く，45道府県で25％以上となった。一方，沖縄県が22.6％と最も低く，次いで東京都（22.7％），愛知県（25.3％）などとなっている。全国的に高齢化が進んでいるうえ，地方における高齢化が顕著であることが明らかとなっている。

　さらに，世帯人員が1人の世帯が2115万1000世帯と最も多く，一般世帯の約4割を占める。

　これらを総合すると，全国的な人口減少と高齢化の中で一部の大都市圏およびその中でも特定の地域に人口，特に生産年齢人口が集中し，地方における人口減少と高齢化をさらに顕著にしていることがわかる。高齢者の1人世帯も増加し，公共サービスの需要がさらに増える一方で，高齢者の多い地方ほど過疎化が進み，公共サービスの供給が難しくなっている。さらには，地方自治体の厳しい財政状況下，居住者の生活を支えるサービスの提供が将来困難になりか

ねない状況にある。こうした状況下で，今後も都市を持続可能なものとしていくためには，都市全体の観点からの取り組みを推進する必要があると認識されている。

＜都市基盤の老朽化と更新の必要＞

　一方，都市基盤の老朽化が著しく，更新が必要になっている。公共インフラの寿命は一般的に 50 年といわれるが，国内のインフラは 1950 年代半ばから 70 年代前半の高度成長期に集中的に建設されたため，老朽化が一斉に進行している。国土交通省によると，全国に約 73 万ある 2 m 以上の橋は，2018 年に 25% が建設後 50 年を経過，2023 年には 39% となり，10 年後の 2033 年には 63% に達する。河川管理施設も全国にある約 1 万施設のうち 62% が 2033 年に半世紀を経過し，トンネルも同様に半世紀経過が 42% になる。点検で「早期もしくは緊急の措置が必要」とされたもののうち，特に市区町村による管理分の遅れが目立ち，老朽化した都市基盤の多くがそのままになっていることがわかる。老朽化への対応が必要な施設は，庁舎などのいわゆる箱物を含むと膨大な数となり，そもそもすべてに対応することは不可能であると考えられている。対象の施設などをすべて更新するならば，国全体で年 12 兆円かかり，予防措置で済ませても年 9 兆円以上かかると試算されており，これは例えば 2022 年度当初予算における公共事業関係費 6 兆円をはるかにしのぐ。

　都市基盤の老朽化と更新の必要に関しては，土木・建設業界では，低コストで施設の耐久性を上げる新技術の開発が進んでおり，これらの革新的なメンテナンス技術を導入することによってコストを抑えつつ機能を維持することも検討されているが，本質的な解決にはならないため，コンパクトシティ化やインフラの取捨選択が必要と考えられている。市民生活と経済活動を支える基盤であるインフラは，市民の生活の質を保証し，経済の安定的な発展のために不可欠であり，また，激甚化する自然災害から市民を守る側面もある。人口の減少とその偏在化が進む中，施設の集約および効果的な補修や更新は不可避となっている。

＜新型コロナウイルス感染症の影響＞

　新型コロナウイルス感染症の流行はまた，人々の働き方や住まい方に大きな変化をもたらした。2020年4月7日に初めての緊急事態宣言が発令され，政府によるイベントの自粛や一斉休校，外出自粛要請が出され，企業はテレワークへの移行を画策し始めた。感染状況の変化に併せて緊急事態宣言やまん延防止等重点措置などが繰り返される中，テレワークや時差通勤など働き方の変化も求められてきた。これらを受け，働き方もかなり変わってきている。職種によってはパンデミック前からテレワークが導入されていたが，コロナ禍で加速し，既に一定程度定着したと考えられている。都心一極集中の弊害が指摘され，働き方のみならずオフィスのあり方の見直しが進み，例えば渋谷区や港区では既にオフィスの空室率が上昇し，賃料の下落も始まっている。ITベンチャーが集積する渋谷はビットバレーとも呼ばれてきたが，ITベンチャーだからこそ社内業務や営業もオンライン化が進んでおり，当初のように渋谷にオフィスを構える意味が薄れているという。これらに伴い，住まい方にも変化が生じているといわれるが，本当にそうなのであろうか。

　東京都が2022年1月31日に発表した『東京都の人口（推計）』によれば，2022年1月1日時点の東京都の推計人口は，1398万8129人と前年同月比4万8592人，率にして0.35％減少し，東京23区についても967万1141人と前年同月比4万9891人，率にして0.51％減少した。東京都の人口が通年で減少したのは1996年以来，26年ぶりということで大いに話題となった。しかしその主な要因は，一般に報道されているようにテレワークの影響で都心の人口が地方や郊外に移住したのではなく，人口動態に関する諸データの分析によれば，実は外国人の社会減によると考えられる。東京23区の人口増加は，2019年には8万3991人だったが，2020年は2154人に激減した。日本人の地域間移動による社会増は，2019年の約7万1000人が2020年には約3万9000人へと約3万2000人減少した。これに対して外国人の社会増減は，2019年の約1万9000人の増加が，2020年には約3万1000人の減少へと約5万人もの変動となっており，外国人の社会増減の影響が全体の60.9％を占める。この傾向は東京23区だけではなく

東京都全体でも同様であり，東京都全体では外国人の減少が全体の減少の66％を占める。つまり，東京都の人口減少に与える影響としては，日本人の転出よりも外国人の減少のほうが大きいと考えられる。また自然減も重要な要因となっている。日本全体で死亡数が出生数を上回って自然減が始まったのは2005年からであるが，2021年，2614人増加した沖縄県を除き，46都道府県はすべて自然減となっている。最も減少幅が大きいのは，3万5516人の北海道で，東京都も1万8539人の自然減となっている。コロナ禍における2020年の東京23区の人口が2000人ほど増えたのは，約4万人の他道府県からの流入が，約8000人の自然減と，約3万人の外国人の減少を補ったからであった。

　これらから，働き方は確実に変化し，オフィス需要に影響を与えているものの，人口の流出はいわれるほど進んではいないといえよう。東京都の人口は2025年まで，特に23区では2030年まで増加すると予想されており，「東京都昼間人口の予測」によると，都内の昼間就業者数も2025年までは増加が見込まれる。一方，試算によると，2025年7月時点の賃料は，港区ではコロナウイルス感染症の影響がない場合と比較して20％低くなり，渋谷区では当初予測より13％下落するという。一方，大企業が集中する千代田区の場合，当初予測に比して10％程度のマイナスになる。2020年2月を基準とした場合，2025年7月までの下落幅は，港区でマイナス23％，渋谷区でマイナス18％，千代田区ではマイナス13％と，スタートアップ企業の集積が進む港区や渋谷区で影響が顕著であることがわかる。

　以上から，パンデミックは経済活動に影響を与え，それが集中している大都市に大きな影響を与えたものの，人口動態の大きな変化には至っていないといえよう。

　都市をとりまく環境は常に変化してきたが，1990年代以降の変化は都市にとって新しいものであった。つまり，恒常的に成長を遂げてきた都市が初めて縮小する方向に向かい始めたのである。若年層の流入が続いているとはいえ高齢化が進み，人口増に歯止めがかかっているのみならず，場所によっては人口が減少し，経済活動の拡大にも限界がみえつつある。このような中，これまでの

都市を支えてきた社会基盤は老朽化，寿命を迎えつつあり，革新的な解決方法を模索する必要がある。その１つがコンパクトシティであり，またスマート・シティである。

２．コンパクトシティ

　コンパクトシティは1970代には既にアメリカやヨーロッパ諸国で議論されるようになっていた。当初は地球環境問題が背景にあった。20世紀前半は公共交通，後半は自動車の発達により，都市は郊外に拡大を続けてきたが，地球温暖化が深刻になるにつれCO_2排出削減が求められるようになり，持続可能な発展が必要と考えられるようになった。都市の拡大がもたらした問題は，その過程で自然を破壊し，また移動距離が長くなりその手段として自動車が多用されることでCO_2の排出が増加することにあると考えられ，したがって都市を拡張せず，コンパクトな規模に機能を充実させた密度の高い都市をめざすべきという考え方が生まれた。徒歩や自転車で移動できる距離内で日常的な買い物や通勤，通学ができ，病院や福祉施設なども近隣にあれば自動車に頼らずに生活が出来るうえ，高齢者などにとっても生活がしやすくなる。

＜コンパクトシティ概念とその系譜・類型＞
　コンパクトシティの特徴は，高密度であること，また多機能を有することにある。ヨーロッパの都市計画は厳格な土地利用規制を基盤としているため，そもそも一地域が多機能を持つことは最近まで想定されてこなかった。また高密度でかつ良好な居住環境は実現が難しいと考えられてきたことから，ともにチャレンジングな目標といえよう。コンパクトシティの一般的な定義は，① 高密度で近接した開発形態，② 公共交通機関でつながった市街地，③ 地域のサービスや職場までの移動の容易さ，という特徴を有した都市構造のこととされる。そして，政策としてのコンパクトシティは，CO_2削減など環境への配慮，既存の中心市街地とインフラの再活用，規制や再開発による高密度な土地利用，公

共交通による移動の確保，生活の質の向上による経済活性化など，さまざまな
目的と手法を包括する高度な総合戦略である。

　各国において展開されたコンパクトシティ政策は，それぞれの事情や課題を
反映して多岐にわたっている。ヨーロッパの多くのコンパクトシティ政策は，
公共交通網の拡充によって中心市街地から自家用車を締め出すことを重視し，
そのため，公共空間を充実させ，徒歩圏でさまざまな機能にアクセスでき，活
動が完結することをめざす。例えばフランスのコンパクトシティ政策は，都市
計画，交通，住宅政策を柱とし，広域総合都市計画によって市街地の高度利用
を促し，拡散を抑制，また市町村の地域都市計画による強い規制で良質な開発
の実現を担保する。開発は公共交通の利便性の高い地域に限定して交通計画と
連動させ，CO_2排出量に配慮した住宅の整備を行うなど，自動車交通の抑制を
図っている。イギリスにおけるコンパクトシティ政策は，もともとアメリカに
起源を持ち，中密度の居住環境が公共交通機関によって共存する多くの機能と
密接に結ばれているアーバンヴィレッジの発想に倣ったものである。イギリス
の場合，都市は産業革命が始まってから発達したため，ヨーロッパの，例えば
イタリア，スペイン，フランス，ドイツなどの都市に比べると都市のライフス
タイルを支える歴史的な蓄積が少なく，したがって政策的に都市を再構成して
都市に固有の文化をつくることをめざし，そのために政策的にコンパクトシテ
ィの概念を打ち出したと理解されている。

　アメリカにみられるコンパクトシティ政策はやや異なるアプローチをとって
きた。もともと車への依存度がきわめて高く，都市計画に基づかない開発が郊
外に向けて無秩序に進められるスプロール現象や，郊外に都市が拡張し，もと
もとの中心市街地が空洞化するドーナツ化現象が大きな課題であったことから，
開発を中心市街地に重点化，周辺地域においては農地や森林を保全し，郊外へ
の無秩序な都市化を抑制することがめざされた。職住隣接を実現し，商業施設
を徒歩圏内に設置することで文字通りコンパクトな都市を実現しようとした。

　日本においてコンパクトシティが注目されるようになった背景，経緯は諸外
国とは少し異なる。1990年代以降，人口の減少と高齢化が特に地方の中小都市

において顕著となり，その対策という側面もあった平成の大合併を実施した後
も行政需要の増加にサービスの供給が対応できない地方自治体が多かった。日
本人の一戸建て志向の影響もあり，地価の安い郊外に居住地が拡散してその面
積が拡大する一方，中心市街地の人口は減少，しかし行政機関をはじめ病院や
福祉関連施設，商業施設は中心市街地に集中していることから，市民はサービ
スにアクセスするためには中心市街地まで行かなければならない，逆に行政の
立場からは遠方の人口密度のきわめて低い地域にまで公共サービスを担保しな
ければならないことになる。特に郊外の一戸建ての住民が高齢化するにつれ，
車なしでは日常生活が成り立たない地方では生活そのものの維持が難しくなる。
このように，人口減少と超高齢化の進展，モータリゼーションへの依存，中心
市街地の魅力喪失，行政コストの圧迫などの課題の解決策としてコンパクトシ
ティが注目されたのであった。

＜コンパクトシティの事例＞

　一般によく知られているコンパクトシティの事例は実にさまざまである。海
外における成功事例として日本でもよく取り上げられるストラスブール市（フ
ランス）は，公共交通として信頼性が高いLRTを活用し，優れたデザインとと
もに車の進入や速度規制による優先性の確保，乗り降りのしやすさ，公共交通
優先のトランジットモール，迅速な導入への合意形成などが成功の要因と考え
られている。

　フライブルグ市（ドイツ，バーデン・ヴュルテンベルク州）も成功事例の1つと
考えられている。酸性雨や脱原発を契機として市街地への車乗入れを禁止した
うえ，トランジットモールの整備やLRTを導入したのみならず，都市圏内の
LRT，バス，私鉄を利用できる地域定期券を創設し，その赤字を補塡する公益
事業連合体の負担制度により需要喚起や持続性の担保を行う。都市計画分野で
は，住宅地に商業施設を設置し，移動距離の短いまちづくりを合理的に進める
ことでコンパクトシティ政策を実現してきた。

　アメリカの事例としてよく紹介されるのはオレゴン州のポートランド市であ

る。1960 年代まで典型的な車社会であったが，1973 年にオレゴン州土地利用計画を策定し，コンパクトシティ政策を導入した。徒歩 20 分圏域に雇用を確保し，日常生活に必要なサービスがすべて揃う「20 分圏ネイバーフッド」を設定し，これらのコミュニティを公共交通でつなぐことにより，自動車に依存することなく歩いて暮らせるまちをめざしてきた。都市中心部における職住隣接のみならず，さまざまなサービスが集積することで，利便性が高く活気のあるコミュニティが実現している。

　日本で最もよく知られている事例は富山市であろう。富山市は 2012 年，OECDによって，メルボルン，バンクーバー，パリ，ポートランドとともにコンパクトシティの世界先進モデル都市に選出されている。国内においても，低炭素社会への先駆的な取り組みにより 2008 年に「環境モデル都市」，さらに，公共交通を核とするコンパクトシティへの戦略的かつ具体的な施策が評価され，2011年には「環境未来都市」にも選ばれた。2005 年に 7 市町村の合併により誕生した現在の富山市は人口約 42 万人の中核都市である。2002 年に初当選した森雅志市長は，2001 年の北陸新幹線の事業認可を受け，富山駅付近連続立体交差事業の都市計画決定に合わせ，利用者の激減で廃線の危機にあった JR 富山港線の再生を軸に，公共交通網の整備強化を実施した。公設民営の「富山ライトレール株式会社」を設立，2006 年 4 月に LRT を開業している。2007 年には中心市街地活性化基本計画を策定，全国第 1 号認定を受けた。この計画の中心は「グランドプラザ整備事業」「市内電車環状線化事業（セントラム）」「まちなか居住推進事業」であった。2012 年には第 2 期中心市街地活性化基本計画が認定された。これらが功を奏し，中心市街地の社会増減は 2008 年から転入超過を維持，沿線人口も 2012 年からは転入超過に転換している。

　富山市のコンパクトシティは，公共交通を活性化させ，その沿線に居住，商業，業務，文化等の都市の諸機能を集積させることにより，公共交通を軸とした拠点集中型のコンパクトなまちづくりの実現をめざすものであり，「お団子と串の都市構造」とも呼ばれる。それを支えるのは① 公共交通の活性化，② 公共交通沿線地区への居住推進，③ 中心市街地の活性化，であり，公共交通を中

心に設計されていることがわかる。公共交通機関の活用と「歩いて暮らせるまち」をめざした効果は大きく，自家用車の利用が減少してCO_2の削減に貢献しているのみならず，高齢者の外出機会が拡大，ライフスタイルに変化をもたらしているという。65歳以上の平均歩数は1日約6400歩と全国平均より1000歩も多く，医療費削減にもつながっているという。

　日本のコンパクトシティ政策の契機が人口減少と高齢化であることを考慮するならば，富山市がこの政策を推進した結果，総人口は日本および富山県全体と同様に減少傾向にあるが，社会増減では近年，転入超過となっており，また人口減少率は，富山県全体と比較すると鈍化しており，政策の成果が明らかであることがわかる。もちろん，コンパクトシティ政策においては，助成その他のさまざまな方法で中心市街地への居住を推進しなければならず，市民の理解や行動がなければ実現できないことも多く，課題も少なくない。

＜コンパクトシティの可能性と課題＞

　国内外の事例から，コンパクトシティが，環境問題，持続可能な発展，人口減少や高齢化，公共サービスの供給などのさまざまな課題に対して一定の有効性を持っていることは明らかであろう。少なくとも対策を講じなかった場合に生じたであろう諸問題を一定程度喰い止めることには成功しているといえよう。

　もちろん内外の事例には失敗もあり，また成功事例と理解されているものに対しても批判がないわけではない。歴史的に人口や経済の成長に合わせ，時に自然に時に政策的かつ人工的に拡張し続けてきた都市の動態を人工的に制御し変更するためには相当の政治的なパワーおよび技術革新が必要であり，またその介入には副作用がある。コンパクトシティ政策は主に地方自治体，特にその首長のビジョンや強いリーダーシップによって実施されてきたが，市民や産業界などのステークホルダーとの合意形成は容易でなく，特に市民の理解と賛同は不可欠でありながら，最も難しい課題となっている。市民の間でも利害や考え方はさまざまであり，すべての利害やすべての考え方を反映することは不可能であることから，その中で何らかの妥協点を見つけなければならず，その過

程には時間とコストが必要となる。

　コンパクトシティがめざしてきた持続可能な発展は，当初は乱開発などを防ぎ環境を守るという意味での都市の成長管理であったが，2000年の国連ミレニアム・サミットで採択された国連ミレニアム宣言を基に2001年，21世紀の目標として国際社会が連携・協調して取り組むべき国連ミレニアム開発目標（MDGs: Millennium Development Goals）が策定され，この中の「環境の持続可能性確保」などにおいてその重要性が確認された。これをさらに引き継いだ持続可能な開発目標（SDGs: Sustainable Development Goals）が2015年，国連サミットで採択され，2030年までに持続可能な世界をめざす国際目標である「持続可能な開発のための2030アジェンダ」に記載されたが，この中では目標11の「住み続けられるまちづくりを」によってその重要性が再認識されている。実際，脆弱な立場にある人々のニーズを考え，公共の交通手段を広げるなどして，すべての人が安い値段で安全に持続可能な交通手段を使えるようにすること，誰もが安全で使いやすい緑地や公共の場所を使えるようにすること，都市に住む人々が環境に与える影響を減らすこと，持続可能なまちづくりを進め，また誰もが参加できる形で持続可能なまちづくりを計画し実行できるような能力を高めること，などは，コンパクトシティがめざしてきたことそのものである。

　これらには実現が容易でない課題もあるが，現在の都市と社会が抱える多くの問題を包括的に解決する1つの方法としてコンパクトシティが持つ可能性も大きい。

3．スマート・シティ

　コンパクトシティと並び，今日のまちづくりにおいてしばしば登場するのがスマート・シティである。スマート・シティについては，いまだに確立した定義があるとはいえず，それぞれの機関や論者がそれぞれの定義を用いている状況にある。例えば国土交通省は，「都市の抱える諸課題に対して，ICT等の新技術を活用しつつ，マネジメント（計画，整備，管理・運営等）が行われ，全体最

適化が図られる持続可能な都市または地区」と，また内閣府は「ICT 等の新技術を活用しつつ，マネジメント（計画，整備，管理・運営等）の高度化により，都市や地域の抱える諸課題の解決を行い，また新たな価値を創出し続ける，持続可能な都市や地域」と定義しているが，これらは比較的最近の定義であり，地域におけるエネルギーの生産から消費までをいかに効率的・合理的にマネジメントするかを中心に考えられたスマートグリッドによるスマート・コミュニティを提唱，2010 年前後からさまざまな実証実験を行ってきた経済産業省・資源エネルギー庁の発想は，エネルギーを中心としたまちづくりであったが，日本におけるスマート・シティの第一世代であったといえよう。

＜スマート・シティ概念の変遷と類型＞

　スマート・シティという概念自体はかなり古いものであり，1986 年に地方自治体におけるオープンデータの活用という文脈においてイギリスで検討されたのが始まりとされる。1992 年に開催された地球サミット（環境と開発に関する国際連合会議）で採択された，21 世紀に向け持続可能な開発を実現するために各国および関係国際機関が実行すべき行動計画，アジェンダ 21（Agenda21）が「スマートな成長」という表現を使ったあたりからスマート・シティという概念やそれに関する学術的研究が登場するようになり，1990 年代後半にはスマート・コミュニティを名乗る地方自治体や地域が世界的なネットワークを形成，またEU が，持続可能性，強靭性，グリーン，エコなどの概念を包括するスマート・シティの概念を打ち出した。2010 年前後になると前述のようなスマート・コミュニティ実証実験があちこちで実施されるようになり，スマート・シティは再生可能エネルギーや EV の活用，シェアリング・エコノミーなどを含むものと理解されるようになる。学術的研究が増加し始めるのもこの時期である。

　2011 年にバルセロナで第 1 回スマート・シティ・エキスポ世界大会が開催され，「スマート」が革新性と持続可能性を指すことが広く共有されるようになる。以来，地方自治体や国，国際機関などによるイニシアティブのみならず，多くの民間企業も参入し，交通や物流，インフラなど都市そのもののマネジメ

ントに ICT 技術を活用する方法などの他，さまざまな公共サービスの提供にデジタル技術を導入する提案なども行われた。ICT を最大限に活用する近未来的な都市構想が数多く提案され始めるのはこの時期である。これらの構想は欧米先進国のみならず，中近東諸国，中東欧諸国，中国などにおいてもさかんに提案された。

　2010 年代後半になると，気候変動に伴う自然災害の激甚化などを鑑み，「仙台防災枠組 2015-2030」にしたがって都市において災害リスク管理を実施し，都市の強靭化を図ることをスマート・シティ概念に含める考え方も登場する。スマート・シティに災害リスクマネジメントを内包させ，都市のレジリエンスを高めるという発想であり，それまでスマート・シティ実証実験の中心であった欧米のみならず，これらの自然災害の被害が深刻な東南アジア諸国などにおいてもスマート・シティが注目，実施されるようになった。

　共通しているのは，ICT，そしてデジタル技術の活用であり，また，都市とその活動からデータを収集し，それを分析・解析することでマネジメントの手法を検討，提案していく，というアプローチである。山村真司はスマート・シティを「都市の可能性を引き出すとともに，その脆弱性を緩和できるような系統的・持続的な仕組を構築し運用している都市」と定義し，この系統的・持続的な仕組を構築するには，多岐にわたるビッグデータの収集と分析・解析および制御が不可欠であり，ICT を活用しない限りその必要性を満たすことはできないことを指摘している。スマート・シティには，住民の生活および都市のさまざまな状況を把握するため，ICT 等の技術を活用してデータを収集・分析し，それを都市のマネジメントに活用するという特徴がある。

　スマート・シティには，① スマート・エコノミー，② スマート・モビリティ，③ スマート環境，④ スマート・ピープル，⑤ スマート・リビング，⑥ スマート・ガバナンスの 6 要素があるともいわれる。スマート・エコノミーとは，知識経済とイノベーション，フレキシブルな労働市場により高い生産性を実現する経済である。スマート・モビリティは，MaaS（Mobility as a Service）などのように電車やバス，車などの交通手段をデジタル・テクノロジーでつなげ合

理的で利便性の高いモビリティの実現をめざすものである。スマート環境は，再生可能エネルギーの使用その他を用いてエネルギーの最適な利用を実現し，ゴミ排出量の最小化に努め，また，質の高い環境教育を提供することをめざす。スマート・ピープルとは，住民のイニシアティブによって過剰なエネルギー消費や汚染を防止し，学習しつつ，自身の生活の質向上のために努力することを指す。スマート・リビングは，公共サービス，社会インフラ，セキュリティ，文化などが充分に提供される環境にあること，そして，スマート・ガバナンスは，以上の展開に関し，適切なガバナンスシステムを構築し，地元の行政関係者や都市の利用者の協力を得たうえ，新技術を活用していくこと，と考えられている。

＜スマート・シティの事例＞

スマート・シティの事例は，その類型によって，目的，手法，対象，規模などが大きく異なる。ここでは，それぞれの類型について内外の代表的な事例を取り上げる。

環境問題，特にエネルギー生産と消費の最適化，エネルギー安全保障，そして脱炭素化が中心的な課題であり，経済産業省のもとにスマートグリッド，スマート・コミュニティ政策が進められた 2000 年代末から 2010 年代前半にかけてのスマート・シティの事例としてよく知られているのは，日本では横浜市，北九州市，けいはんな学研都市，豊田市などであった。いずれも経済産業省の主導のもと，地方自治体と民間企業，特に電力やガス，住宅建設や不動産・都市開発などを手掛ける企業とがコンソーシアム等を形成し，対象地域内の企業および世帯のエネルギー消費をいかに合理化するか，生産を最適化するかが追及された。電力消費のパターンや総量を変えるためには企業および市民の協力が必要となる。このため，電力消費量を可視化することやインセンティブ・ディスインセンティブなどを通じてエネルギーのより合理的な消費の意識を高めることなどの実証実験が行われた。

エネルギー消費の合理化，最適化や脱炭素化をめざすプロジェクトの中には，

公共交通網の充実による自家用車の使用の減少や交通渋滞の解消などコンパクトシティに似た政策や事業も多い。アジア圏の大都市においてはこの類型の事例が多く，中国，インドネシア，タイ，フィリピン，マレーシア，ヴェトナムなどの大都市において導入，実施されてきた。

　一方，同時期に欧州を中心に実施されたスマート・シティ政策や事業にはいくつかのパターンがある。第1は，さまざまなサービスにICT，ビッグデータ等を活用し，住民のみならずビジネス，観光客にとっても魅力的な都市を創り出していこうとするもので，スペインやフランスなどの南欧や北欧などを中心にさかんに実施された。よく知られている事例としてビルバオ市やサンタンデール市などがあり，前者は，スマート・シティ以前からもさまざまの先進的な政策を導入していたが，オープンデータの活用による都市環境の可視化，市民との対話を通した環境改善，ビッグデータのプラットフォーム構築などを，後者は，交通渋滞の緩和，ゴミ収集の効率化やコストの削減，観光客の回遊性の向上などを図っている。第2は，スマートグリッドに基づきつつ，ビッグデータおよびオープンデータの活用により，エネルギーや交通のみならず産業，場合によっては農業，そして医療・保健分野を含む行政一般，そして市民のスマート化，デジタル化を進めようとするものであり，韓国仁川広域市の松島（ソンド）などが典型的な事例とされる。この時期，スマート・シティはEUなどの国際機関をはじめ民間組織を含むさまざまなプログラムを通じて世界中の都市や地域において，ICT企業はもちろん，関連する業界の企業，そしてコンサルタントなどの投資，また研究機関の参加を得て実施された。このような事例は中近東諸国そして中東欧諸国においても多くみれらた。

　2010年代後半に増加した，自然災害などのリスク管理を重視し，都市の強靭化を図ることをスマート・シティ概念に含める考え方，つまりスマート・シティに災害リスクマネジメントを内包させ，都市のレジリエンスを高めるという発想は，SDGsにも支えられ，東日本大震災の影響を受けた多くの日本の地方自治体や地域をはじめ，地震や水害などの自然災害を多く経験してきた東南アジア諸国，特にインドネシアやタイ，フィリピンなどで注目され，多くの事例

に結びついてきた。

　最新のスマート・シティの事例は，SDGs を意識しつつ，ビッグデータを活用して公共交通のみならず地域住民のモビリティ全体を合理化，管理することをめざす，あるいは同様に地域住民の健康や医療，そして運動や食事などに関する情報を時に統計的に収集し，時にパーソナル化して適用することで個人最適化をめざすものなどもあるが，過去の事例との相違は，複数の領域を同時に実現しようとする点であり，「ソサエティ 5.0」の実現および「スーパーシティ」構想に基づく。これらは国家戦略特区制度を活用し，規制改革を視野に入れつつ，移動，物流，支払い，行政，医療・介護，教育，エネルギー・水，環境・ゴミ，防犯，防災・安全のうち 5 領域以上を含み生活全般にまたがること，複数の分野でのデータ連携を進める「データ連携基盤」の整備を進めることなどを前提に進められている。これらは民間企業の投資もあり，さまざまな具体的事例において実現している。

＜スマート・シティの今後と新たな課題＞

　日本の最近のスマート・シティの事例が示すように，今後のスマート・シティにおいてはオープンデータ，特に事例間のデータの共有が重要な鍵となることは明らかであるが，ここには多くの課題も潜んでいる。

　スーパーシティ構想において日本政府は，多くの市民や企業が参加できるオープンで透明性が高いことを原則にスマート・シティの構築をめざし，このコンセプトを体現する都市 OS，つまり都市のあらゆるデータを収集・管理するプラットフォームは，複合的でパーソナライズされたサービスを提供するとともに，他都市への展開も可能とするデータの相互運用性や流通性を有すべき，また，地域の成長や技術の発達に応ずる拡張容易性を有し，システムを継続的かつアジャイルに維持・発展させることが可能であるべき，としている。日本のスマート・シティは，特にそのデータの取り扱いについては，特定の大企業に独占させない，過重な規制は課さない，国家の監視はしないことを日本のオリジナリティとしている。もっともこの点については議論の余地があろう。

　スマート・シティの社会実装においてデータ，特に個人情報の取り扱いは大きな課題である。例えばつくば市は，市民の理解を得るため，「つくばスマート・シティ倫理原則」を提示し，「自立の尊重」「無危害」「善行」「正義」の 4 原則とそれぞれ具体的な取り組みを定めている。「自立の尊重」においては「市民に複数の選択肢が提供されること」としており，スマート・シティの性質上，最適化を求めるあまりに画一的になる恐れがあることを認識した取り組みとなっている。「無危害」においては，データセキュリティの確保が定められている。これらはスマート・シティの技術的な可能性を追求する際には制約となるが，スマート・シティの住民の理解を得るためには必要な条件となり得る。

　スマート・シティの社会実装においては，行政や企業のみならず住民の多様な種類の情報を収集しデータ化し，そのデータを分析，解析して戦略を作成する必要があるが，そのデータの収集や共有，管理の過程において重要となるのが，PDS（Personal Data Store），情報銀行（情報利用信用銀行），データ取引市場である。PDS とは，個人がスマート・シティのさまざまなデバイスから収集された自分自身についての情報を集約し，どの事業者に提供するのか，またどの範囲まで提供するのかを制御することができるシステムのことであり，データの集約先によって分散型と集中型に分類される。情報銀行は個人が管理する煩雑さを取り除き，情報銀行が実務を行うシステムであり，個人があらかじめ情報の提供範囲などを指定しておき，情報銀行がそれに基づいて事業者に情報を提供する。データ取引市場は，データを市場に流通させることであり，どのようなデータを市場に流通させるかは個人が決める。データ市場は PDS よりも透明性の高い取引が可能になると考えられている。

　情報収集については，オプトイン方式とオプトアウト方式があり，前者は個人の同意を得たデータのみ収集することができ，同意しなければいかなる情報も収集されない，とするものであり，後者は個人が拒否した情報以外は収集することができる，とする。近年はオプトイン方式のほうが主流であり，その理由は，オプトアウト方式では住民から反発を受ける可能性があり，また，本人から情報収集の同意を得ていない場合，データを用いて個人にフィードバック

できないためである。

4．まちづくりの要素とアクター

コンパクトシティもスマート・シティも，はじめは都市計画の領域からのアプローチであり，実際，都市計画のさまざまな手法が使われた。また，さまざまな社会基盤の整備という要素が強かった。しかしいずれも，時代とともに変遷してきた。

＜都市計画とインフラから公共サービスの提供へ＞

コンパクトシティは，ゾーニングの変更による多機能化や中心市街地の再開発，住宅地の集約，公共交通網の整備などから始まり，一方スマート・シティは，都市の構造をエネルギー効率の高いものに再構成しようとする試みから始まった。

コンパクトシティもスマート・シティ同様，CO_2 排出削減およびエネルギーの効率的な利用をめざすが，中心的な目的はむしろ，公共投資や行政サービスの効率化や公共施設の維持管理の合理化などであり，そのための都市の再構成がめざされた。公共交通網の充実はこの一環と考えられている。もっとも最近になってコンパクトシティにおいても防災を目的とし，災害危険性の低い地域の重点利用や集住による迅速，効率的な避難を実現することなどが重視されるようになっている。公共サービスの提供環境をよりよくするという視点から子育て，教育，医療，福祉の利用環境向上も目的の１つとなっており，都市計画手法やインフラの再編を中心とする政策や事業から，公共サービスの提供環境を改善，向上するというアプローチに変化しつつある。

スマート・シティは，エネルギー関連施設や建造物の合理的配置や改善，地域エネルギーマネジメントなどから始まったが，その延長上に公共交通やロジスティックスの合理化などがあり，やがて第２世代に入ると明らかにサービス提供が中心となる。ICT やデジタル技術，ビッグデータの活用はいずれもサー

ビスの質と利便性を向上させようとする試みのための手法である。災害リスク
マネジメントを包含するスマート・シティがめざすものには，災害に強いとい
う意味で都市計画的なレジリエンスも含まれるが，それよりはむしろ，いかに
市民の安全を確保するか，市民の生活を守るかという意味ではどちらかという
とサービス提供の側面が強調される。

＜市民および市民社会の参加＞

　コンパクトシティもスマート・シティも，市民，市民社会，そして地方自治
体の諸課題を解決するための戦略，政策，事業として導入されてきたが，主体
となってきたのは地方自治体と企業であり，それを国のさまざまな政策や制度
が支えてきた。多くの事例において，市民の能動的，積極的な参加は限定的で
あり，事業実施に先立って実施される住民説明会やパブリックコメント，実証
実験に直接参加する市民からは参加への同意を得るなどの方法は担保されてい
るものの，いずれも市民の能動的な参加を喚起しているとはいえず，多くのプ
ロジェクトにおける市民参加はともすると受動的なものに止まっている。

　コンパクトシティにおいては，インセンティブを講じつつ，時間をかけて居
住の集約を実現するとしているが，そのプロセスに当事者の住民が積極的に参
加しているかといえば，いまだ疑問が残る。公共交通網の整備もまた，地域住
民，特に沿線住民となる市民との対話が重要となるが，この対話が市民の能動
的な参加によって実施されているとはいえない。

　スマート・シティにおいては，既に課題としても指摘したように，地域のビ
ッグデータを収集，その分析・解析をもってはじめて，さまざまな計画を立て
実施することができるうえ，データの継続的な収集が前提となる。市民は好む
と好まざるとにかかわらず事業の一部となり，日常的に生活のさまざまなデー
タを収集されることになるが，前述のとおり，その過程において充分な説明が
され，市民の意思が尊重されているかどうかには疑問が残る。これはすべての
情報が相互に通信され共有される IoT の宿命ともいえる性質ではあるが，ソサ
エティ 5.0 を人間中心の政策として確立するためには，この過程における市民

への説明のみならず，すべての市民が納得したうえで能動的，積極的に参加しなければならないであろう。現状はそれには程遠い。

　初期のスマート・コミュニティ計画において，世帯の電力消費を可視化し，また状況をオンタイムで知らせることで，電力の合理的な消費や省エネ意識を高める実証実験においても，参加を了承した世帯のみが実証実験に参加したとはいえ，彼らの参加が能動的なものであったとはいいがたい。例えば北九州スマート・シティ実験の場合，参加した世帯の中には，職種などに由来する就業時間などライフスタイルの特殊性から，全般的な傾向に合わせて消費傾向を変更することがそもそも難しい世帯もあったが，本来であればそのような世帯が一定数存在することを前提に実証実験を進め，例外値も検証していくべきであったところ，必ずしもそのような流れにはなっていなかった。これでは実証実験のサンプルが社会を反映していたとはいえず，社会実装の際，考慮すべきさまざまな利害を持った市民のニーズを反映できるとはいえない。市民社会の参加，具体的には市民社会に存在するさまざまのインフォーマルなグループの参加も必須であるが，必ずしも多くの事業においては行政のカウンターパートとして考慮されていなかった。北九州スマート・シティ実験は，地元に古くからある団体やNPOなどが積極的に対話に参加しており，この点については他よりもうまくいった事例といえよう。

＜合意形成と執行過程＞

　多数の市民の能動的な参加が必要であることは，必ずしもデータの収集のためだけではない。むしろ重要なことは，そもそも市民への公共サービスを改善し，市民の生活の質を向上させるために検討され始めたコンパクトシティやスマート・シティが，ともすると肝心の住民，市民の意思から乖離し，地方自治体とこれらの実現に関心を持つ一部の関連企業の意向から始まっていること，国の支援枠組みや助成制度によって実証実験等が成功裡に行われたとしても，それだけでは，市民の合意のもとに民主的に実施された政策とはいえないということである。

　これらの実証実験は，地方自治体とその周辺コミュニティにとって重要な意味を持つと同時に，国，特にそれぞれの立場から趣旨や目的，手法がそれぞれ少しずつ異なる戦略や制度を推進した各省庁にとっては，それぞれの事業に参加する地方自治体や企業が増え，それらの成果が蓄積することが，それぞれの戦略や制度の社会実装への近道であることから，ともすると地域における民主的な合意形成よりも，主要なアクターによる迅速な意思決定による参加を優先する傾向があり，これら事業の執行過程においても，既に前述の市民参加のところで指摘したように，例外を起こり得る例外として扱い，それらへの対策を講じるのではなく，例外値を除いた平均値を取ることに終始する傾向があるなど，課題は多い。

　コンパクトシティが主に国土交通省の政策として，またスマート・シティが主に経済産業省，特に資源エネルギー庁の政策として実施されていた時期はまだ容易であった。ソサエティ 5.0 の名のもと，多くの省庁がこれらの政策，戦略に参入するようになり，またそれらの間に利害や目的，手法の相違がある中，特にスマート・シティについては，「スーパーシティ構想」など名を変えることで併存している構想もあり，呉越同舟よりもさらに混沌とした状況にある。政治的意向もあり，その執行過程はさらに混沌としている。

　本来，市民へのサービスの改善，市民の生活の質の向上のための政策であるべきであり，そのためにも合意形成における市民の合意，さらには執行過程における市民の積極的な参加が必要である。現状では残念ながらそのようにはなっていない。今後の政策において重要となる点であろう。

おわりに

　都市計画の最も基本的な考え方であるゾーニングは，中世に黒死病が蔓延した際，当時の「都市」の境界線のすぐ外側に隔離病棟を作ったところから始まった。それまでは城塞都市などで市壁がない限り，「都市の内側」と「都市の外側」は単に建造物の密度などによって緩やかに区別されていたが，隔離病棟を

「都市の外側」に建造したことから，それが中世の旧市街の境界となり，おそらくは世界で最初の明確なゾーニングになったと理解されている。ラテン語圏の都市における Lazzaretto，もしくはそれ以外においてもこれに類する，あるいは同じ起源を持つ名前は 14 世紀から 18 世紀にかけて欧州の諸都市において記録されており，その地域もしくは道は，中世の都市の境界であった。

　その後，近代化の進んだアメリカでは，市街地の生活に必要なサービスを供給するものの環境に悪影響を与えるビジネス，例えばクリーニング店を中心市街地のどこに配置するか，が問題となり，クリーニング店の配置が都市のゾーニングの主要な境界を決めることになる。つまり，市街地の市民にとっての利便性が確保されつつも，排水や排気などによって市街地に悪影響がない程度の場所にビジネスを配置することが，サービスの供給にとって重要だった。

　この 2 事例は逸話と理解されることも多いようであるが，都市計画の歴史的な教科書には必ず記載されており，中世における疾病，特に伝染病を契機とする初期のゾーニングと，市民サービス視点から規定されていった近代のゾーニング，もしくは公衆衛生を重視する欧州型のゾーニングとビジネス（と公衆衛生少々）を重視するアメリカ型のゾーニングの典型例と理解されている。

　機能を分け，地域ごとに貼り付けるまちづくりが過去の都市計画であったならば，21 世紀のまちづくりはどのような特徴を持つのであろうか。コンパクトシティやスマート・シティは，一地域における機能の融合やさまざまなサービスの複合的な提供をめざすものであり，しかもそれを市民，市民社会，行政，企業などの協働によって形成するものである。分けることによって進展してきた都市計画におけるコペルニクス的転回ともいえよう。スマート・シティはさらに，ICT やデジタル技術の発展とともに進化していく可能性も持っており，それとともに概念のみならず目的や手法も変わっていく可能性を持っている。

参 考 文 献

一條義治（2019）『自治体行政マンが見た欧州コンパクトシティの挑戦』第一法規
海老原城一・中村彰二朗（2019）『SMART CITY 5.0―地方創生を加速する都市 OS』イ

ンプレス
亀井亜希子（2019）「2022年から本格始動　日本のデータ連携活用基盤―産業構造が変わる可能性　企業の準備は進んでいるか」大和総研（https://www.dir.co.jp/report/research/policy-analysis/human-society/20190415_020750.pdf）
経済産業省（2019）「経済産業省におけるスマートシティに関する取り組み」（https://www.chusho.meti.go.jp/koukai/kenkyukai/smartsme/2019/190724smartsme01.pdf）
国土交通省都市局（2018）「スマートシティの実現に向けて―中間とりまとめ」（https://www.mlit.go.jp/common/001249774.pdf）
週刊エコノミスト（2020）「「2025年には東京・港区の賃料は23%下落する」AIが導く衝撃の予想」（https://weekly-economist.mainichi.jp/articles/20200901/se1/00m/020/054000c）
首相官邸「日本のスマートシティ―SDGsなど世界が抱える課題を日本のSociety 5.0で解決」（https://www.kantei.go.jp/jp/singi/keikyou/pdf/smart_city_catalog.pdf）
杉原玲子・鵤心治・坪井志朗・小林剛士・宋俊煥・趙世晨（2018）「ポートランド市の計画方針を組み込んだコンパクトシティ計画策定支援システムの提案」『日本建築学会計画系論文集　第83巻，第749号，1251-1261頁
宋健（2022）「東京都の人口がなぜ減少？　原因はテレワークではない」『日経ビジネス』（https://business.nikkei.com/atcl/gen/19/00247/022800028/）
総務省統計局（2021）『令和2年国勢調査　人口等基本集計結果』
滝澤恭平（2012）「スマートシティは，私たちのライフスタイルをどう変えるのか？―都市計画から見えてきたスマートシティの条件」TELESCOPE Magazine（https://www.tel.co.jp/museum/magazine/environment/120401_interview03/index.html）
谷口守編（2019）『世界のコンパクトシティ』学芸出版社
つくば市（2019）「つくばスマートシティ倫理原則」（https://www.city.tsukuba.lg.jp/_res/projects/default_project/_page_/001/008/536/Ethical_Principles_for_TsukubaSmartCity_japanese.pdf）
日本貿易振興機構（ジェトロ）ロンドン事務所海外調査部（2022）『英国の地域レベルにおけるネットゼロ／スマートコミュニティ政策と企業動向』日本貿易振興機構（https://www.jetro.go.jp/ext_images/_Reports/01/64ddc09ad1a614a8/20220007.pdf）
森雅志（2018）「コンパクトシティ戦略による富山型都市経営の構築―公共交通を軸としたコンパクトなまちづくり」地方制度調査会（https://www.soumu.go.jp/main_content/000582312.pdf）
山村真司（2014）『スマートシティはどうつくる？―最新の都市開発のノウハウを結集』工作舎
Granier, Benoit and Hiroko Kudo (2016) “How are Citizens Involved in Smart Cities?: Analysing citizen participation in Japanese “Smart Communities””, *Information*

Polity, Special Issue "Smartness in Governance, Government, Urban Environments, and the Internet of Things", Vol. 21, No. 1, pp. 61-76

Kudo, Hiroko (2018) "Digital Governance as Alternative Public Service Delivery: From e-government to government digital services", in Juraj Nemec, Vincent Potier and Michiel S. de Vries (eds.), *Alternative Service Delivery*, IASIA/IIAS, pp. 45-51

Kudo, Hiroko (2016) "Trust and Values in Governance of Network-Citizen Participation under New Public Governance", in Alexander Balthasar and Klemens H. Fischer (eds.), *Good Governance Based on a Common Bedrock of Values – Providing Stability in Times of Crisis?*, Nomos, pp. 165-188

Kudo, Hiroko (2016) "Co-design, Co-creation, and Co-production of Smart Mobility System", in Rau, Pei-Luen Patrick (Ed.), *8th International Conference, Cross-Cultural Design 2016, HCI International 2016*, pp. 551-562

Kudo, Hiroko, D'Andreamatteo, Antonio, Sargiacomo, Massiomo, Vermiglio, Carlo and Vincenzo Zarone (2021) "Smart and Resilient Cities: Best Practices from Disaster Risk Management Strategies", in Maria Serena Chiucchi, Rosa Lombardi, Daniela Mancini (eds.) *Intellectual Capital, Smart Technologies and Digitalization Emerging Issues and Opportunities*, Springer, pp. 183-200

Kudo, Hiroko and Benoit Granier (2016) "Citizen Co-designed and Co-produced Smart City: Japanese Smart City Projects for "Quality of Life" and "Resilience", in *Proceedings of the 9th International Conference on Theory and Practice of Electronic Governance (ICEGOV 2016)*, pp. 240-249

OECD (2016) *Resilience Cities Report*, OECD

Sikora-Fernandez, Dorota and Danuta Stawasz (2016) "The Concept of smart city in the theory and practice of urban development management", *Romanian Journal of Regional Science*, Vol. 10, No. 1, pp. 81-99

Vermiglio, Carlo, Kudo, Hiroko and Vincenzo Zarone (2020) "Making a Step Forwards Urban Resilience: The Contribution of Digital Innovation", in Bevilacqua, C., Calabrò, F., and Della Spina, L. (eds), *New Metropolitan Perspectives: Knowledge Dynamics, Innovation-driven Policies Towards the Territories' Attractiveness*, Volume 1, Springer, pp. 113-123

【用語解説】

○コンパクトシティ

　① 高密度で近接した開発形態，② 公共交通機関でつながった市街地，③ 地域のサー

ビスや職場までの移動の容易さ，という特徴を有した都市構造のこと。

○スマート・シティ

ICT 等の新技術を活用しつつ，マネジメント（計画，整備，管理・運営等）の高度化により，都市や地域の抱える諸課題の解決を行い，また新たな価値を創出し続ける持続可能な都市や地域のこと。

○レジリエンス

持続可能な発展や包括的成長を実現するため，ショックを吸収し，新しい情況に適応して自らを変革し，将来のショックやストレスに備える能力を持つ都市のこと。

○ SDGs

2015 年に国連サミットが採択した持続可能な開発目標（SDGs: Sustainable Development Goals）のこと。2030 年までに持続可能な世界をめざす国際目標である「持続可能な開発のための 2030 アジェンダ」に記載されている。

○ソサエティ 5.0

2016 年に日本政府が策定した「第 5 期科学技術基本計画」のなかで提唱された，サイバー空間とフィジカル（現実）空間を高度に融合させたシステムにより，経済発展と社会的課題の解決を両立する人間中心の社会のこと。

第12章　ダイバーシティと都市生活

斉　田　英　子

は じ め に

　本章では，都市生活におけるダイバーシティ（多様性）について概観する。わが国のダイバーシティの現状は世界各国と比べると道半ばと言わざるを得ないが，互いの違いを認め合い，支え合う，対話をベースにした共生社会を展望したい。

　ダイバーシティ（多様性）については，多くの場面で見聞きするようになった。現在，小中学生は「自立と共生」の言葉に触れ，他者との共生，自然との共生，そして，共生を実現する地域・社会への参加について学んでいる。教科では，国連による「持続可能な開発目標（SDGs：Sustainable Development Goals）」が示され，「誰ひとり取りこぼさない」社会について理解を深めていく。そこでは，主体的・対話的で深い学びをしようと，お互いに自分の意見を出し合うこと，正解を求めるのではなく自分の言葉で学びを振り返り，実践に移していくことの大切さを学ぶ。都市生活におけるダイバーシティとは，まさにこの主体的・対話的で深い学びのサイクルを回し続けていくことである。批判，非難，排除や攻撃でなく，諦めずに対話を続ける社会には成熟した豊かさがある。

　ダイバーシティの推進やその意識の広がりにおいて，「ダイバーシティ＆インクルージョン」と併記されることも多い。「ダイバーシティ＆インクルージョン」とは，「多様性」を意味するダイバーシティと「受容」や「包摂」を意味するインクルージョンを合わせ，「多様性を受け入れ認め合い，それぞれの良い部分を活かしていくこと」を意味する。年齢や性別，国籍，学歴，特性，趣味嗜

好，宗教などにとらわれない多種多様な人々が自らの能力を最大限発揮し，活躍できる組織や社会を目指していく大切な考えである。

そして，さらに世界各国のスタンダードは，「DEI&J」（D：ダイバーシティ，E：エクイティ，I：インクルージョン，J：ジャスティス）へと進んでいることも強調せねばならない。多様性，平等性，包摂性，公正性というより高いビジョンに向かい社会や各組織は具体的に動き始めているのだ。

本章では，第1に，ダイバーシティへの取り組みを，個人，社会，都市の現状と課題について概観する。第2に，暮らしにおけるダイバーシティについては，変わりゆく価値観を踏まえ，教育や政治の視点から検討する。第3に，北欧デンマークの事例を取り上げ，共生社会からヒントを得る。第4に，ダイバーシティと都市生活の未来を描き，互いの違いを知り，認め合うための対話について知見を提示する。

1．ダイバーシティへの流れ

＜個人と社会の潮流＞

「ダイバーシティ（多様性）」の言葉は，公共，民間組織の働き方のビジョンや各種政策の中で広がっている。日本財団が2019年に実施した「ダイバーシティ＆インクルージョン」に関する意識調査では，86.8％が多様性に富んだ社会の重要性を感じており，72.8％がダイバーシティ＆インクルージョンの推進に前向きであった。しかし，95.9％が社会的マイノリティに対して日本社会に差別や偏見があると感じており，73.4％が実際に自分の中にある「心の壁」を何らかのかたちで意識した経験があるとも回答している。

ダイバーシティの考えは，1960年代のアメリカからスタートした。1960年代，アメリカでは公民権法が制定され，黒人への人種差別の撤廃や，性別による雇用条件における差別や格差など，さまざまな差別への是正が求められた。差別問題は裁判へと発展していく。企業における黒人女性への差別が明らかになり，多額の賠償金の支払い命令が出てきたことは，当該組織の経営，存続に

も影響することであり，ダイバーシティを扱わざるをえなくなっていく。もちろん，グローバル化の進展によって，顧客のニーズや価値観はいっそう多様化し，サービスや商品を継続的に提供していくためには，さまざまな価値観やその移り変わりをしっかり見通していく必要がある。変化に対しては，何より，多様な背景をもつ人材による対話が極めて重要となる。

　わが国では，1985 年に「男女雇用機会均等法」が制定され，職場における男女の雇用の差を禁止した。1999 年には「男女共同参画社会基本法」が制定され，「男女が，互いにその人権を尊重しつつ責任も分かち合い，性別にかかわりなく，その個性と能力を十分に発揮することができる社会」を目指している。しかし，OECD（経済協力開発機構）が 2020 年にまとめた生活時間の国際比較データによると，日本男性は有償労働時間が最も長く，家事などの無償労働時間が最も短い現状である。誰もが，仕事と家庭生活を大切に，個人や家庭にとってのワーク・ライフ・バランスのかたちを再検討しなければならない。

＜ダイバーシティの現状＞

　男女共同参加社会への意識が広がり，年齢，性別，人種，宗教などを越えて，ダイバーシティへの重要性が広く認識されてもなお，日本におけるそれは，主として「女性労働力活用」の側面から語られる場合が多い。障がい者や外国人，人種や宗教という視点が乏しく，「最も多数派の異質な他者」は実質的に「女性」だと指摘される。

　「イクメン」や「イクパパ」（子育てを楽しみ，積極的に取り組む男性）とは表現されても，「イクママ」とは言わず，これは日本の性別役割分業が偏っている証であろう。子育てに性別は関係ない。また，男性は働くべき，一家の家計の主たる収入は男性が担うべきという考えも非常に根強くあることも生き難さにつながっており，男らしさ，女らしさについて，私たちは常に自問せねばならない。

　2012 年 12 月に開始された安倍政権の「女性活躍」推進以降，女性就業者は約 330 万人増加したものの，新型コロナウィルス感染者の拡大によって，女性の自殺率が大幅に増加した。この世界的なパンデミックは，多くの人々の暮ら

しを一変させた。生活環境の変化や雇用不安，将来への不安，経済不安からくる心理的ストレスが高まっている。小中高生の自殺者数は499人となり，統計のある1980年以来，最多となっている。15〜34歳の若い世代で死因の第1位が自殺となっているのは，先進国（G7）では日本のみである。

　世界的なパンデミックが起ころうと，不安を抱え，困難な状況になっても，希望をもち前に進むために，都市生活においては，どのような工夫が必要だろうか。

　都市は，人々の日々の生活を支える器である。ダイバーシティのある都市空間を整備するならば，綺麗に区画整備した住宅群や都会的な超高層マンションを提供することや，購買欲をかきたてる商業施設や大型テーマパークなどの開発だけに留まらない。重要なことは，計画や開発のプロセスにおいて，居住者，関係者，当事者が主体的に議論に参加し，その中で生まれる関係性や新しいつながりの萌芽を育てていくことである。人のつながりが生まれる仕掛けづくりこそ，都市生活とダイバーシティのカギとなる。

＜都市におけるダイバーシティ＞

　都市の多様性を生成する4つの条件を提示したジェイン・ジェイコブズ（Jane Butzner Jacobs：1916-2006）は，20世紀の初頭，アメリカには数多くの魅力的な大都市があったが，1950年代の終わり頃にはこれらの大都市の大部分は「死んでしまった」と指摘する。

　都市の多様性を生成する4つの条件とは，① 街路が短く，幅が狭く，角を曲がる機会が多くあること，② 古い建物と新しい建物が混在すること，③ 各地区は，2つ以上の用途を混在させること，④ 人口密度を十分に高く保つことである。ル・コルビュジエ（Le Corbusier：1887-1965）の「輝ける都市」に代表される都市の再開発を批判したのだ。都市における幅の狭い，曲がりくねった街路や，人口密度も高く，人々が大勢，絶えず行き交い，主な交通手段としての路面電車などによる人間的な営みの必要性を示した。

　わが国の都市空間におけるダイバーシティは，どのように変化しているだろ

うか。

　東京都世田谷区下北沢の再開発を見てみよう。2013 年 3 月に下北沢駅を含む
東西 3 つの駅と線路が地下化され，それまでの計画，開発の経緯に多くの関係
者が密に関わり合いながら，「シモキタらしさ」に取り組んできた。人々の生活
を緩く包む下北沢のまちの暮らしやすさが時代の移り変わりとともに，うまく
変化している。

　下北沢は，戦前からあった文化の香りを漂わせ，ジャズやロックの音楽と共
に，まち並み，店舗の様子が移り変わっていく。特に，「若者のまち」と言われ
るようになった 1970 年代後半，ライブハウスや小劇場が賑やかにまちを彩って
いった。1980 年代以降は，「まち歩き」が盛んになり，路地や細い道が実は歩
きやすく，生活が息づく魅力的な空間であるとの再発見がなされる。ヒューマ
ン・スケールの見直しが各地で広まっていく。

　当初，下北沢の道路問題など，難解な都市計画制度の内容や各種情報は市民
には極めて分かりにくいために，専門家たちが（大学の研究室，学生たちを交えて）
住民と勉強会を開いたり，任意団体を立ち上げたりして，さまざまな活動を展
開していく。海外からは，ハーバード大学，イエール大学の学生，大学院生た
ちが参加して下北沢のまちに提案をするなど，多角的な視点，議論が交わされ
ていった。また，市民 3000 人へのアンケートが実施されるなど，効率優先，経
済優先の都市計画，都市開発とは対照的に，自然発生的に発展した下北沢のま
ちでは，まちの様相は大きく変化しても，今までとは違うかたちで年代を超え
た人たちによる活動の展開が見られる。

　ところで，都市と農村，東京と地方といった，国土全体に関わる格差は広が
っており，東京 23 区内の，徒歩圏内の地域間の格差も指摘されている。東京
23 区は特に，世界的で最も豊かな人々と，最も貧しい人々とが住んでいるとさ
れる。このような都市では，人々が敵対的な関係に陥りやすいと指摘される。
豊かな地域に住む人々は，自分たちの豊かさを自明に思い，貧しい人々への共
感を欠き，格差拡大を是認する傾向がある。反対に貧しい地域に住む人々は，
格差拡大に反対し，豊かな人々から富を吸い上げてでも，格差を縮小すべきだ

と考える傾向があるという。

2．暮らしにおけるダイバーシティ

＜変わりゆく価値観＞

　都市生活における人々の価値観の変化には，社会経済情勢の影響はもちろんだが，個人生活におけるさまざまな転機も関わっている。

　ナンシー・シュロスバーグ（Nancy Shlossberg：1929-）は，転機（トランジション）には，① 予期していた転機（出来事），② 予期していなかった転機（出来事），③ 期待していたものが起こらなかった転機（イベント）があると示している。結婚や出産，転居，仕事における昇進昇格や失職，転職や起業といったライフイベントは，予期し，期待したからといって起こるかといえば，そうとも限らない。そして，さまざまな出来事に対する人それぞれの反応や受け止め方は千差万別であり，私たちの暮らしは誰一人として同じではないのである。

　わが国において「期待していたものが起こらなかった転機」とは少子化問題であろう。

　日本で家事に専念する女性の割合が最も高かったのは，1970年代であるが，それまでは男女共に，農作業や家事にさまざまなかたちで働いており，欧米と比べても，日本の女性は常によく働いてきた。そして，女性が社会進出するから出生率が下がるということではない。

　内閣府の「令和3年度版 少子化社会対策白書」によると，婚姻件数は，1970年から1974年にかけて年間100万組を超え，婚姻率（人口千人当たりの婚姻件数）も高かったものの，その後は，婚姻件数，婚姻率ともに低下傾向のままである。平均初婚年齢は，夫，妻ともに上昇を続け，晩婚化が進行していることが改めて示された。2019年において平均初婚年齢は，夫が31.2歳，妻が29.6歳であり，1985年と比較すると，夫は3.0歳，妻は4.1歳上昇している。晩婚化が進むにつれ，第1子の出産年齢にも影響し，2019年では，第1子が30.7歳，第2子が32.7歳，第3子が33.8歳と上昇傾向も続いている。

　一方，生涯未婚率（50 歳の時点での未婚率）の上昇も見られる。結婚経験をもたない中高年の増加と結婚を人生設計に組み込まない若者の増加の 2 つの社会現象が同時に起こっているとし，生涯未婚時代も前提に，ある年齢までに結婚して子どもをもつといった前提に囚われず，人それぞれの考え，人生があることを理解し合うことで，逆に自分の人生も生きやすくなるという，生き方のダイバーシティが求められる。

　共働き世帯が主流となり，女性の生活時間は大きく変化している。とにかく「忙しい」。かつての，近所での井戸端会議，地域の集まり，学校の PTA 活動などに時間を十分に割くことはできなくなっている。これまで，地域の関係性をつくってきた女性，学校の保護者の代表を「母親」に任せることで社会を回してきた構造の転換が必要である。総務省の資料によると，地域コミュニティの衰退を促す事象として，相対的に強く認識されているものは，「昼間に地域にいないことによるかかわりの希薄化」，「コミュニティ活動のきっかけとなる子どもの減少」，「住民の頻繁な入れ替わりによる地域への愛着・帰属意識の低下」

図表 12-1　50 歳時の未婚割合の推移と将来推計

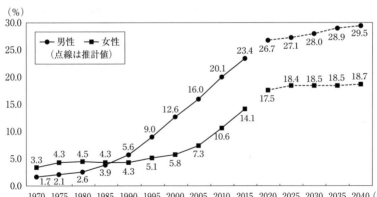

（注）1970 年から 2015 年までは各年の国勢調査に基づく実績値（国立社会保障・人口問題研究所「人口統計資料集」），2020 年以降の推計値は「日本の世帯数の将来推計（全国推計）」（2018年推計）より，45 〜 49 歳の未婚率と 50 〜 54 歳の未婚率の平均値。
出典：内閣府「令和 3 年度版 少子化社会対策白書」

などが懸念されている。

　さらに特徴的な，ある意味では都市生活におけるダイバーシティに反する暮らしへの嗜好とも言えるゲーテッド・コミュニティ（Gated Community）の出現もある。ゲーテッド・コミュニティとは，ゲートで囲われたコミュニティであり，1980年代の欧米で現れた。数百から1000近い公共アクセスが制限された隔離住宅地住宅群を構成し，防犯や安全性などの観点から，門によって出入りが管理されている。内部では，スイミングプール，ゴルフ場，スポーツジム，子どもの遊び場などのアメニティを共有するなど，同じ所得階層の，価値観の近い居住者同士が集住する。

　わが国でも，ゲーテッド・コミュニティに類似する居住区が現れているが，身近では，オートロック付きのマンションは，セキュリティの点で言えば，垂直に伸びたゲーテッド・コミュニティである。

　不動産経済研究所の報告によると，日本の高層マンション建設は社会経済情勢の変化とともに建設戸数が推移している。2022年以降に完成を予定している超高層マンション（20階建て以上）は，307棟，約11万2000戸で，前年度に比べて74棟，約1万2000戸増加している。超高層マンションは首都圏が約7割を占め，都内では50階建以上の超超高層マンション計画が多く見られる。所得階層の似た居住者が集住し，建物内には，個別ブースに分かれた学習や仕事専用の部屋，パーティールーム，訪問者宿泊室など，多くの共有スペースがある。昨今はペットのいる世帯が増加していることもあり，ペットと利用可能なエレベーターが設置されているなど，居住者のさまざまなニーズにきめ細かに対応する。

＜教育の果たす役割＞

　子どもたちの学校の教育現場では，クラス名簿が男女混合で作成され，呼び方への配慮（男女ともに，○○さんと呼ぶなど）があり，制服，服装の選択肢の幅が広がるなど，ダイバーシティへの意識の広がりを感じる。「男らしさ」や「女らしさ」といったステレオタイプの考えに今なお囚われる大人世代を通して，

グローバル社会を生きる子どもたち自身が，日本の男女差別の根強さや，都市生活におけるダイバーシティの困難さを繰り返し話し合うことが大切だ。

　大学教育分野では，トランスジェンダー学生の入学に関する議論がスタートしている。2015 年，トランスジェンダーの女児の保護者から，日本女子大の付属中へ問い合わせがあったことがきっかけとなり，同大での議論が進んだ。トランスジェンダー学生については，お茶の水女子大が全国の女子大に先駆けて受け入れる方針を発表し，以降，奈良女子大や宮城学院女子大が続いている。ノートルダム清心女子大も受け入れを発表するなど，他の女子大でも継続的な勉強会が開かれており，教職員との対話を重視しながら学内のダイバーシティに取り組んでいる。

　学校教育現場という私たちの暮らしに身近な場所で，ダイバーシティが語られ具体的に実践されることは非常に重要である。そしてもちろん，当事者を含んだ対話がどのように可能であるかという経験を出し合うことだ。

　教育現場におけるダイバーシティは，言葉への理解以上に実際は課題が山積している。大学の学長，理事長には女性は極めて少なく，理系分野における女性の占める割合は，諸外国と比べても格段に低いのが現状である。経済協力開発機構（OECD）の報告によると，2019 年に大学などの高等教育機関に入学した学生のうち，STEM（科学・技術・工学・数学）分野に占める女性の割合は，日本では，自然科学分野が 27%，工学分野が 16% と，比較可能な 36 カ国中において最低であった。女性の理工系人材の育成が遅れている実態が浮き彫りになった。OECD の担当者は「日本の女子生徒は科学に関する知識やスキルをもっているのに，科学分野を志望する人は少ない。女性の科学者に会ったり，親が進学を支援したりするなどして科学分野を進路に選べるようにする必要がある」と指摘している。

＜政治におけるダイバーシティ＞

　さらに，次世代の若者たちがどれだけ男女共同参画社会について学び，ダイバーシティについて知見を広げようとも，国を動かす政治において，また，都

市生活，暮らしを支える地方議会において，女性の占める割合は極端に少なくダイバーシティはこちらも周回遅れの現状だ。

　日本では，政治家や高級官僚のほとんどを男性が占めており，女性で権力者と呼ばれるような人はほとんどおらず，他国ではあまり見かけない「女性のいない民主主義」とも指摘される。さらに，多くの政治学者は女性がいない政治の世界に慣れきってしまい，少なくとも，民主主義という言葉が，男女の地位が著しく不平等な政治体制を指す言葉として使われても，あまり気にならなくなってしまっているのでないかと記している。

　世界経済フォーラムが，経済，教育，保健，政治の分野毎に各使用データをウェイト付けしてジェンダー・ギャップ指数を算出した「ジェンダー・ギャップ指数（2022年）」を見ると，日本は146ヵ国中，116位と低迷している。これは，先進国の中で最低レベルであり，アジア諸国の中でも，韓国や中国，ASEAN諸国より低い結果である。

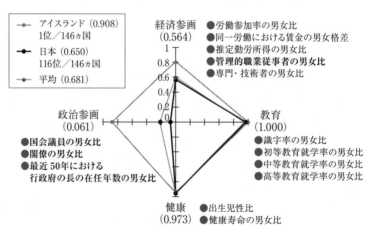

図表12-2　ジェンダー・ギャップ指標（2022年）

（注）1. 世界経済フォーラム「グローバル・ジェンダー・ギャップ報告書（2022）」より作成。
　　　2. スコアが低い項目は太字で記載。
　　　3. 分野別の順位：経済（121位），教育（1位），健康（63位），政治（139位）。
出典：「共同参画」2022年8月号（内閣府　男女共同参画局）

識字率の男女比や初等教育から高等教育における男女比において「男女平等」が実現され、「教育」では 146 ヵ国中 1 位である。「健康」においても、146 ヵ国中 63 位と世界トップクラスの値である一方、「経済」及び「政治」における順位が低くなっており、「経済」の順位は 146 ヵ国中 121 位、「政治」は 146 ヵ国中 139 位である。

2022 年 6 月には、「女性版骨太の方針 2022」において、「女性の経済的自立」、「女性の登用目標達成」など、政府全体として今後重点的に取り組むべき事項を定め、遅れをとる経済分野、政治分野においてジェンダー平等を加速させたい意向があるが、実質的な動きと成果については注視したい。

2022 年 8 月に発足した第 2 次岸田改造内閣を見ると、内閣総理大臣を含む 20 名の閣僚のうち、女性の入閣は 2 名にとどまっている。後述するデンマークにおける政治の様相とはまるで異なり、閣僚の年齢は高く、岸田首相を含めた平均年齢は 62.65 歳である。最高齢で 78 歳、最年少で 41 歳である。70 代が 3 人、60 代が 12 人、50 代が 4 人、40 代は 1 人、30 代はゼロである。

わが国の政治、そして経済分野において、均質性の高い権力集団による閉鎖的な意思決定が「当たり前」のように行われている実態を指摘せねばならない。

3．デンマークにおけるダイバーシティとソーシャルインクルージョン

＜高い政治参加＞

デンマークでは、国政選挙の投票率は現憲法下の 1953 年以降、常に 80% 以上にのぼり、年代問わず高い関心が窺える。他の北欧諸国も同様に、年齢、性別を越えて、政治に関わることが当たり前の社会である。生活の身近では、20代、30 代の市長がおり、日常生活の延長に政治がある。特別に選ばれた学歴や業績がある者が国や都市を動かしているわけではない。「どのような暮らしがしたいか」を政治の場で話し合い、制度、政策に導こうとする者が、生活者の代表として仲間と共につくりあげるという感覚である。子どもたちも必要ならば制度政策に関して声を上げ、自分たちの意見を表明しデモに参加する。学校も

親も，子どもたちのそうした活動を，当然のこと，普通のことだと思っている。

2019年6月，第42代首相に就任したメッテ・フレデリクセン（Mette Frederiksen：1977-）はデンマーク社会民主党の党首であり，デンマーク史上2人目の女性首相である。当時，史上最年少の41歳で就任し，2人の子どもをもち，配偶者とは離別している。就任時の閣僚平均年齢は，41.8歳であり，最年少大臣が33歳，最高齢大臣は55歳である。デンマークの初代女性首相は，2005年からデンマーク社会民主党の党首を務めたヘレ・トーニング＝シュミット（Helle Thorning-Schmidt：1966-）であり，2011年から2015年に政権を担った。

女性の首相は，世界各国で見られる（2022年時）。北欧においても，スウェーデン第44代首相は，マグダレナ・アンデション（Magdalena Andersson：1967-），フィンランド第46代首相は，サンナ・ミレッラ・マリン（Sanna Mirella Marin：1985-），アイスランド首相は，カトリーン・ヤコブスドッティル（Katrín Jakobsdóttir：1976-）である。

北欧の政治は，「多様な社会を共に生きるための対話」に根ざしている。政治を他人任せにせず，国レベル，地球規模の問題や課題であっても，むしろ，それらの大きな規模のテーマこそ，今の自分たちにできることに知恵を出し合う。例えば，「SDGs」も「LGBTQ」も，流行りのワードではなく，一時的な議論に終わらせず，一人ひとりが考え，行動につなげている。

自分の考えや気持ちを言葉にし，皆で話し合い，主体的に行動する暮らし。自分で考えるスタートは乳幼児期から，家庭の中からすでにスタートしている。日々の暮らしでは，基本的に休日に仕事を持ち込むことはせず，非常に効率的に仕事をこなす。無駄な会議や作業をなくし，しかし，コーヒーブレイクとしての立ち話，お喋りの情報交換の場は非常に重視される。学校や仕事が終わると，地域でのボランティア活動，趣味の習い事や何らかのアソシエーションに所属し活動する。老若男女問わず，学校や会社組織以外に自分の活動の場をもっている人が多く，デンマークでは約200万人近い人々がさまざまなボランティアに参加しており非営利クラブや団体が10万件もあると言われる。

＜徹底した個人主義と共生社会における対話＞

　筆者の専門の都市政策，まちづくりの分野において，デンマーク各地で調査を重ねてきた。デンマークでは，学歴，所属組織の地位や肩書，年齢や性別，保有している資格，業績などを気にすることはなく，インタビュー調査先では，誰もが非常にカジュアルな，自分にとって心地良い格好をしており，気さくに出迎えてくれる。初対面でもお互いを，姓ではなく名で呼び合うので，関係がぐっと近しくなる。さまざまな地域の会合に参加すると，誰が行政の担当者か，キーパーソンか，さっぱり分からない。会合では，サンドイッチや飲み物，時にはアルコールの準備もあり，和やかに話し合いが進んでいく。

　北欧全般の女性の社会進出の高さは周知の事実だが，大規模な都市開発のプロジェクトリーダーが乳幼児を子育て中の女性だったり，責任がいっそう重くなる主要ポジションで働く女性たちにも多数出会う。あるいは，同性カップルなどにも出会う。会話の流れからそのことを教えてくれる場合もある。誰もが違う，オンリーワンの人生を，人それぞれの生き方で歩む，そして，そのことを互いに尊重し合うデンマーク社会は，真の「ダイバーシティ」を実現している。

　しかし，実は，デンマークも長らく，男性が外で働き，女性が家事育児を担うというパターンであった。そして，デンマークは，北欧の中では男性優位な部分が強い傾向があり，国民の対話は続いている。デンマークでは，1960 年代以降の経済成長期における労働力不足に直面したことが女性の社会進出を後押しし，女性自身も声をあげ行動していった結果である。

　例えば，デンマークでは，両親に対してトータル 52 週間の産休・育休の取得が権利として認められている。産休については母親と父親で期間が定められているが，その後の 32 週間の育休については，それぞれのカップルの事情を考慮して自由に取得期間を定めることができる。カップルが事情に合わせて自由に取得期間を定めるという点において，それぞれの生き方や子育てに関する考え方を話し合う貴重な時間である。女性は妊娠した瞬間から，少しずつ母親になる準備が始まっていると言えるが，父親は，意識して父親としての役割を見つけていかなければならない。日々，成長する子どもに対して，母として父とし

ての双方の役割は変化し続けていく。

　デンマークでは，特に1970年代以降，徹底した地方分権と公共サービスの利用者（当事者市民）が政策策定過程に直接参加する「ユーザー・デモクラシー（Bruger Demokrati）」を発展させた。当事者，関係者が忖度せず，意見を出し合う話し合うプロセスは，信頼を築き上げ，信頼関係を確かなものにするために極めて重要である。

　デンマークの著名な教会史の研究者であり社会教育家であるハル・コック（Hal Koch:1904-1963）は，戦後のデンマーク社会のあり方，根底に流れる民主主義を方向づけた。彼は，民主主義とは，相互理解と尊重のために，話し合いをする努力をすることだと記している。多人数で意思疎通を図ろうとしても，当然，人それぞれ関心が異なるため，不一致が予想され大なり小なりの衝突が起こる。何らかの意思決定が必要であるために，不一致，衝突を解消しなければならないが，その解決には2つあり，1つは闘争，そしてもう1つが話し合いと指摘する。

＜暮らしやすさと居場所づくり＞

　日々の暮らしを大切にする考えは，都市開発においても具体的である。コペンハーゲン市は，2000年代以降，都市・住宅開発による居住環境の整備に伴う人口増加の中で，「世界で最も暮らしやすい都市」を目指し，その実現に向けた都市政策を実施している。

　実際，2010年からの市の継続調査では，市民の都市生活の満足度は90％近くに達している。「暮らしやすさ」という漠然とした言葉を，言い換えながら具体的な施策に落とし込んでいく。

　市民と共に考える「暮らしやすさ」とは，「人々が通勤，通学，買い物などで自宅と目的地を往復するだけでなく，人々が通りで出会い，立ち止まり，座り，お喋りをする機会が生まれる都市」である。具体的には，屋外イベントなどを充実させ，まちのあちこちの広場では，フリーマーケットをはじめ，各種マーケットが開催され，多くの人が出歩いている。歩く先々で，マーケットに出合

い，大道芸や音楽に触れ，レクリエーションなどの各種イベントに人々が集い，何気ないお喋りが生まれている。コペンハーゲン市の中心部では，大小さまざまなイベントが夏季を中心に 1400 以上も実施されており，市の周辺部のまちのイベント数も含めると，2010 年から倍増している。また，まちなかにベンチなどのちょっとした休憩スペースが点在する。ただ時間を過ごしたり，のんびりしたりと，まちに人が出ているという状態こそが，コペンハーゲンらしい風景，都市の魅力ともなっている。

　デンマークの建築家であり都市デザインコンサルタントであるヤン・ゲール（Jan Gehl：1936-）による「人間の街をつくる」ビジョンが今なお受け継がれ，1960 年代以降，コペンハーゲン市内の公共空間は，魅力的な空間へと整備されている。コペンハーゲン市中心部の運河沿いでは，夏の間，大人や子どもたちが水着姿で日光浴や水遊びをすることができる。港の汚染された水質をヘドロが堆積した川底も含めて浄化すると決断し，2002 年に海水浴場が設置されている。
　ところで，デンマークは世界でもトップレベルの幸福の国であることは事実

写真 12-1　コペンハーゲン市中心市街地の歩行者天国

だが，社会経済情勢の急速な変化や各種 SNS の利用によって，他者との関わり方に変化が生じている。デンマーク保健局の 2014 年のレポートは，16 歳以上の 26 万人超の若者が，しばしば，あるいは常に孤独を感じていると報告している。2015 年の調査によると，自分自身の行動が人生においてどのような価値があると思うかという生活の質を問う回答では，他の年代に比べると，19 歳から 29 歳の若者の世代で低くなっている。

　人々の孤独や孤立を地域で防ぐため，また，孤独に陥りやすい背景をもつ者が，気軽に足を運べるように，コペンハーゲン市ヴェスタブロ地域における 7 つの教会では，ソーシャルインクルージョンに向けたさまざまなプログラムが準備されている。

　その中で特徴的なまちづくり事業としては，地域内で閉鎖された教会堂を「地域のリビングルーム」へとリノベーションした事例がある。旧アブサロン教会（Absalon Kirke）は，みんなの家アブサロン（Folkehuset Absalon：https://absaloncph.dk/）となり，2015 年のオープン以降，活気に満ちた場となっている。

　2014 年，アブサロン教会は，フライングタイガーコペンハーゲン（flying tiger

図表 12-3　教会におけるソーシャルインクルージョンへの取り組み

教　会	特徴的な活動
アポステル教会 www.apostelkirken.dk	・移民，元囚人等への日曜礼拝 ・年齢性別国籍を超えた多様な社会に向けての活動
エリアス教会 www.eliaskirken.dk	・ゴスペル，ジャズ他，音楽コンサートの開催 ・ナイトカフェの開催
インヘウ教会 www.enghavekirken.dk	・年齢別青少年合唱団を構成，定期的にコンサートを実施 ・食事の提供
キリスト教会 www.kristkirken.dk	・子供や若者が自由に集えるよう常時開放しイベントを開催 ・子供や大人の合唱団を構成
マリア教会 wwww.mariakirken.dk	・違法難民，麻薬中毒者，売春婦，ホームレス等のケアの場 ・子のいる世帯への食事提供
聖マシュー教会 www.sctmatthaeus.dk	・教区で最大，最古の教会 ・合唱団を構成，音楽，文化，芸術の場，舞台を提供
u-ゲッセマネ教会 www.uKirke.dk	・多数の若者ボランティアによる若者に特化した居場所づくり，イベントを多数開催

写真 12-2　アブサロンで毎日提供される夕食時間の風景

copenhagen）チェーンの創設者，レナート・ライボシツ（Lennart Lajboschitz）らライボシツ一家が買い上げ，コミュニティビジネスの挑戦として動き出し，2015 年 8 月にオープンした。

　建物 1 階のホールは，かつては天井の高い教会堂だった面影を残しつつ，色基準を設けている。古い机，テーブル，椅子などはさまざまなサイズや様式のものを館内のあちこちに配置し，自宅のリビングルームを想起させる。

　誰でも自由に出入りができ，低価格で毎日夕食が提供される他，日々のプログラムはヨガ，絵画，読書，ダンスなどの，誰でもが参加しやすいクラスが数多く準備されている。地域のどんな人でも，気軽に集まり，何気なく集う空間で生まれるお喋りこそ，豊かな暮らしの基本だと，再認識されている。

4．ダイバーシティと都市生活の未来

＜人々の孤立に向き合い，防ぐ＞

　既述したように，幸福度ランキングの上位国であるデンマークではあるが，人々の孤独や孤立，ストレスなどによるメンタル疾患の予防が大きな課題となっている。特にデンマークの冬期は日照時間が1〜2時間という短さであり，厳しい気候と共に生きる彼らの暮らしは，心身健康に生きていくために，環境を整え，人間関係に無理をせず，生活を楽しむ知恵と工夫が重要なカギとなる。政府は，2018年，6人の各大臣を含むストレス対策有識者会議（Stress Panel）を設置し，育児，学校生活，若者生活と学習環境，職業生活などのテーマで議論を重ね，2019年1月，12の提案からなる報告書を提出した。メンタル疾患の予防のための提案は，例えば，心身の健康向上に向けてのボランティア活動，若者たちへのメディアリテラシー，雇用者・職場・医師・ジョブセンターの連携，心身疾患の早期発見と専門家へのリファーなどである。

　わが国では，2019年3月，内閣府による初調査により，満40〜満64歳において，ひきこもり状態にある人が，全国に61.3万人いると推計された。「ひきこもり状態」とは，「さまざまな要因の結果として社会的参加（義務教育を含む就学，非常勤職を含む就労，家庭外での交遊など）を回避し，原則的には6ヵ月以上にわたって概ね家庭にとどまり続けている状態（他者と交わらないかたちでの外出をしていてもよい）」を指す現象概念である。調査では，ひきこもり状態になってから7年以上経過した人が約5割を占め，長期に及んでいる傾向が認められること，専業主婦や家事手伝いのひきこもりも存在すること，ひきこもり状態になった年齢が全年齢層に大きな偏りなく分布していることが明らかとなった。ひきこもり状態の男女比率では，男性が76.6%，女性が23.4%であり，男性の割合が高い。

　ひきこもりの状態に至るまでにさまざまな要因が考えられるが，2015年度の調査では，「不登校」と「職場になじめなかった」が最も多い要因だったのが，

「退職したこと」，「人間関係がうまくいかなかったこと」，「病気」，「職場になじめなかったこと」と変化している。

　専門医やカウンセラー，ひきこもり支援の関連団体，各自治体などが，課題に取り組みながらも，実態の全容を把握することは極めて難しいとされ，各地域できめ細やかな実態調査を重ねていくことが非常に重要である。当事者の声に耳を傾け，彼らの気持ちにどのように共感できるか，明らかに示される孤立や孤独感を他人事と流さず，寄り添える力が求められる。

　「人間関係がうまくいかなかったこと」がひきこもりの要因には挙げられているが，人はまた人に癒され支えられ，助けられる。いろいろな生き方があることを互いに認め合う社会に，そして，何度でもやり直しができる社会をつくらねばならない。安心して，信頼して話せる場，気軽に立ち寄れる場，弱音や愚痴を吐きながらまた歩き出せるリハビリのような場所としての居場所づくりが地域にますます必要である。

＜複数の役割を生きる＞

　デンマークで地域調査に出向いても，スーツにネクタイの男性にも，メイクはもちろん全身綺麗に整えた女性に出会うこともほとんどない。地域の会合に参加すると，誰が行政の担当者か，キーパーソンか，まるで検討がつかない。外見，服装，立ち居振る舞い，座る位置などで無意識に人間関係に想像を巡らせていたことに気が付く。デンマーク社会では，学歴，所属組織の地位や肩書，保有している資格，業績などを問われることはない。これらの情報は，私のことを伝えるとき，相手のことを知るときの助けとはなるものの，これらのことを全く気にせず他者と対峙できる対等な関係は，人間同士の触れ合いを感じる。

　私たちは，自身の意思に基づき選択，決定し，人生のシナリオを描いている。未来を描くための選択肢は複数あるはずで，生き方のダイバーシティを具体的な行動に移していこう。

　アメリカの経営学者であり，キャリア研究者，心理学者でもあるドナルド・スーパー（Donald. E. Super：1910-1994）は，多くの人が一生を通じて経験する

共通した役割として，① 子ども，② 学ぶことに従事する者，③ 余暇を過ごす者，④ 市民や国民，⑤ 労働者，⑥ 家庭人，⑦ その他の7つを挙げている。さらに，これらの役割が演じられる生活空間として，① 家庭，② 学校，③ 地域社会，④ 働く場の4つが最も一般的とした。人生100年時代を言われて久しい。役割も，その役割を演じる空間も複数が重なり合いながら進むことで都市生活は充実していく。

　リンダ・グラットン（Lynda Gratton：1955-）らによると，人生が短かった時代は，教育→仕事→引退の3ステージだったが，現代は，生涯を通じて「変身」を続ける時代であると言う。仕事のステージは以前より20年は長くなっており，長寿社会の資金設計では共働きのメリットは明らかである。同世代の人が同時に同じキャリアの選択を行うという常識は過去のもので，若い時期には人的ネットワークを広げる必要があり，年を重ねることでネットワークの拡充が豊かさであると述べる。中年期以降は，手持ちのスキルに満足することなく，新しいスキルの習得に力を注ぐべきだと主張する。

　地域のまちづくりにおいても，人は皆，立場，役割を兼任しながらつながっていることを再確認していく必要があり，その豊かな人材こそが地域の宝である。普段は民間企業で働くAさんが，得意なサッカーを子どもたちに教えていたり，趣味の写真の腕を活かしてPTAで広報委員をしたり。これまでの経験，趣味や特技も含め，一人ひとりの中にあるさまざまな経験を，改めて見直してみよう。自分自身が慣れ親しんだコンフォートゾーンから少し抜け出してみると，新しい発見や出会いにつながっていく。

＜ライフデザインを描こう＞

　日本は戦後，住宅の量的供給に注力し，持ち家政策を推進することで，多額のローン返済のために猛烈に仕事に邁進するという人生パターンを作り出した。1973年に上田篤氏が考案した「現代住宅双六」は，戦後日本社会における人々の住み替え，住居移動の様子をすごろくゲームに見立てたものである。すごろくの上がりは，郊外の庭付き一戸建て住宅であり，都市居住者の居住地の最終

的な目標であった。家庭では，男性が外で働き，女性は家事育児を担うモデル
が定着していった。

　現代の都市生活を示すようなすごろくを描くことは難しいだろう。別の見方
をすると「一般的な」「普通の」古いすごろくを片手にしっかり握りながら，ど
のようにコマを進めようかと，ロールモデルの少なさと不安の中，上がりが見
えないという状態だろうか。

　新型コロナウィルス感染者拡大の世界的なパンデミックは，暮らしの大転換
を迫られた。働き方が変わり，居住地選択の幅が広がり，コミュニケーション
の新しいかたちが生まれた。これまで，日中に通勤，通学しているはずの大人
や子どもたちが，長時間，そして長期間，ひとつ屋根の下にいることがあると
誰が想像しただろうか。

　社会の最小単位である家族においても少なからず影響があったに違いない。
私たちは当然，人間は一人ひとり違う。例えば，一番近いパートナーも家族の
メンバーですら，全く違う別個人であり，誰一人として同じではない。夫婦関
係においては，育った環境がまるで違う他人同士である。分かり合えないこと
を前提に，お互いが理解し合おうと，時にぶつかり，対話を繰り返しながら，
歩み寄っていくものだ。互いのストレスやぶつかり合いを通して，「家庭生活の
ダイバーシティ」にもたどり着けよう。

　都市社会におけるダイバーシティの進展に対話は不可欠である。誰もが声を
あげることができ，声をあげることに不安を覚えない社会でありたい。不安定
な社会情勢の中，不安や不満が募り，他者への批判や排除，攻撃が少なからず
ある。デンマークの民主主義を方向づけたハル・コックが，多数が揃えば争い
が起きるのは当然で，その解決のために，闘争ではなく，「話し合い」による解
決を導こうと伝え続けたデンマーク社会の哲学は，私たちに今こそ必要な視点
だろう。

　また，例えば，議員や首長など代表を選出する選挙で多数決を使うのは，乱
暴というより無謀であるものの，その機能を疑わないまま社会で使われ，1つ
の結果が正解のような，多くの民意のように映し出される現実もある。

　都市生活とダイバーシティの未来には，多数決の多数を決めることよりも，議論のプロセスが重要である。社会には「正解」と言われるものはほとんどない。私たち個人の考えには，無数のグラデーションが広がっており，だからこそ対話を通して，新たなアイディアや方向性が生まれる可能性がある。

　日々の暮らし（ライフ）において，課題解決（デザイン）に対話を重ね，こういう暮らしがしたい，こういう社会をつくりたいと希望をもち，できるだけ具体的な言葉に落とし込み，発信していくことだ。互いの考えを聞き合い，知り合うことからスタートする。安心，信頼できる社会，暮らしづくりのために，一人ひとりが実生活の中で感じる課題を，身近なパートナーや家族，友人たちと，また地域の中で，まずはお喋りから具体的に言葉にしよう。

お わ り に

　「政治」とは，人間が互いに厄介な存在であることを前提に，分かり合えない他者と対話し，互いの意見を認め合いながら合意形成をしていく，あるいは，共存するためのルールを定め，それによって一人ひとりの幸福を追求するための土台を作っていく作業である。

　各種 SNS の進展によって，個人のさまざまな価値観が見える化し，また見せ方（撮り方や加工）には最新の技術が駆使されているため，何が現実で，何が創られたものかはよく分からないほどだ。あふれる情報のなか，他者との比較において自分の現実を憂い，心が荒んでくるという相談は多い。しかし，どんなに時代が変化しようとも，繰り返すが，「誰もが幸せに生きたいという願いを，どのように叶えていくか」が政治のビジョンにあるはずだ。その願いには，個人の育ちの背景の違いはもちろん，年齢，性別，学歴，職業などは関係ない。社会はまるで違う個人の集まりであり，ダイバーシティが大前提とされる暮らしを積極的に描いていこう。

　デンマーク社会は「皆が幸せにあり続けるにはどうしたらいいだろう」の問いを政治，政策に落とし込んでいる。私たちは，誰かのつながりの中で生きる

ことは，とても重要なことと理解し信じているものの，新しく誰かと交流をもつことや，信頼関係を構築して対話を重ねることに少し臆病になっていないだろうか。学び方，働き方，生き方でさえ，効率的で，効果的なスキルやノウハウが溢れるが，人と人をあたたかくつなげる方法は，アナログでローテクな手段と，スローな時間の流れの中にヒントがあると感じる。デンマークの地域のリビングルームのように，たまたま居合わせた偶然の，ちょっとしたきっかけから思わぬ共通点が見つかって話が盛り上がり，身近な人たちと何気ないお喋りができることこそ，都市生活の豊かさである。

　わが国における多くの興味深いまちづくりの実践例が共感とつながりを大事にしているように，ダイバーシティのさらなる進展に必要なことは，自分自身や周囲の声に耳を傾け，知り合っていくことである。現代版都市生活のすごろくは，人生のレールは 1 つではなく，少し先の未来を見据えて，何が大切な価値かと試行錯誤しながら，支え合い，助け合いながら，コマを進めていくことではないか。その中で，「豊かさ」や「幸せ」といった「上がりのビジョン」がよりクリアに見えてくるに違いない。

参 考 文 献

ヴァイキング，マイク（2018）『デンマーク幸福研究所が教える「幸せ」の定義』（枇谷玲子訳）晶文社

太田啓子（2020）『これからの男の子たちへ―「男らしさ」から自由になるためのレッスン』大月書店

グラットン，リンダ・スコット，アンドリュー（2016）『LIFE SIFT ―100 年時代の人生戦略』（池村千秋訳）東洋経済新報社

小池直人・西英子（2007）『福祉国家デンマークのまちづくり』かもがわ出版

コック，ハル（2004）『生活形式の民主主義―デンマーク社会の哲学』（小池直人訳）花伝社

斉田英子（2021）『家族と話をしてますか？―「伝わらない」「わかり合えない」がなくなる本』PHP 研究所

坂井豊貴（2015）『多数決を疑う―社会的選択理論とは何か』岩波新書

ジェイコブス，ジェイン（2010）『アメリカ大都市の死と生』（山形浩生訳）鹿島出版会

シム，デイビット（2021）『ソフト・シティ―人間の街をつくる』（北原理雄訳）鹿島出版会

総務省（2022）『地域コミュニティに関する研究会　報告書』

294

高橋ユリカ・小林正美（2015）『シモキタらしさの DNA ―「暮らしたい 訪れたい」まちの未来をひらく』株式会社エクスナレッジ

中島岳志（2021）『自分ごとの政治学―「わたし」から世界を見つめる』NHK 出版

永田夏来（2017）『生涯未婚時代』イースト新書

日本財団（2019）『「ダイバーシティ＆インクルージョン」に関する意識調査』

橋本健二（2021）『東京 23 区×格差と階級』中公新書ラクレ

広井良典（2019）『人口減少社会のデザイン』東洋経済新聞社

前田健太郎（2019）『女性のいない民主主義』岩波新書

水無田気流（2021）『多様な社会はなぜ難しいか』日本経済新聞出版

谷口守編著（2019）『世界のコンパクトシティ―都市を賢く縮退するしくみと効果』学芸出版社

山崎義人・清野隆・柏崎梢・野田満（2021）『はじめてのまちづくり学』学芸出版社

【用語解説】

〇ダイバーシティ＆ソーシャルインクルージョン

Diversity（多様性）と Inclusion（包摂性）。年齢，性別，国籍などの多様性を認めて，互いに尊重し合い，認め合い，活かしていくことを意味し，企業他，さまざまな団体で推進されている。

〇 DEI & J

Diversity（多様性），Equity（公平性），Inclusion（包摂性），Justice（公正性）であり，解決できない社会構造的な不平等や格差の問題から，エクイティは特に重視されている。

〇ジェンダー・ギャップ指数

自国の男女のギャップの差を把握し解消することを目的として，スイスの非営利財団，世界経済フォーラムが 2006 年から毎年発表しているもの。男女平等格差指数とも言われる。

〇ゲーテッド・コミュニティ

1980 年代の欧米で現れた住まい方，まちづくりの手法で，ゲート（門）を設け，周囲を塀で囲むなどして住民以外の敷地内への出入りを制限する。防犯性を向上させる一方，地域との分断が問題視される。

〇ユーザー・デモクラシー

公共サービスの利用者（市民）が政策策定過程に直接参加する制度であり，デンマークにおける 1970 年代の地方分権改革の第三段階として法制化された。すべての市にユーザー・ボードの設置が義務付けられた。

事項索引

296

た　行

な　行

300

人名索引

著者紹介（執筆順）

たけ ち　　ひでゆき
武智　秀之 ［序章・第 10 章］

中央大学法学部教授　博士（法学）
主要な業績
　『行政学』中央大学出版部，2021 年
　『政策学講義　第 2 版』中央大学法学部，2021 年
　『公共政策の文脈』中央大学出版部，2018 年

こ ばやし　だいすけ
小林　大祐 ［第 1 章・第 3 章］

大東文化大学法学部准教授　博士（政治学）
主要な業績
　『ドイツ都市交通行政の構造』晃洋書房　2017 年
　「ドイツにおける住民投票制度の比較研究」『東洋学園大学紀要』第 29 号　2021 年
　「ドイツ都市交通行政の史的展開（一）（二・完）─都市政策をめぐる自治・市場・政府間
　　関係」『法学新報』第 121 巻第 3・4／5・6 号　2014 年

なかざわ　ひで お
中澤　秀雄 ［第 2 章・第 4 章］

上智大学総合人間科学部教授　博士（社会学）
主要な業績
　『戦後日本の出発と炭鉱労働組合』御茶の水書房，2022 年（共著）
　『炭鉱と「日本の奇跡」』青弓社，2018 年（共編著）
　『住民投票運動とローカルレジーム』ハーベスト社，2005 年

うしやま　く に ひこ
牛山　久仁彦 ［第 5 章］

明治大学政治経済学部教授
主要な業績
　『大都市制度の構想と課題』晃洋書房，2022 年（共編著）
　『自治・分権と地域行政』芦書房，2021 年（共編著）
　『地方自治論』法律文化社，2018 年（共著）

306

江藤　俊昭 ［第 6 章］

大正大学社会共生学部教授　博士（政治学）
主要な業績
　『政策財務の基礎知識』（共編）第一法規，2021 年
　『非常事態・緊急事態と議会・議員』公人の友社，2020 年（共著）
　『議員のなり手不足問題の深刻化を乗り越えて』公人の友社，2019 年

礒崎　初仁 ［第 7 章］

中央大学法学部教授
主要な業績
　『自治体政策法務講義（改訂版）』第一法規出版，2018 年
　『知事と権力―神奈川から拓く自治体政権の可能性』東信堂，2017 年
　『地方分権と条例―開発規制からコロナ対策まで』第一法規出版，2023 年

秋吉　貴雄 ［第 8 章］

中央大学法学部教授　博士（商学）
主要な業績
　『公共政策学の基礎 第 3 版』有斐閣，2020 年（共著）
　『入門公共政策学―社会問題を解決する「新しい知」』中公新書，2017 年
　『公共政策の変容と政策科学―日米航空輸送産業における 2 つの規制改革』有斐閣，2007 年

日野原　由未 ［第 9 章］

岩手県立大学社会福祉学部准教授　博士（政治学）
主要な業績
　『公正社会のビジョン―学際的アプローチによる理論・思想・現状分析』明石書店，2021
　　年（共著）
　『帝国の遺産としてのイギリス福祉国家と移民―脱国民国家化と新しい紐帯』ミネルヴァ
　　書房，2019 年
　「医療・福祉分野における外国人労働者受け入れの展望―シンガポールの取り組みを手が
　　かりに」『岩手県立大学社会福祉学部紀要』第 19 巻，2017 年

工藤　裕子 ［第 11 章］

中央大学法学部教授　Ph.D.（公共政策学）
主要な業績

「地域性を担保するイタリアの行政制度と都市計画―鍵を握る地方自治体，そして諸刃の
剣の法制度」『都市計画』347 号，Vol. 69, No. 6, 2020 年

Hiroko Kudo, Antonio D'Andreamatteo, Massimo Sargiacomo, Carlo Vermiglio, and Vincenzo Zarone, "Smart and Resilient Cities: Best Practices from Disaster Risk Management Strategies", in Maria Serena Chiucchi, Rosa Lombardi, Daniela Mancini (eds.) *Intellectual Capital, Smart Technologies and Digitalization: Emerging Issues and Opportunities*, Springer, 2021, pp. 183-200

Hiroko Kudo and Benoit Granier, "Citizen Co-designed and Co-produced Smart City: Japanese Smart City Projects for "Quality of Life" and "Resilience", in *Proceedings of the 9th International Conference on Theory and Practice of Electronic Governance* （ICEGOV 2016）, 2016, pp. 240-249

Benoit Granier and Hiroko Kudo, "How are Citizens Involved in Smart Cities?: Analysing citizen participation in Japanese "Smart Communities"", *Information Polity*, Special Issue "Smartness in Governance, Government, Urban Environments, and the Internet of Things", Vol. 21, no. 1, 2016, pp. 61-76

斉田　英子 ［第 12 章］

中央大学法学部兼任講師，㈱ヒンメル・コンサルティング顧問　博士（学術）
主要な業績

「デンマークの対話が生まれる空間づくり― small gathering」西山夘三記念すまい・まち
づくり文庫，2022 年

『家族で話し合いをしてますか？―「伝わらない」「分かりあえない」がなくなる本』PHP 研
究所，2021 年

『世界のコンパクトシティ―都市を賢く縮退するしくみと効果』学芸出版社，2019 年（共
著）

『福祉国家デンマークのまちづくり―共同市民の生活空間』かもがわ出版，2007 年（共著）

都市政治論

2023 年 4 月 25 日　初版第 1 刷発行

<table>
<tr><td>編　者</td><td>中央大学法学部</td></tr>
<tr><td>発行者</td><td>松　本　雄一郎</td></tr>
<tr><td>発行所</td><td>中 央 大 学 出 版 部</td></tr>
</table>

東京都八王子市東中野 742 番地 1
郵便番号　192-0393
電話 042(674)2351　　FAX 042(674)2354

印刷・製本　株式会社 遊文舎